弥足珍贵的红十字文化遗产

——《中国红十字会常熟分会民国廿一年纪念册》整理与研究

常 熟 市 红 十 字 会　编
红十字运动研究中心

顾丽华　　池子华　　主编

合肥工业大学出版社

图书在版编目（CIP）数据

弥足珍贵的红十字文化遗产——《中国红十字会常熟分会民国廿一年纪念册》
整理与研究／顾丽华，池子华主编．—合肥：合肥工业大学出版社，2016.4
（红十字文化丛书）
ISBN 978－7－5650－2698－0

Ⅰ.①弥…　Ⅱ.①顾…②池…　Ⅲ.①红十字会—历史—常熟市　Ⅳ.①D632.1

中国版本图书馆 CIP 数据核字（2016）第 061583 号

弥足珍贵的红十字文化遗产
——《中国红十字会常熟分会民国廿一年纪念册》整理与研究

顾丽华　池子华　主编

责任编辑	章　建　张　燕
出版发行	合肥工业大学出版社
地　　址	（230009）合肥市屯溪路 193 号
网　　址	www.hfutpress.com.cn
电　　话	总　编　室：0551－62903038
	市场营销部：0551－62903198
开　　本	710 毫米×1010 毫米　1/16
印　　张	18.75　彩　插　0.25 印张
字　　数	272 千字
版　　次	2016 年 4 月第 1 版
印　　次	2016 年 4 月第 1 次印刷
印　　刷	安徽联众印刷有限公司
书　　号	ISBN 978－7－5650－2698－0
定　　价	56.00 元

如果有影响阅读的印装质量问题，请与出版社市场营销部联系调换。

《红十字文化丛书》编辑委员会

《弥足珍贵的红十字文化遗产——〈中国红十字会
常熟分会民国廿一年纪念册〉整理与研究》

编辑委员会

总　序

150 年前，高举人道主义旗帜，旨在促进人类持久和平的红十字运动在欧洲兴起并迅速走向世界。100 多年来，红十字会为世界和平与发展做出的巨大贡献有目共睹，因而日益受到世界各国、各地区的欢迎，已发展成为与联合国、奥委会并称的世界三大国际组织之一。究其原因，乃其所奉行的七项基本原则——也是红十字文化的内核——涵盖了世界上各种不同文化的共同点，能为文化和制度不同的国家所接受，故而具有强大的生命力。

100 年前，红十字运动东渐登陆中国。在其中国化的发展过程中，红十字会不断吸取中国传统文化的精髓，茁壮成长，逐步形成了"人道、博爱、奉献"的文化内涵，并成为中华文化的瑰宝之一。

百余年来，红十字运动在波澜壮阔的实践中积累了丰富的经验，也留下了许多教训。经验与教训需要上升为理论，也只有理论才能更好地指导红十字事业持续、健康发展。学界、业界对此都进行了持续的关注。

2005 年 12 月 7 日，苏州大学社会学院与苏州市红十字会携手合作，成立全国首家红十字运动研究中心，旨在通过学界和业界的联合，推动和加强红十字运动的理论研究，探究红十字运动中国化的过程与特色，凝练红十字文化价值，探求红十字运动在构建国家软实力和促进中华民族伟大复兴中的地位与作用。同年 12 月 9 日，中国红十字会总会也提出，"确定一批研究课题，组织专家学者开展对国际红十字运动及中国红十字运动的深入研究"[①]。由此，学界、业界共同开展了对红十字运动的学术研究与理论探讨。

---

① 中国红十字会总会：《关于加强和改进宣传工作的意见》，红总字〔2005〕19 号。

多年来，红十字运动研究中心除通过专业网站（http：//www.hszyj.net）发布和交流学界、业界动态外，已出版研究成果数十部；帮助一些地方红十字会建立与高校的合作，搭建平台，共同开展研究；举办了首届红十字运动与慈善文化国际学术研讨会；培养了一批专门研究红十字运动的生力军；积累了大量的学术资料。中心主要研究人员还借助在各地讲学的机会，传播重视红十字运动研究的理念。正是在红十字运动研究中心的引领之下，红十字运动研究在中华大地上呈现出生机勃勃的发展态势，并取得了丰硕的成果，"新红学"① 呼之欲出。仅以 2011 年为例，各地以纪念辛亥革命 100 周年为契机，纷纷整理、编辑出版了地方红会百年史；有的红会还与高校合作组建相关研究中心；等等②。通过这些方式，有力地推动了红十字运动研究向更深更广的方向发展。

当今世界正处于大发展大变革大调整时期，多极化、经济全球化深入发展，科学技术日新月异，各种思想文化交流交融交锋更加频繁，文化在综合国力竞争中的地位和作用更加凸显。2011 年 10 月 18 日，党的十七届六中全会通过的《中共中央关于深化文化体制改革　推动社会主义文化大发展大繁荣若干重大问题的决定》，提出要推动社会主义文化大发展大繁荣。11 月 7 日，教育部发布了《高等学校哲学社会科学繁荣计划（2011—2020 年）》，大力提升高等学校人才培养、科学研究、社会服务、文化传承创新的能力和水平。12 月 7 日，全国人大常委会副委员长、中国红十字会会长华建敏在中国红十字会九届三次理事会上提出，"要深化理论研究，充分挖掘红十字文化内涵，推进红十字文化中国化，广泛传播人道理念，在全社会推动形成良好的道德风尚"③。红十

---

① 在 2009 年 4 月于苏州大学召开的"红十字运动与慈善文化"国际学术研讨会上，红十字运动研究中心主任、江苏红十字运动研究基地负责人、苏州大学教授池子华指出，经过 100 多年波澜壮阔的实践发展和学术界呕心沥血的开拓性研究，在人文社科领域构建一门"新红学"——红十字学，条件已经具备，时机已经成熟。见池子华：《创建"红十字学"刍议》，《中国红十字报》2009 年 4 月 17 日。

② 池子华、郝如一：《2011 年红十字理论研究之回顾》，《中国红十字报》2012 年 1 月 3 日。

③ 《中国红十字会九届三次理事会召开》，《中国红十字报》2011 年 12 月 9 日。

字"文化工程"已然成为红十字会总体建设目标之一①。进一步加强与拓展红十字运动理论研究，尤其是对红十字文化中国化的研究，已成为历史与现实的呼唤。

有鉴于此，红十字运动研究中心继续发挥高等学校与业界合作的优势，汇聚研究队伍，科学选题，出版一套《红十字文化丛书》，弘扬有利于国家富强、民族振兴、人民幸福、社会和谐的思想和精神，凸显红十字文化在中国文化园地中的地位，使红十字文化在神州大地上更加枝繁叶茂，促进中国红十字事业可持续发展，推动红十字文化的国际交流。

《红十字文化丛书》的出版，得到了中国红十字基金会、江苏省红十字会、苏州大学社会学院、上海市浦东新区红十字会、上海市嘉定区红十字会、浙江省嘉兴市红十字会等单位的鼎力支持，也得到红十字国际委员会东亚代表处及中国红十字会总会的关心和指导，在此谨致衷心感谢。

池子华

2012 年 6 月于苏州大学

---

① 池子华：《"文化工程"应成为红十字会总体建设目标之一》，《中国红十字报》2009年 12 月 11 日。

序：谱写百年红十字事业新篇章

《中国红十字会常熟分会民国廿一年纪念册》（以下简称《纪念册》），系 1933 年由中国红十字会常熟分会为纪念淞沪抗战而编印的一本专著。《纪念册》内容丰富、资料翔实，是抗战时期全国地方红十字会中少见的历史文献，弥足珍贵。

由于淞沪抗战中常熟分会仁人志士在参与战地救护、后方救济兵民中成绩突出，功勋卓著，值《纪念册》付印之际，多位国民政府的军、政要员，包括国民党元老于右任、国民政府主席林森、军事委员会委员长蒋介石、十九路军总指挥蒋光鼐、第五军军长张治中、十九路军军长蔡廷锴等均题字寄语，借此激励更多的民众参与红十字事业，勉励红十字会在抗战救护以及社会服务中做出更加卓越的贡献。

常熟分会在战后编印《纪念册》，也是为了传承"尽力于社会"的红十字精神，继承发扬"博爱恤兵"宗旨，使之"绵延光大"，这是"纪念"的真正意蕴。

鉴于这份难得的红十字会抗战救护资料蕴含着丰富的历史信息，在中国红十字运动史上堪称绝无仅有，常熟市红十字会与红十字运动研究中心合作开展"弥足珍贵的红十字文化遗产——《中国红十字会常熟分会民国廿一年纪念册》整理与研究"的课题研究，对于保存历史文献、提升常熟红十字会在抗战历史和中国红十字运动史上的地位，将具有非常重要的意义。

常熟红十字会初建于1911 年，至今已走过105 年的风雨历程。百余年来，常熟红十字会秉持人道宗旨，救死扶伤，扶危济困，服务桑梓，奉献民众，谱写了一曲曲人道主义赞歌。尤其是改革开放以来，在市委、市政府的正确领导和社会各界的鼎力支持下，常熟市红十字事业取得长足发展，"三救""三献"工作成绩优异，广泛开展的红十字活动弘扬正能量，引领新风尚，为保护人的生命健康，促进经济社会发展做出了重要贡献。

希望常熟市红十字会遵照《中华人民共和国红十字会法》所赋予的神圣职责，以《纪念册》的整理出版为契机，自觉将红十字事业置于党和政府工作大局之中，始终将社会和群众的人道需求作为工作的出发点和落脚点，振奋精神、开拓进取，在新的历史起点上谱写出人道事业新的篇章。各级红十字会组织要发扬光荣传统，强化创新意识，注重能力建设，在全社会弘扬"人道、博爱、奉献"精神，动员和汇聚公益力量，不断提升人道服务、人道救助工作水平，充分发挥红十字会作为党和政府人道工作的助手作用，使百年红十字事业再创新的辉煌，为构筑常熟"五位一体、综合发展"新优势再立新功。

是为序。

2016 年 3 月

前　　言

　　《中国红十字会常熟分会民国廿一年纪念册》是抗战时期红十字会留存下来的稀见地方文献，很大程度上弥补了中国红十字会抗战救护史料的不足，弥足珍贵。在淞沪抗战中，常熟分会像一匹"黑马"，脱颖而出，为中国红十字会淞沪抗战救护史添上浓墨重彩的一笔，足以彪炳史册。为此，常熟分会在战后编印《纪念册》，以弘扬红十字精神。令人震撼的是，《纪念册》中军政大员浓墨重彩的题字，历久弥香。众多军政要员为地方红会题字勉励，在中国红十字运动史上是极其罕见的。这些珍贵的墨宝手迹蕴含的意义，固然是对常熟分会卓越贡献的褒奖，但对中国红十字运动的地方实践，无疑是强有力的推动，亦足以说明官方对红十字事业的重视和支持。鉴于《纪念册》非同一般的价值，经友好协商，常熟市红十字会与红十字运动研究中心精诚合作，开展了《纪念册》的整理与研究课题。呈现在读者面前的，就是此项课题的最终成果。

　　在整理《纪念册》过程中，我们根据阅读习惯，做了必要的调整：一是原文有的没有标点，有的一"逗"到底，点校时酌加标点，略分段落，以符合行文规范；二是目录与正文标题有不少不一致的地方，现按正文进行统一；三是《中国红十字会常熟分会会员录》，采用表格的方式重新调整，原注"以证书号数前后为序"，整理时则分栏录入，原来的顺序会发生一些变化；四是酌加标题，如《中国红十字会总办事处奖赠本分会义务职员列后》改为《中国红十字会总办事处奖赠本分会义务职员名录》，有的采用列表方式，并酌加表头，如《1932年中国红十字会常熟分会经收物品及支用情况表》；五是一些表格栏目顺序做了调整，如《中国红十字会常熟分会时疫医院比较表》，共5栏，分别是月日、共计人数、住院人数、门诊人数、死亡人数，整理时排序调整为月日、住院人数、门诊人数、死亡人数、共计人数，把共计人数（合计）置后，更符合习惯。

本课题是集体劳动的结晶，"上篇"的录入、校点以及文字校对由池子华、何建明、周越峰、张伟怡、李欣栩、刘思瀚、欧贺然、侯如晋、赵婕共同参与；"中篇"由池子华承担；"下篇"由池子华、张伟怡、何建明、周越峰、孙敏锐共同完成。全书由顾丽华、池子华审稿、定稿。

由于时间仓促，此项成果或有不妥之处，欢迎读者批评指正。在查阅文献过程中，常熟市图书馆给予臂助，谨此致谢。

目　录

【上篇】《中国红十字会常熟分会民国廿一年纪念册》整理

序 ………………………………………………………………………… (003)

题字 ……………………………………………………………………… (004)

职员照相 ………………………………………………………………… (022)

摄影 ……………………………………………………………………… (059)

创始红十字会南丁女士传 ……………………………………………… (071)

红十字会十大利益说 …………………………………………………… (073)

红十字会白话浅说 ……………………………………………………… (075)

中国红十字会分会通则 ………………………………………………… (077)

万国红十字会取缔违用红十字旗帜袖章条例 ………………………… (081)

中国红十字会常熟分会会员录 ………………………………………… (082)

中国红十字会总办事处奖赠本分会义务职员名录 …………………… (092)

中国红十字会常熟分会职员录 ………………………………………… (093)

工作日记片断 …………………………………………………………… (102)

灾区观察记 ……………………………………………………………… (108)

中国红十字会常熟分会十九年度收支报告 …………………………… (112)

中国红十字会常熟分会二十年度收支报告 …………………………… (115)

中国红十字会常熟分会二十一年度收支报告 ………………………… (118)

中国红十字会常熟分会二十一年度经收捐款、件细数一览 ……… (122)

中国红十字会常熟分会治疗所门诊人数表 …………………………… (130)

中国红十字会常熟分会治疗所住院、医治伤病兵士姓名一览 …… (131)

中国红十字会常熟分会难民收容所一览表 …………………………… (134)

中国红十字会常熟分会收容难民姓氏汇刊 …………………………… (135)

中国红十字会常熟分会夏令施送时疫水一览表 ……………………… (138)

中国红十字会常熟分会时疫医院比较表 ·················· （141）

中国红十字会常熟分会时疫医院住院医治病人一览 ·········· （143）

中国红十字会常熟分会掩埋队收殓兵民姓名表 ·············· （145）

中国红十字会常熟分会注射防疫针人数表（二十一年） ········ （148）

【中篇】　　一部史诗　一段传奇
　　　　——《中国红十字会常熟分会民国廿一年纪念册》研究

一、"一部有价值的珍贵史料"
　　——《中国红十字会常熟分会民国廿一年纪念册》概述 ····· （153）

二、可贵的墨宝与插图 ···························· （158）

三、常熟分会建会日期考证 ························· （164）

四、张鸿会长及其惊人之语 ························· （171）

五、战争救护："生死人而肉白骨" ···················· （175）

六、难民救助："博爱济众" ························· （178）

七、疫病防治："慈航普济　博爱为仁" ················· （181）

八、账目公开：打造有公信力的红十字会 ················ （184）

九、文化传播的路径探索 ·························· （190）

【下篇】　　"绵延光大"红十字事业
　　　　——《纪念册》的理想与常熟红十字事业的现实

一、继起：全面抗战前后 ·························· （197）

二、传承：组织恢复与建设 ························· （202）

三、"绵延光大"：常熟红十字事业的发展 ··············· （206）

附录一：常熟市红十字会1911—2015年大事记 ············ （223）

附录二：常熟市红十字会部分在册基层组织成立时间一览表 ····· （279）

附录三：常熟市红十字会工作剪影 ···················· （285）

上　篇

《中国红十字会常熟分会民国廿一年纪念册》整理

序

　　红十字会者，世界不祥之物也，肇端于英俄之战祸，推而广之，凡疫病饥馑有害于社会者，靡不从事以救恤之。世无凶灾，则会中无事焉，谥曰不祥，孰曰非宜？余尝旷观，天下万事皆出于人之业力，有共同者，有单独者。业力之所造，有为众人之害者，有为众人之利者，造因焉简，结果焉巨。至所谓是非、邪正、好恶，则皆随人之心理而定之。以云是非，则所谓此亦一是非，彼亦一是非，是非本无定也；以云邪正，则所谓顺我者为君子，逆我者小人，邪正亦无定也；以云好恶，则所谓同声相应，同气相求，好恶亦无定也。执此例以观于会中之事，专以救助困苦颠连为惟一之责任，则所谓不祥之物者，亦可谓为大吉祥者。

　　吾邑之红十字分会始于甲子兵祸救护防疫，赓续不绝，余已于十六年征信录序之矣。

　　去年暴日构兵，大祸将至，邑中人士逃避一空，理事会诸君及热心救济同志，奔走急难，俾红十字之旗帜不至闻军笳而消散。大兵之后继以大疫，又假孝友校舍设立医院，救济兵民，不辞劳瘁，可为尽力于社会者矣。爰集成绩编葺纪念册，命余序之，自愧衰老不克随诸君子少尽心力，援笔之际，惟望同志继起，绵延光大，非特地方之福，抑亦斯会之幸也。

　　是为序。

民国二十二年四月　　燕谷老人张鸿撰

题　字

国民政府主席林森题字：同心急难

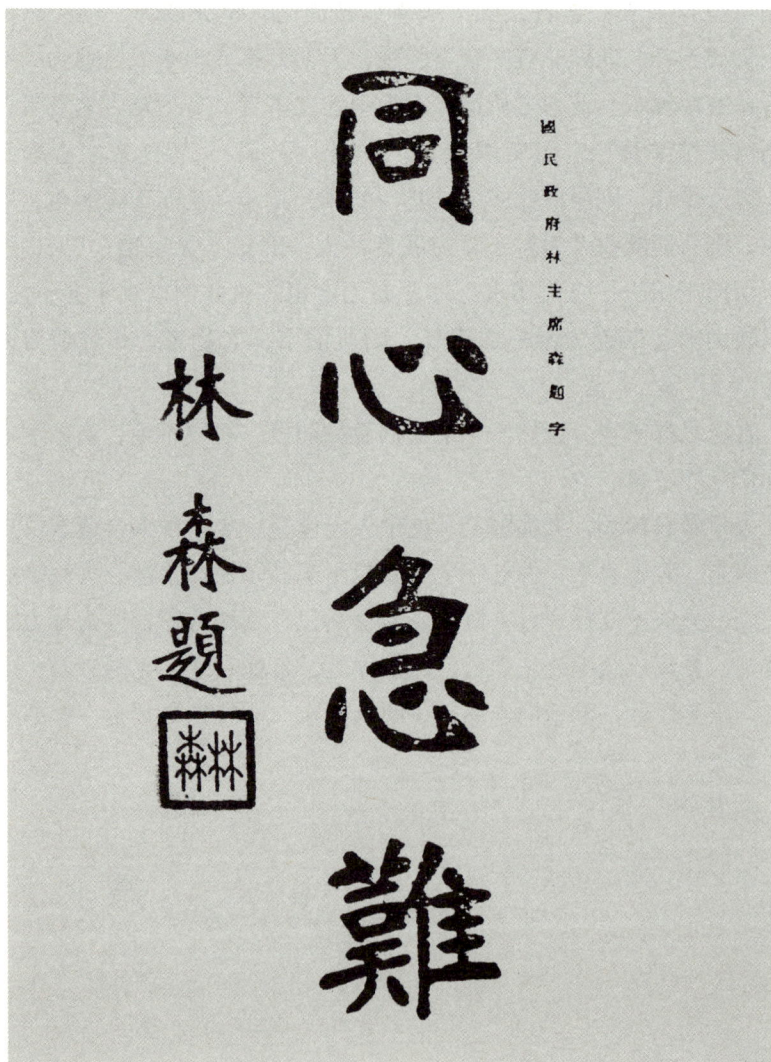

军事委员会委员长蒋介石题字：惠彼伤残

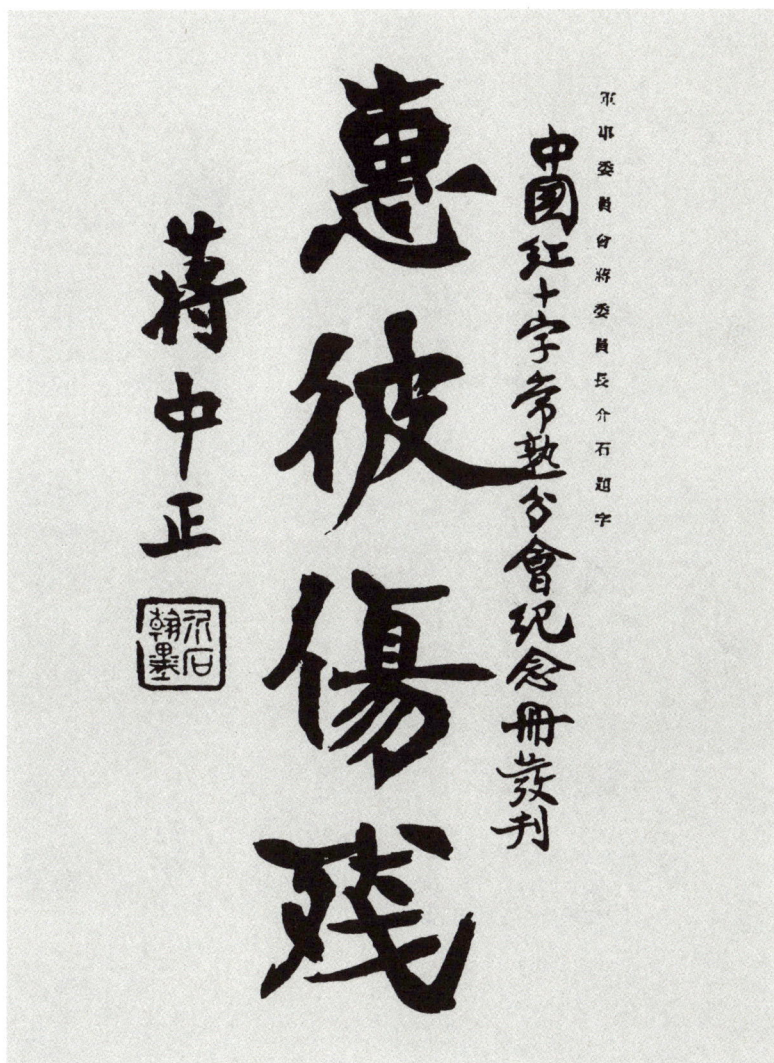

惠彼傷殘

蔣中正

中國紅十字帝熟分會紀念冊發刊

軍事委員會將委員長介石題字

行政院院长汪精卫题字：慈故能勇　俭故能广

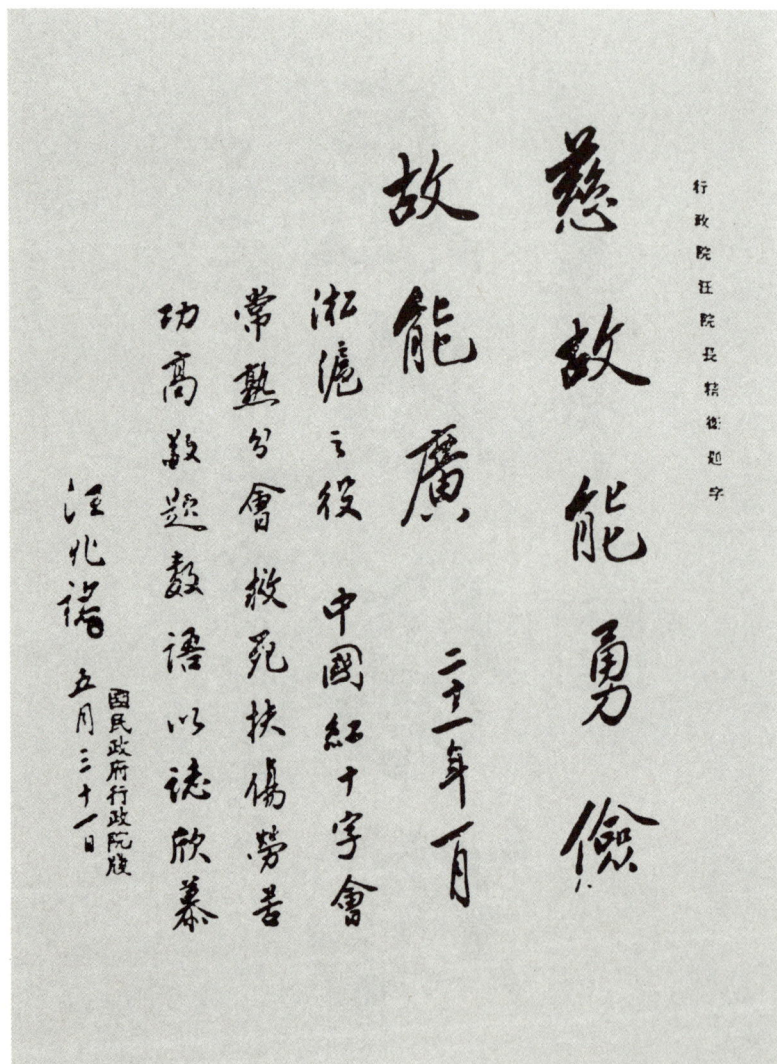

十九路军总指挥蒋光鼐题字：贤能多劳

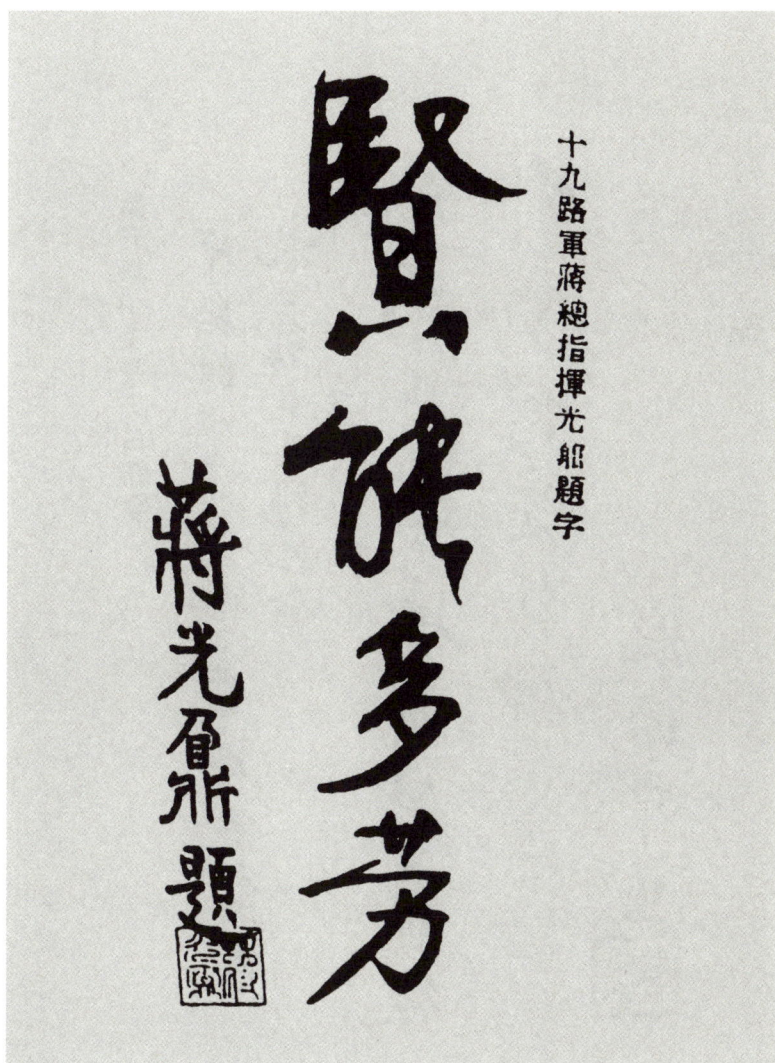

賢能多劳

十九路軍蔣總指揮光鼐題字

蔣光鼐 題

第五军军长张治中题词：救国之道　　各尽所能　　勇猛行动　　博爱
精神

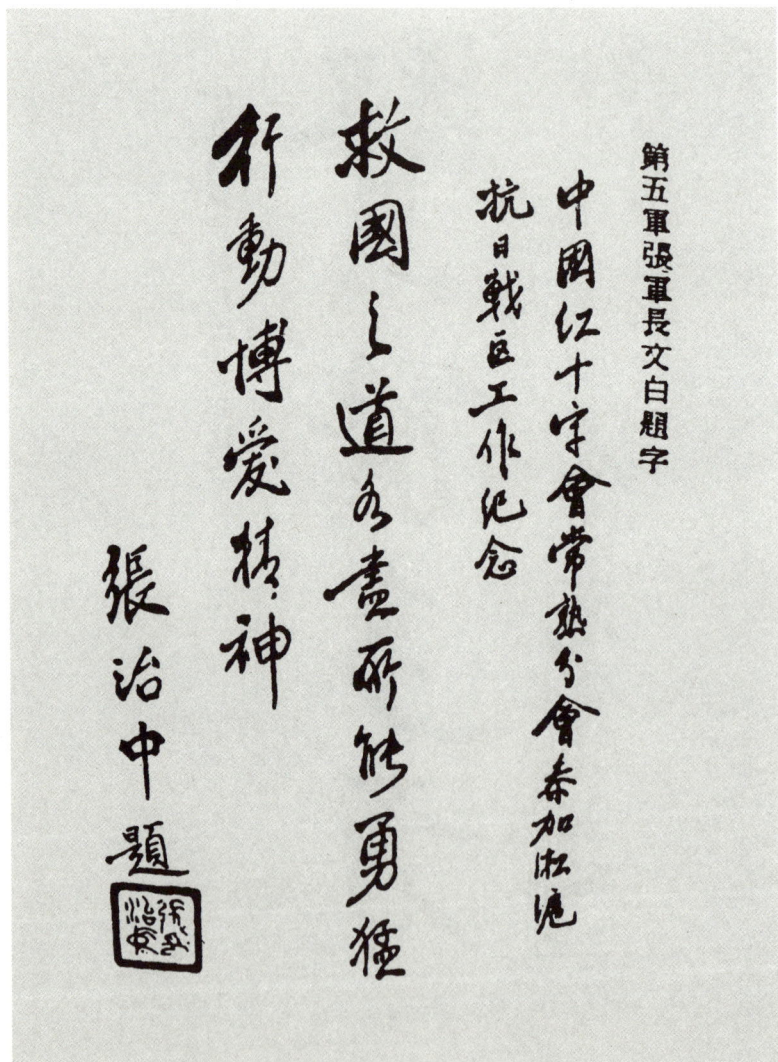

救國之道各盡所能勇猛
行動博愛精神

中國紅十字會常熟分會參加松滬
抗日戰區工作紀念

第五軍張軍長文白題字

張治中題

十九路军军长蔡廷锴题字：惠及军民

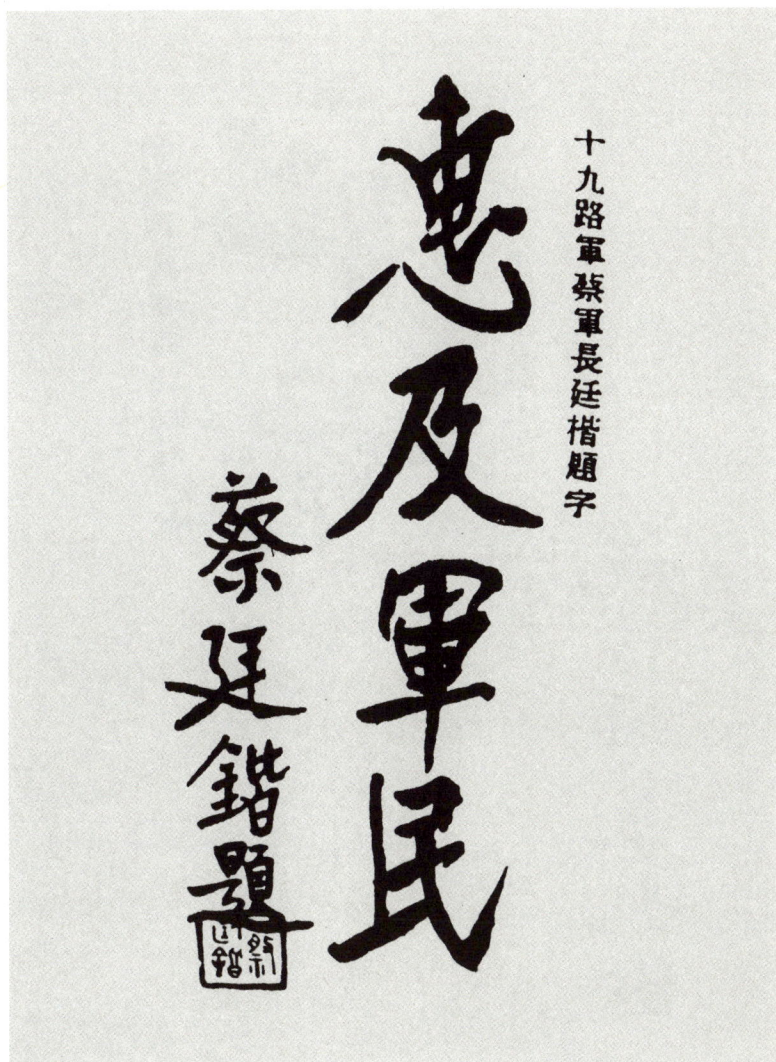

惠及軍民

十九路軍蔡軍長廷楷題字

蔡廷鍇題

第五军参谋长祝绍周题字：仁慈

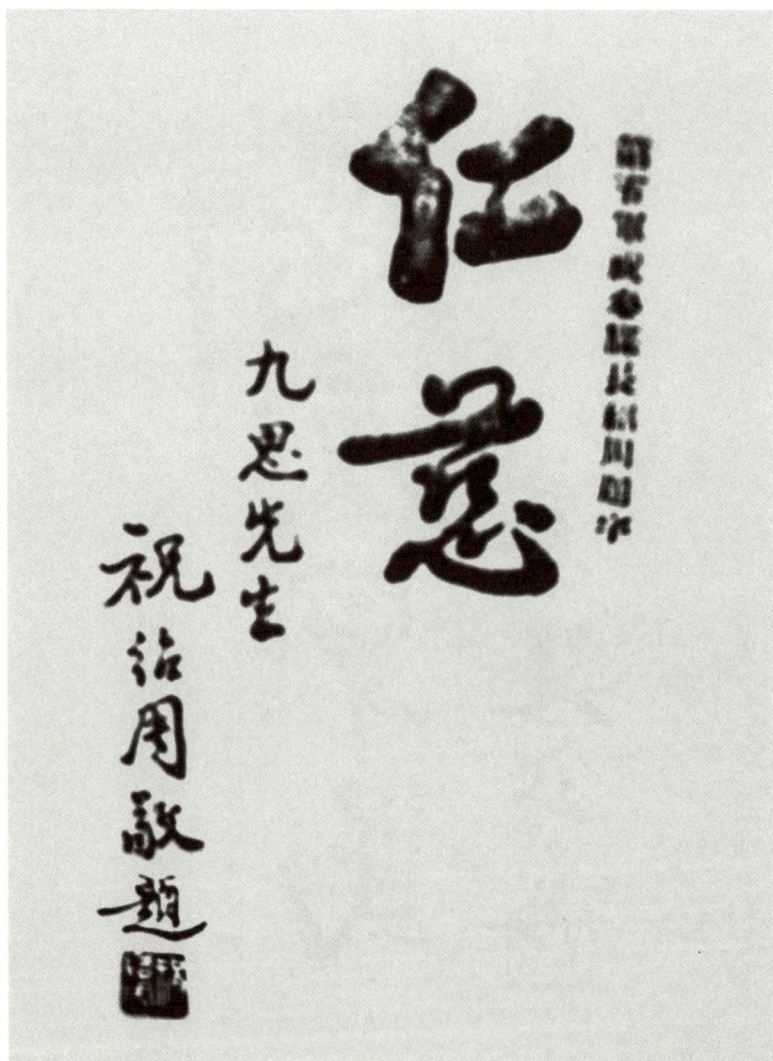

第五军参谋处长张觉吾题字：民族之光

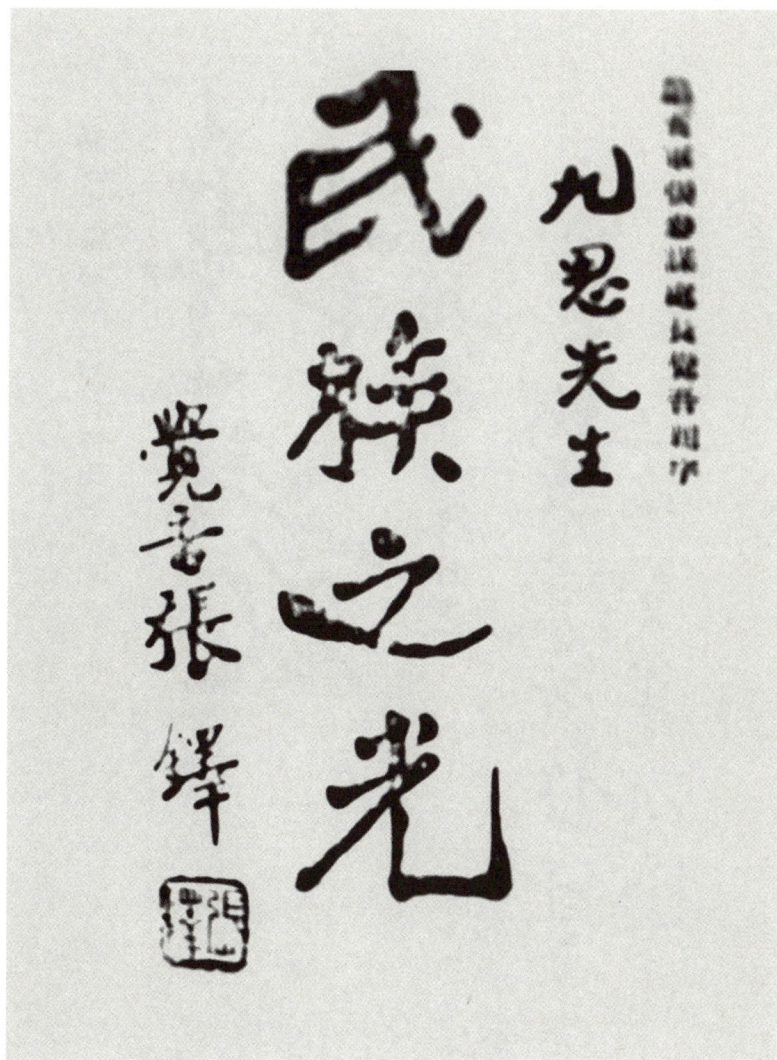

第五军参谋科长陈公哲题字：博爱

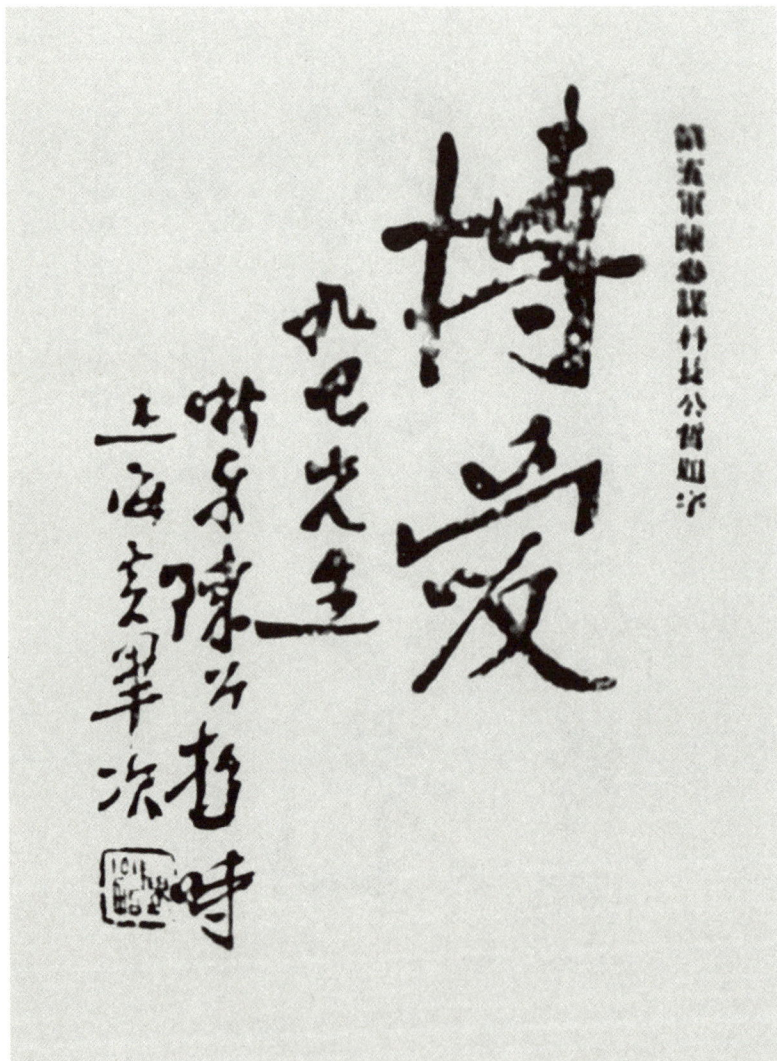

第五军参谋科长卢少谷题字：一视同仁

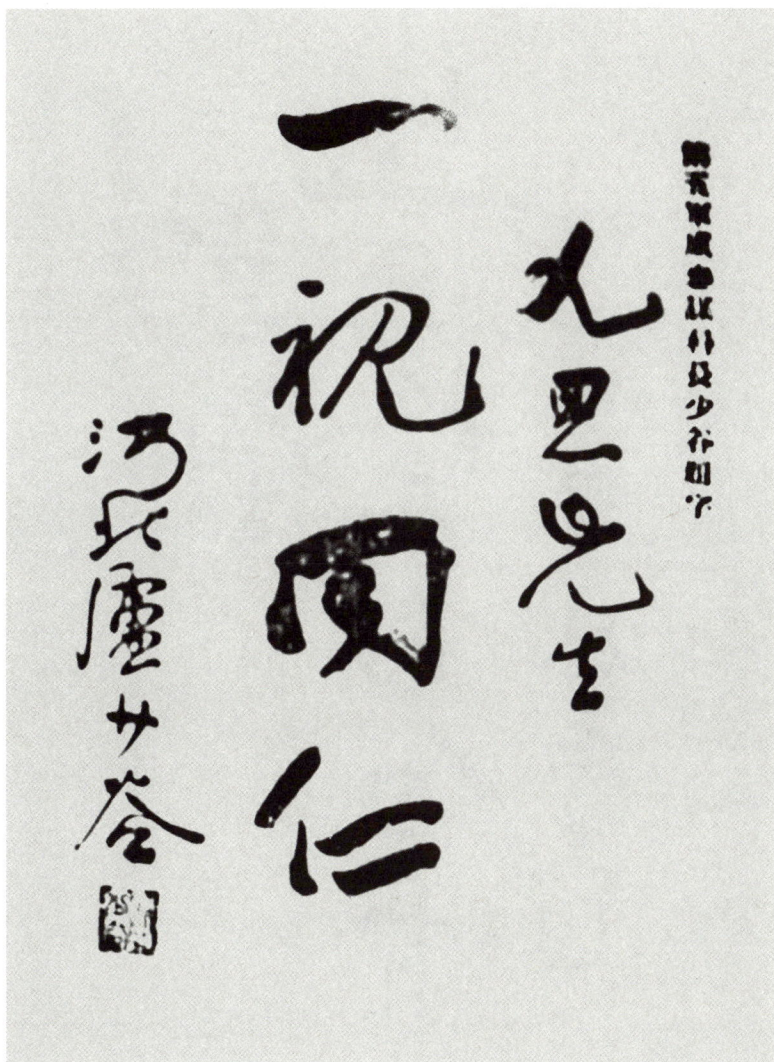

第五军文书科长林森木题字：生死人而肉白骨

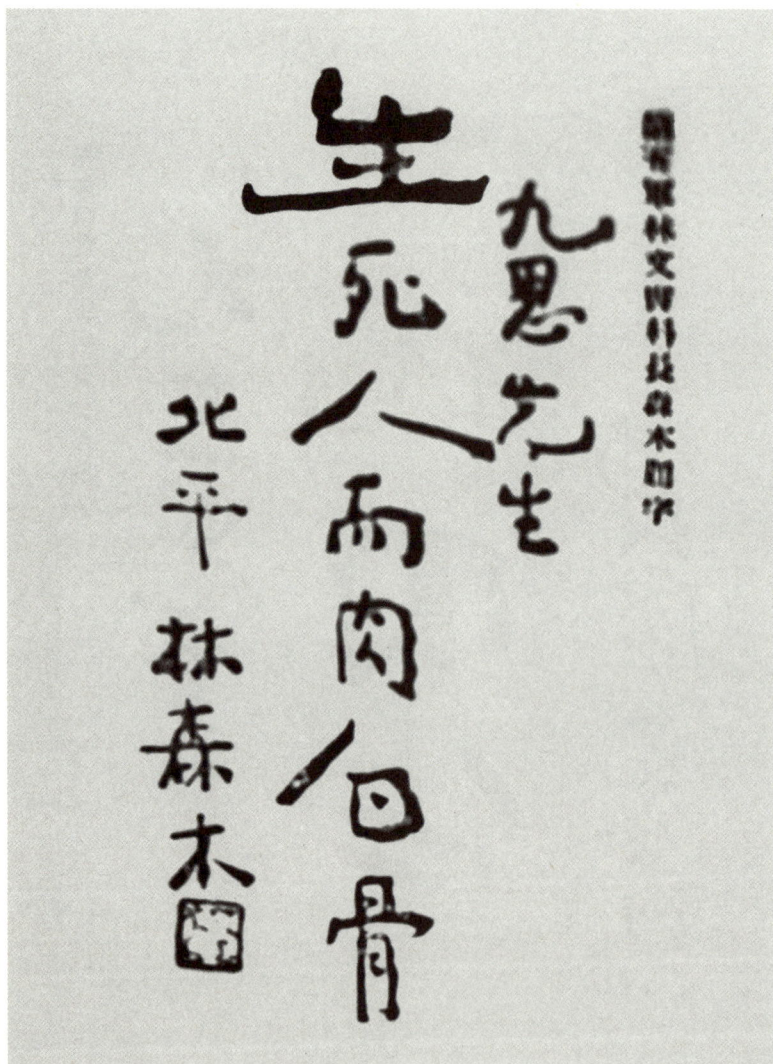

第四十七师师长上官纪青、副师长裴同野题字：慈航普济　博爱为仁

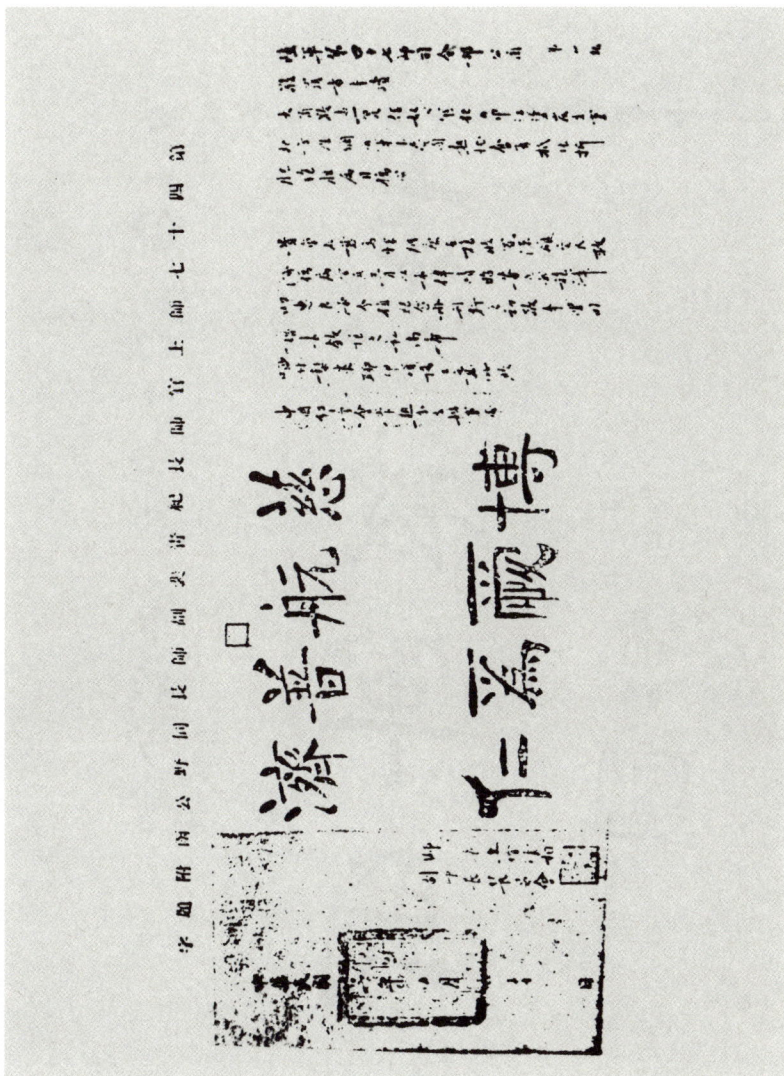

第八十八师师长俞济时题字：惠被军民

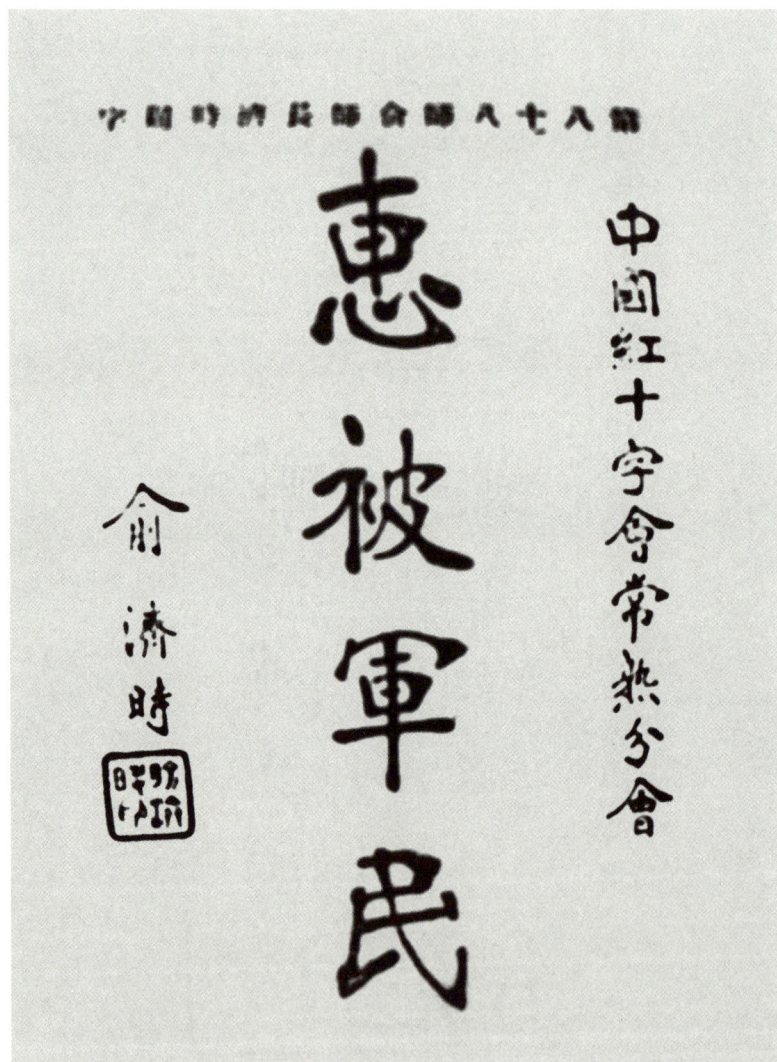

第八十七师参谋科长黄勉民题字：博爱济众

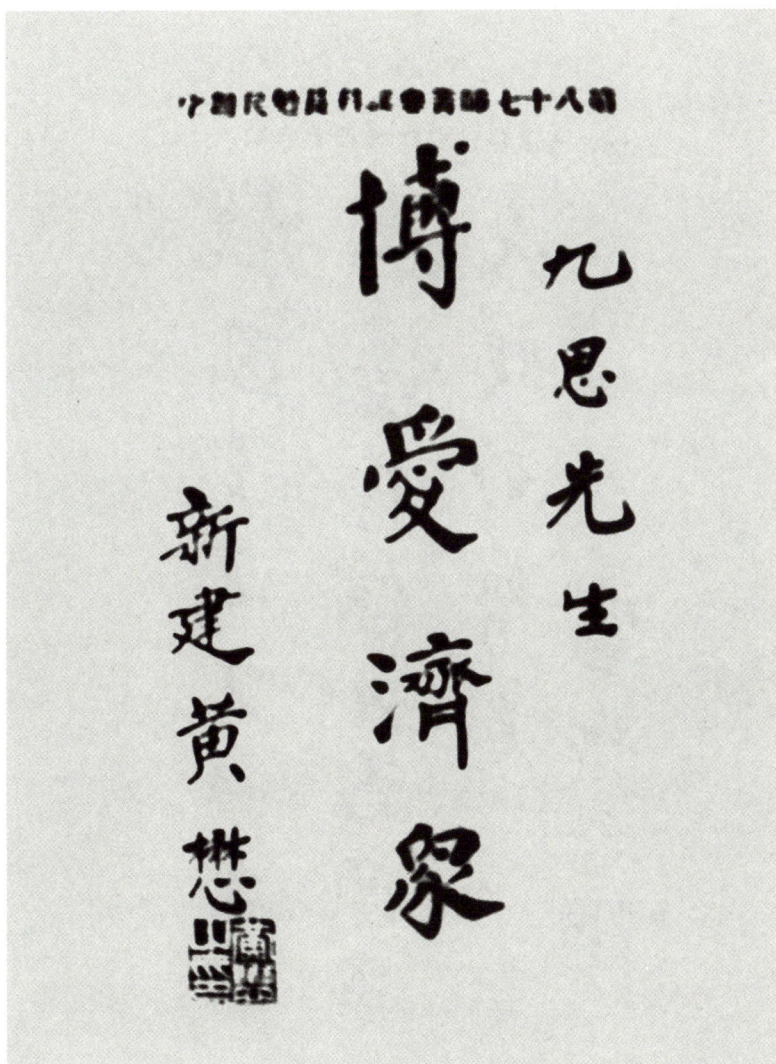

第八十八师参谋长宣铁吾题字：救国之道不一　要在人尽所能　各为国家民族而努力

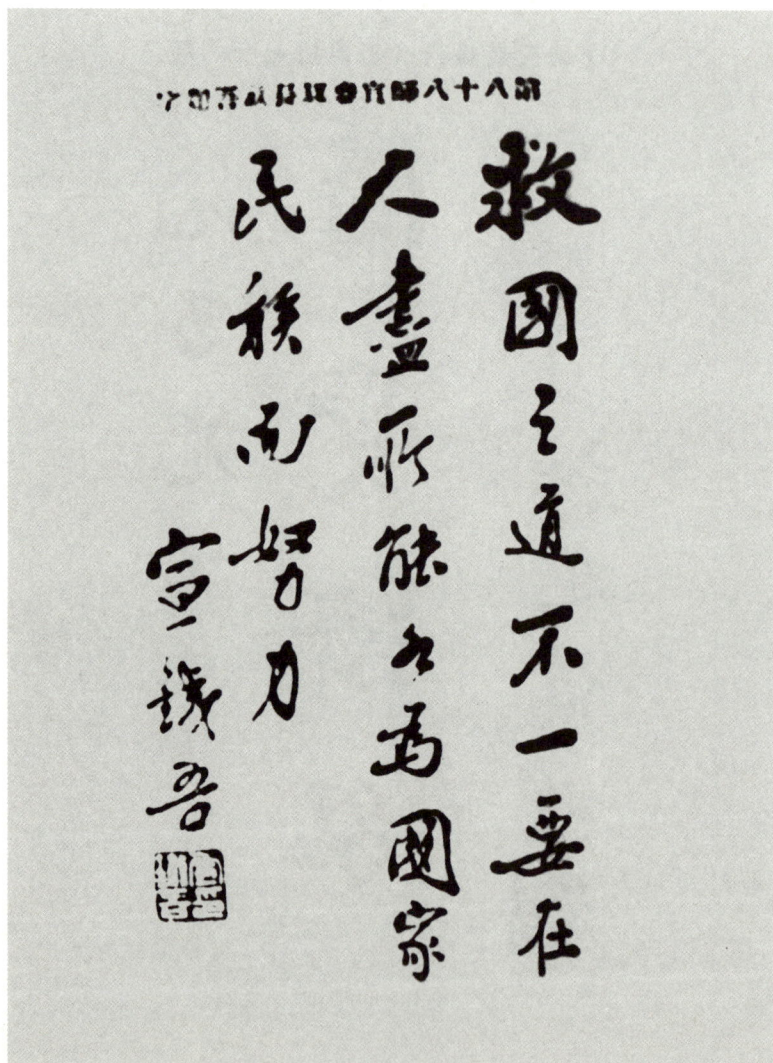

第八十八师参谋处长马君彦题字：共抒国难

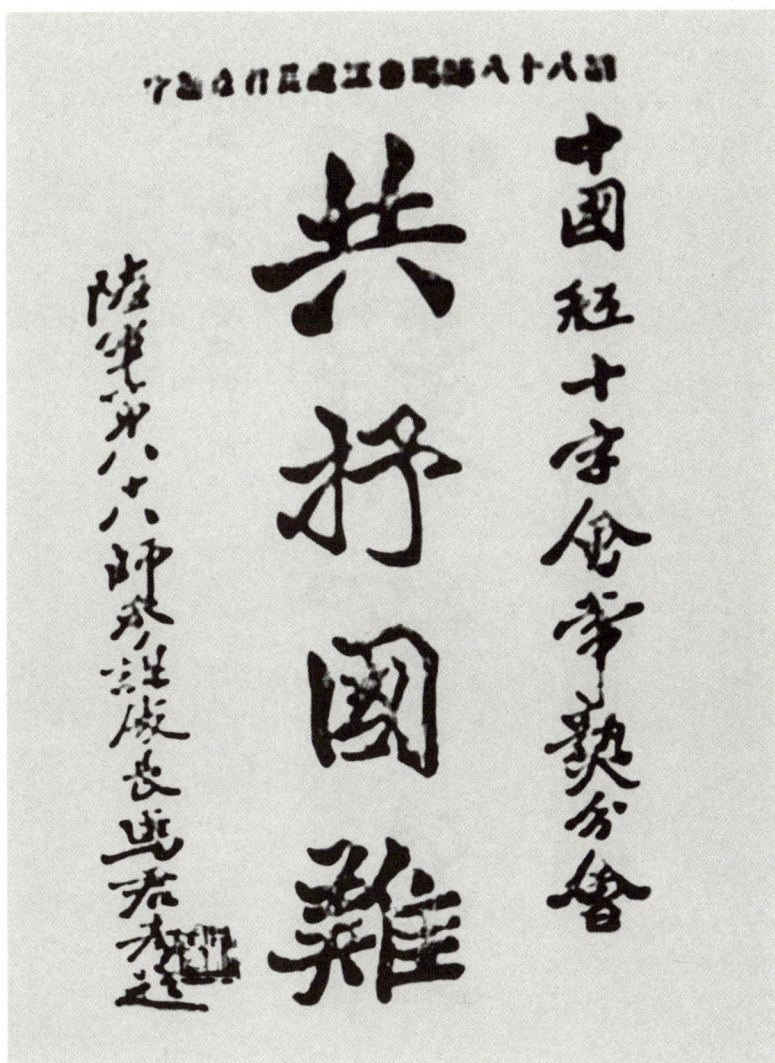

江苏省政府主席顾祝同题字：恤难宣勤

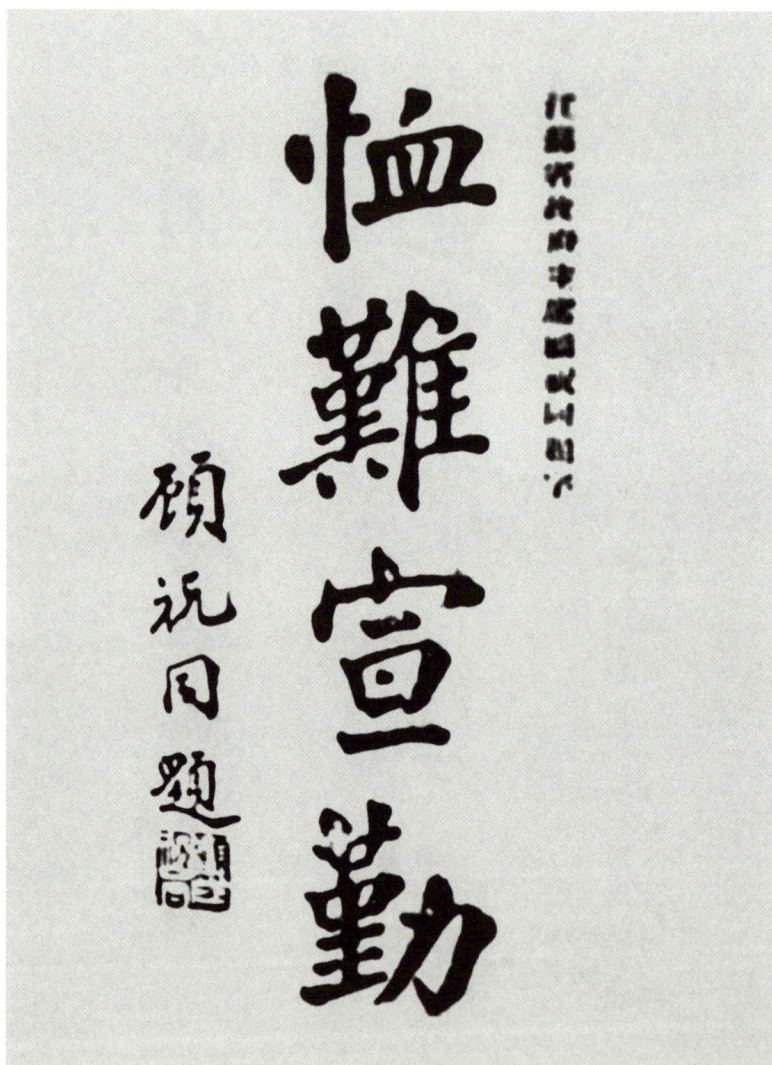

恤難宣勤

顾祝同题

十九路军第一五六旅旅长翁照垣题字：为国医伤

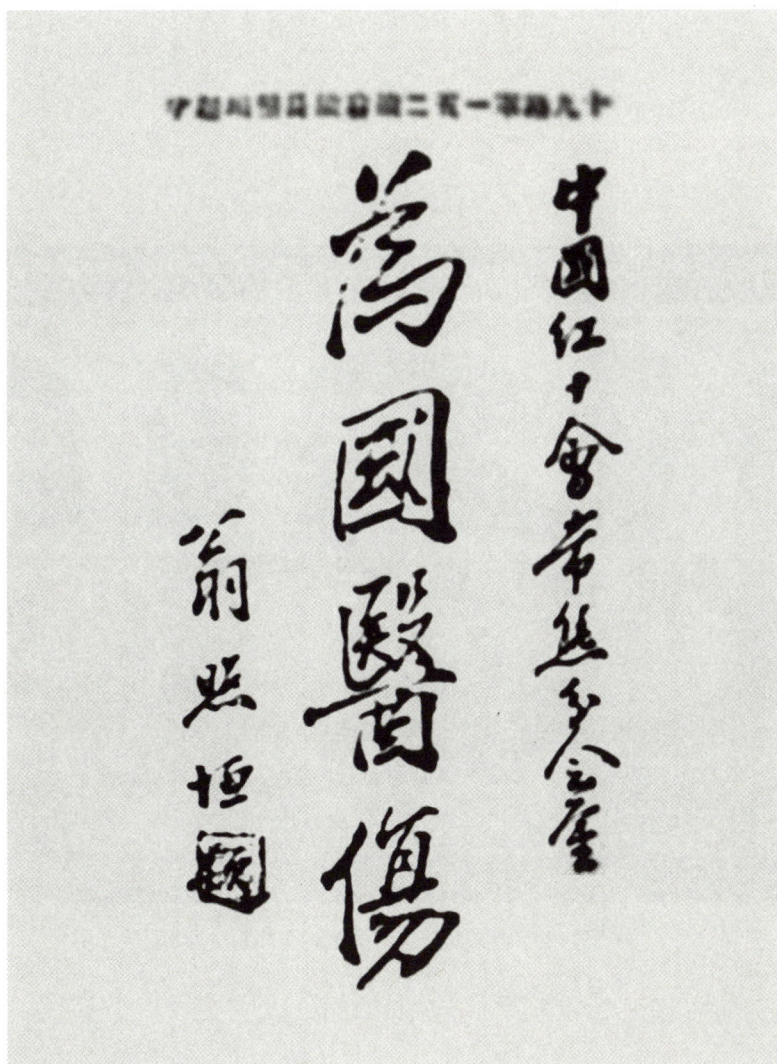

职员照相

中国红十字会常熟分会时疫医院全体职员摄影

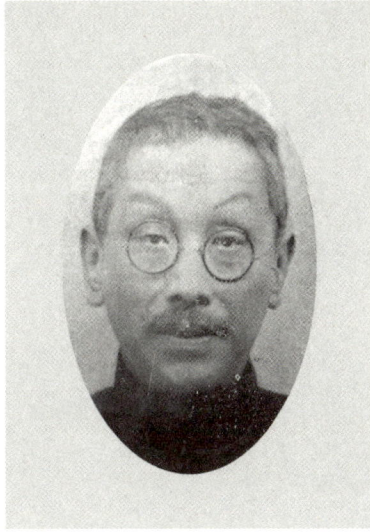

会长　张鸿

副会长　宗舜年

副会长　张玉

议长　瞿启甲

副议长　狄恩霖

议员　王振孙

议员　黄农

议员　钱万青

理事长　俞承枚

理事　胡塍

理事　杨以瀛

资产保管员　杨以均

会计　蔡开樵

交际　黄炳元

交际　曾栋

交际　郝社伯

交际　陈忏因

李市分办事处主任　朱乐天

总务　俞志千

总务　庞丙良

总务　俞叔高

第一救护队　时寿芝

第一救护队　邓虎生

第一救护队　钱味青

第一救护队　陈德公

第一救护队　丁伟成

第一救护队　钱君安

第一救护队　俞季湜

第一救护队　丁秀英

第一救护队　吴庆育

第一救护队　归红渠

第一救护队　顾诵

第一救护队　张霖

第二救护队　蔡开热

第二救护队　归仲飞

第二救护队　张振英

第二救护队　黄家樑

第二救护队　陈开甲

第二救护队　俞寿甫

第二救护队　沈重光

第二救护队　陶公义

第二救护队　张沧帆

第二救护队　高桐森

国医　於中和

国医　陆兰斯

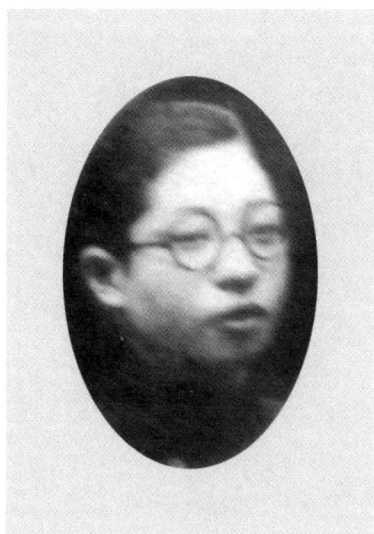

国医　蔡树声

第一收容所　顾寿南

第一收容所　顾光裕

第一收容所　庞取威

第二收容所　许维之

第三收容所　金南屏

第四、六收容所　陈遹声

通讯队　周振华

通讯队　周剑英

运输队　蔡培钧

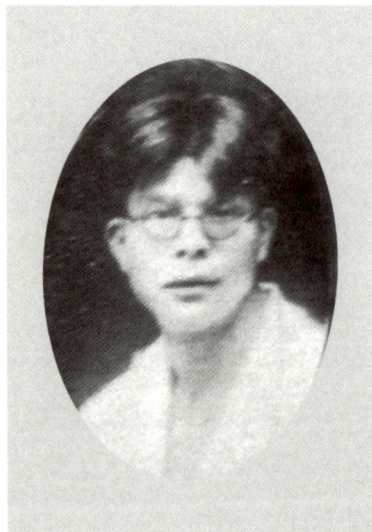

掩埋队　何可人

时疫医院事务　蔡裕昆

临时治疗所医务主任　邵预凡

临时治疗所医师　顾见山

临时治疗所医师　黄承熹

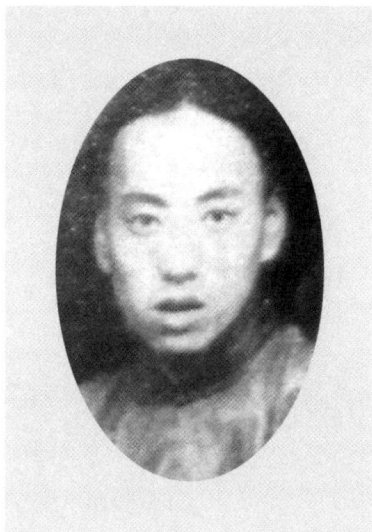

临时治疗所医生　孙家骥

临时治疗所医生　朱炳文

临时治疗所医生　戴逸震

临时治疗所医生　胡人镜

时疫医院主任医师　吕富华

时疫医院医师　吴国卿

时疫医院医师　李浩泉

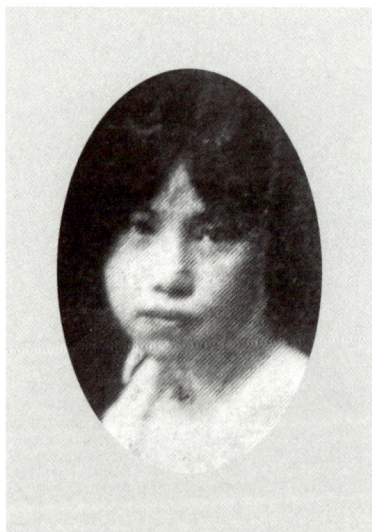

时疫医院医师　汤诚

时疫医院医师　屈振华

时疫医院医师　曾光叔

时疫医院义务医师　杨定国

时疫医院医师　沈汝冀

摄　影

本会救护队至岳王市时在该镇收容所门前即大悲殿留影，
有×者系镇长即收容所主任金耀先君

救护队往战地救护灾民运常（熟），上图在太仓上船时所摄

本会救护队在杨林口海滩休息时摄影

救护灾民到埠时摄影

灾民到第一收容所后被军警检查时摄影

灾民到达第二收容所俟军警检查时之摄影

第三收容所

第四收容所

第五收容所

本会救护队护送灾民回籍上船时摄影

治疗所门诊室

治疗所病房之一

治疗所病房之二

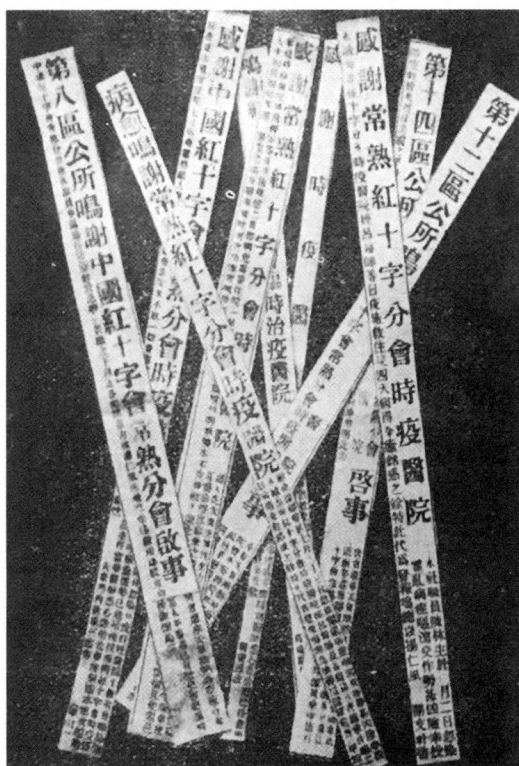

治愈出院登报道谢一束

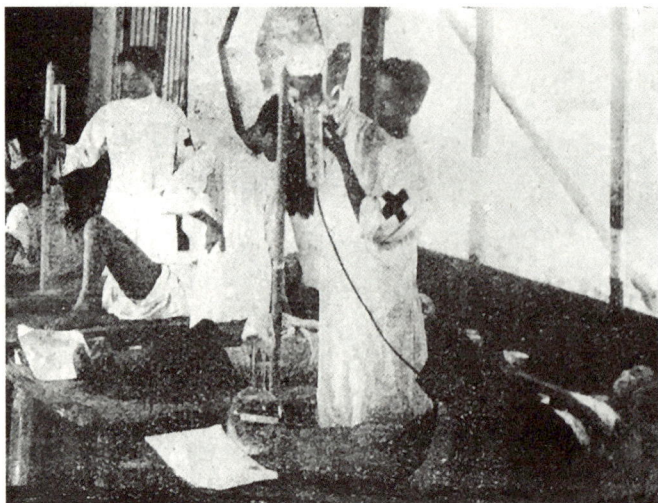

时疫医院男病房

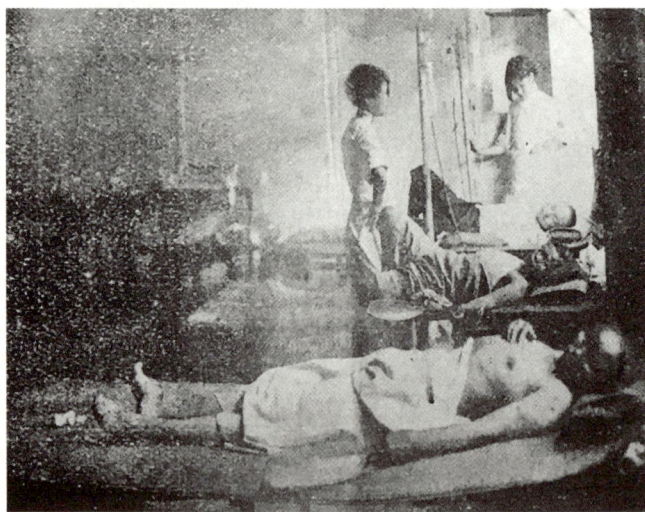

时疫医院女病房之一

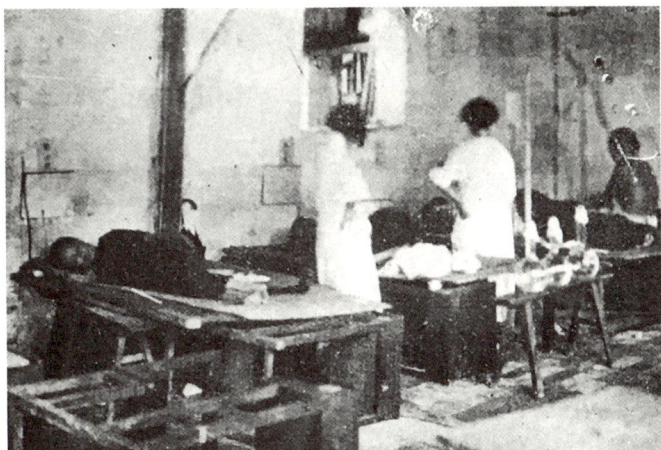

时疫医院女病房之二

时疫医院蒸馏水工作间

赴乡注射防疫针

浏河被炸之一

杨林口被焚之一

新塘市被焚之一

仪桥被焚之一

七丫口被焚之一

创始红十字会南丁女士传

　　南丁，译音也，或译为萧鼎。萧鼎盖儿者，英国创办看护之极仁慈女子，其一生行状不欲表扬，尝曰："俟吾盖棺，然后论定。"今女士已去世，不可无以志之。女士父母皆以硕德懿行称于时，富而好礼。女士生十七岁，已精格致及拉丁文字、算学，且娴音乐绘事（画），能操义（意）、德两国语言，读书之暇即关心病者苦痛，虽猫犬有疾，亦时怜恤，其仁慈根于天性，概可想见。年既长，益研究看护之法，邻里之沐其惠者，啧啧称道勿衰。既而至各社会考察，盖已有志欲成世界上创举之一大事也。旋偕其妹返英，见英皇后，又游历欧洲各国，查考各国病院，年三十一，遂专习看护，始于德，继于法。为体弱休息计，至英伦作孤老病院总理，颇著干才，卒以身弱辞去。年三十四，值英俄战争，英兵远赴俄地，伤者多至三千，由英寄来之绒衣、药品、食物，皆置不用，卧于湿地，以帐篷为被，管理尤无秩序。既而诸受伤者，负送舟中，嘱病人互相看护，所食为猪肉及硬饼而已，情状可悯。事为英政府所闻，函请女士管理，不知女士未得此函时，早已愿肩此任，闻召即行，率三十四人至俄，莅各病室察视，见病者奄奄垂毙，深为太息。夫看护非难，而欲筹备款项，安排各事，则大不易易，女士悉躬亲之，甚至一日劳力，有二十小时之久，且与众看妇同寝食，绝无猜忌，由是共呼女士曰"首领"，凡各级兵官咸服从焉。居数月，英人皆感其慈善，多寄药物、裹布，即皇家贵族，亦捐集钜资一千一百万镑，抚恤死事者眷属。女士综理一切，昼则备办食物，夜则执烛遍观病人，虽有传染之证（症），且不遑顾，以故病者一见女士形影，翕然生爱敬之心。比归英国，女皇维多利亚亲赠宝星，奖五十万镑，女士不受，悉数建一看护学校，而其身自此益弱，乃退而著书，详论女职以看护为最要，后英皇爱德华复赐奖牌。英国妇人受奖，以此为创始，女士竟先得之矣。当女士创行是役也，人皆非笑之，以为此事极繁猥（琐），必不能成，乃不畏艰难，不辞瘠瘁，舍其家庭之欢，忘其躯体之弱，毅然为之，使患病者有希望，死事者得安慰，生存者有养赡，不邀一己功德之誉，大开后世慈善之门，岂非女界中之铮铮者哉？女士寿至九十，以孱躯享大年，《中庸》云，大德者"必得其寿"，殆洵然欤？自兹女士之名，长留天地，所愿环球巾帼，多是则是效焉耳。

红十字会十大利益说

名誉者，人生第二生命也，亦人人之所应得也。夫名誉之最高尚为万国之所尊重者，莫红十字会员若。以念（廿）余枚之银元而博此最有荣誉、最有价值，得军政各界之保护之一慈善员，何乐而弗为耶？昔袁子才云："善用钱者，钱虽少，除自家享用外，仁浆义粟，皆钱为之。不善用钱者，钱虽多，除妻子奴仆有怨言外，招灾惹祸，亦皆钱为之。"细味斯言，是在用钱之能得当与否。且本会所收入之会金，一文都不虚掷，务在惠及灾民，泽及枯骨。明可获子孙之昌炽，暗可邀神圣之呵护。若论人类同胞之义、体天仁爱之道、灾患振恤之忱、危难怜悯之心，则谁不当列名此会，同沾博济之荣名，而享公共之利益？谋公益即所以获私益，保公安更可以卫私安。天下名誉之尊重极高尚者，孰有逾于此！

——本会会员由总会造册，呈报政府及内务部备案，认为中国红十字会终身会员；

——入会之后即为本会会员，当尽其待遇保护之责任；

——入本会会员能得总会发给红十字银质佩章；

——本会会员能得总会发给凭照，每年春间新题名录刷印后，分寄泰东西红十字万国同盟会，公认为万国红十字会会员；

——本会会员能得总会各种书籍、印刷品、纪念品等，函索即寄，不取分文；

——本会会员可得军政各界保护，免除一切危险；

——本会会员名为慈善，而最有荣誉，为他会所不及；

——本会会员能享本会各种权利及名誉职；

——本会会员不惟名传乡里，而一县一省，并直达中华全国，以及五洲万国莫不有会员之名；

——凡属国庆大典、重大宴会以及喜庆等，见佩有红十字徽章者，莫不起敬；平时军警界人员遇红十字会人员，亦必举手称敬，其荣誉为何如。

综此十益，宏兹一会，或捐输以策其进行，或仗臂以增其成绩，无非巩固我至尊无上之慈善法团而实行博爱以救济人民之生命为唯一之宗旨。

诸公不欲求真正之幸福而享此最高尚之名誉则已，否则请速到会报名，切勿逡巡错过。丁斯厄运，住此危区，独有本会为救苦救难不二法门，利己利人唯一捷径。吾愿绅富诸公、慈善长者，悉入斯会，为本会之主人翁，不禁馨香以祷祝也。

红十字会白话浅说

　　红十字会是英国女子萧鼎盖儿创起的，是前清光绪甲辰年间传来的。尊重的人道主义，包含的慈善性质，办理的救灾恤兵大事，能替国家分忧，能为人民造福，全球万国互相欢迎。凡是文明之国，开通之人，都以不在会为耻，争着缔约联盟，助捐入会，求万国红十字会公认为会员，永享利益。这会不是党派，不是宗教，更不是欺世盗名的异端左道，实在是福国利民的慈善法团。在会的人可避劫数，修福寿，保身家，博名誉。自君主、总统，至平民、工役，无不尊崇；自陆海军、内务部，至营县官、各机关，无不保护。会务虽由国家主持，会款却赖人民担任。只是范围甚大，费用太多，如立医院，救伤兵，办理赈济，防备天灾，都是非钱不可。这钱全仗仁人善士、财主富家们的捐，可多（万贯千元），可少（一文一角），可行（愿捐就捐），可止（不愿就罢），随心量力，并不拘情。虽是出闲钱却能积大福，今日我去救人，将来天必报我，自然循环，决无差错。倘若视财如命，为富不仁，则会务不能成，灾来没人救。尔时不能保身家，还能护财产吗？孟子说："推恩足以保四海，不推恩无以保妻子。"这两句话谁要下个注解，就请看下列的六条：

　　一、恤兵。两敌争战，必有伤亡。红十字会一到，就教停战。将被围的救出，受伤的抬治，死亡的埋好，人人都教得所。

　　二、救灾。水旱偏荒，人难自救，红十字会不辞艰难去赈济。瘟疫传染，人难自活，红十字会不分轻重去医治，个个都保无事。

　　三、防患。大兵之后，必有凶年，红十字会先期预备，以防未然。临时还将苦情电告总会及各分会，一齐来帮忙。甚者请国家拨款，大众助赍。要是出发，又可由陆军、海军两部，支给车船、马匹、房屋、粮食、电报。无红十字会，就无人管。

四、免劫。至善获福，自然之理。眼前如刀兵、水火、瘟疫、蝗虫等劫，在会的平安无事，人多不信。然出门将佩章、金表挂胸前，居家将证书、招牌挂门上，能避兵劫，又是人所共见。

五、实际。世人为子嗣、功名、愈病、免灾所许的愿，无非媚神、祀孤、饭僧、放生、吃斋、惜字、念经、舍身等事。自己虽有善行，于人却无功德，所以不能尽德报应。红十字会救苦救难，功德在人，自然有求必应。至于亡人殉殓，用证书、佩章能修福；恶人悔罪，能舍财助捐得善终，又是善愿之报。

六、随便入会。欲捐名誉、特别会员，固不容易，然捐正会员，不过二十五圆，总会亦给证书、佩章，政府亦为注册、通告。至于欢迎优待、登报扬名尤属小事，且是无拘男女、老少、贫富、贵贱，都可出名。不拘衣物、粮食、书画、玩器，都可折价。下此普通慈航宝塔、百岁常年、零星刻苦等捐，虽小而得红十字会收据亦算入会。总而言之，此事不在有钱没钱，只在好善不好善。

中国红十字会分会通则

总　则

一　国内各县属地方及国外各侨埠有赞同本会宗旨者，得依据本会第二次会员大会通过修正章程，备具愿书，报由地方官厅，或法团，或商会、农会、教育会，或邻近分会证明实心为善，陈送本会总办事处，交由常议会通过后得设立，分会在未成立之前则称筹备处。

二　凡分会筹备处陆续劝募正会员，会费全数汇交本会总办事处，以上海通用银元为准，俟募足三十人以上时得成立，分会定名为中国红十字会某处分会。

分会应设立医院，但因特别情形，报经本会总办事处许可者，亦可暂行缓设。

凡分会所在地有旧会员愿参加会务者，须验明本会凭照，并补缴参加费一元，得享有该分会会员同一之待遇。

三　筹设分会。俟分会成立后，所介绍之各种会员入会费一律准予截留半数为分会基金（应具基金领证），其余一半随时解交本会总办事处核收。

分会未成立时，其开支由筹备处另筹之。

四　凡一县属地方或一侨埠，只能设一分会，如因地方需要，得由分会择定地点设办事处，名为中国红十字会某处分会驻某办事处，仍将理由陈明本会总办事处备案。商埠巨镇不在此限。

五　分会应择定地点为会所，订（定）期开会公举会长、副会长、理事长，随将履历报告本会总办事处，经常议会审查确定，分别发给通知书后方得就职，并由本会总办事处报明外交、内务、陆军、海军各部暨该省军民长官立案，依据《日来弗条约》第五、第六、第九、第十各条，请予尊重保护，其余各职员由各该分会长聘任后，陈报本会总办事处备案。

六　分会应用图记、印旗、免费电报执照及救护时需要各物品，均由本会总办事处发给。

七　分会会务每年报告本会总办事处一次，每于开大会时，另造总册报告。

职　员

八　分会职员设立如左：会长、副会长、理事长、理事、资产委员，由议事会选举之，任期各三年，连举得连任，当选者以正会员为限；文牍员、会计员、书记，由分会长酌量任用。

九　分会长综理分会一切事务，副会长、理事长辅助分会长执行会务。分会长有事故时，副会长代行职权，资产委员保管分会所有资产。

议事会

十　分会设议事会办理左列事项：（一）初审分会预、决算；（二）议决会员入会之准否及除名；（三）选举分会长、副会长及各职员；（四）议决分会重要事件。

以上各事项应由分会长陈报本会总办事处查考。

十一　议事员名额视分会会员之多寡、事务之繁简，由会员会定之，但至少十二人，至多不得过二十四人。

十二　议事员由会员大会选举之，任期三年，每年改选三分之一，第一次、第二次改选者，用抽签法定之。

十三　议事员选举时，须同时选出同数之候补人，遇有议员辞职或缺席半年以上时递补之。

十四　议事会每月开会一次，由分会长召集之，遇有紧要事件得召集临时会。

十五　议事会设议长、副议长各一人，由议员互选之。

十六　议事会非全数议员半数以上出席，不得开议，但战时及有紧急事件不在此限。

事　业

十七　分会随时协赞本会，不分畛域，办理以下各事：

（甲）战时应遵守中国海、陆军部令及临时军事长官命令，协助医队救护伤者、病者，并救济战地居民出险，如在事人员受有侮辱、损失或危及生命者，得申请所在地军事长官保护、赔偿及相当恤典。

（乙）平时应筹募捐款，设立医院及医学校，造就医学人才，置备医院材料，并预备救灾、防疫及其他慈善事业，如无力筹设医院、医学校时，得就所在地之医院、医学校与订互助条件，以利会务之进行，俟确有成绩，报明本会总办事处，当酌予助力。

惩　罚

十八　本会会员有犯刑事者，或违背会章者，得由议事会公决，详叙事由报明本会总办事处取消其会员资格；如有假冒本会名义招摇诈欺、损害本会名誉者，应即报告本会总办事处函知地方官厅查明，按律严办。

十九　分会长、副会长及各职员，如有品行不正，违法营私，一经本会总办事处查觉，得知照该分会改选或撤换，情节重大者，并予以相当之处分。

二十　分会执行会务，有不妥适者，本会总办事处得分别令其更正或改组之。

奖　励

二十一　凡捐款一千元以上及募捐五千元以上，或对于会务有异常劳绩者，得由分会详报本会总办事处照章推赠会员，或分别情形陈请政府呈明大总统从优奖励。

二十二　凡捐款在二百元以上、募捐一千元以上，或对于会务著有成绩者，得由分会陈报本会总办事处照章推赠会员，或分别优奖以资鼓励。

保　护

二十三　凡分会办理会务场所及战时从事救护，或平时救灾、防疫，所有租借之房屋、舟车及材料曾经报明官厅，加有红十字标记者，如受损害时，得由分会报告本会总办事处函知地方官厅负保护、赔偿之责。

二十四　凡分会平时或战时从事救济人员佩有本会袖章者，其身体及居室应由地方官厅尊重保护，如或因公危及生命者，得由分会胪列事实，陈报本会总办事处转呈政府优予奖恤。

二十五　凡分会会员有被人侮辱及诬陷者，分会应负维持申理之责，如分会力有不及时，得将经过情形报明本会总办事处尽力保护之。

医　院

二十六　医院之组织另定之。

救护队

二十七　救护队之组织另定之。

附　则

二十八　本通则如有应行修改之处，由各分会议事会提出理由，陈请本会总办事处汇交下届会员大会修改之。

万国红十字会取缔违用
红十字旗帜袖章条例

第八章

第廿七条　凡红十字会公产及输运红十字救护队应用药料器械等件之时，并为红十字会服务等外，概不得挂用红十字旗，即红会会长及上级职员之各种私产上亦不得挂用红十字旗。（若此项私产有急用时转借与红十字会公用，则不在此列）

第廿八条　除为红十字会服务之人员外，别人不得乱用红十字袖章。

第廿九条　凡有一切商标或为发展商业起见冒用红十字样者，倘经查出，则重罚不贷。

常熟分会抄印

中国红十字会常熟分会会员录

（以证书号数前后为序）

一、特别会员

姓名	住址	姓名	住址	姓名	住址
瞿良士	新县前	宗子岱	冲天庙前	孙伯绳	天宁寺巷
邹禾生	塔前街	邵劼甫	邵家巷门		

二、正会员

姓名	住址	姓名	住址	姓名	住址
张　鸿	北门燕园	吕受之	西城脚	王炳文	西城脚
尹少春	浒浦	傅文魁	浒浦	贾绥若	小榆树头
王约言	浒浦	张　玉	浒浦	席麟心	小榆树头
王锦裳	浒浦	庄湘坡	浒浦	朱翰芬	顾家桥
王　钟	虞阳里	王炳南	浒浦	黄宇歧	梅李
严景范	塔后街	丁恩燠	紫金街	沈颂椒	梅李
张幼良	中巷	蔡伟文		俞承枚	范公桥
庞秉逊	东河	汪笃祚	浒浦	罗洪基	浒浦

姓名	住址	姓名	住址	姓名	住址
葛少舫	西城脚	狄子怡	接官亭	张礼泉	严家场
胡受伯	老庙前	蒋应辰	西泾岸	瞿毓秀	古里村
许晓初	浒浦	周荫壤	浒浦	程建新	东殿巷
张幼谷	浒浦	崔履义	浒浦	宗维恭	冲天庙前
徐元基	浒浦	陈叔谦	浒浦	钱于门	前花园弄
邵福平	后辛巷	夏素民	浒浦	潘德清	北市心
黄 农	东徐市	张 栅	莲花井	瞿焕礼	湾湾桥
金敬先	大步道巷	杨天梅	辛峰巷	庞丙良	小塔前
庞稚云	东河	徐铭光	乌桥弄	顾止何	花园浜
陈心孟	西弄	孙事宏	天凝寺巷	瞿朱氏	古里村
陶继明	书院弄	桑玉书	阔墩	邹志屏	周神庙弄
高云卿	山塘泾岸	陈晴初	浒浦	缪纶	会元坊
何张兰英	南门大街	金敬复	大步道巷	潘庆年	青禾家桥
何镜民	董浜	瞿翁氏	古里村	张芝荪	鱼家桥
沈伯明	会元坊	范承恩	丰乐桥	庞取威	小塔前
程楚书	浒浦	李家直	白茆	陈骏声	西弄
金希尧	大步道巷	石好烈	北门	戴良耜	青禾家桥
瞿程氏	古里村	庞树靴	望仙桥	徐凤藻	何家市
曾振民	阁老坊	杨多如	小东门外	庞示威	黄仓桥
蒋乐天	西弄	钱贡珍	鸟桥弄	杨苇航	学前街
黄瑞锦	槐柳巷	胡德超	大东门外	归谨庵	虹桥下
黄谦斋	寺前街	沈望南	仓巷	归膺洪	虹桥下
夏凤翔	粉皮街	王仁雄	虹桥下	庞绹华	小塔前
蒋尔常	乌桥弄	徐粹安	梅李	陈忏因	西弄

姓名	住址	姓名	住址	姓名	住址
俞寿甫	颜港	金星斋	大步道巷	金君赞	练塘
桑祖怀	河东街	陆圭如	东言子巷	庞金珊	小塔前
张咏华	西仓前	许炳元	浒浦	朱彦卿	县南街
李彦博	紫金街	卫尔生	美国	张丽川	小塔前
俞若泉	顾家桥	瞿钱氏	古里村		

三、普通会员

姓名	住址	姓名	住址	姓名	住址
杨贞祚	九万圩	沈树声	天宁寺巷	周承	寺后街
钱安宝	老庙街	沈钟銮	天宁寺巷	杨定国	辛庵巷
钱福宝	老庙街	朱莹	岳弄	钱唐	老庙街
朱祖赓	塔街	屈炳良	青龙桥	钱炳实	老庙街
杨以庄	紫金街	顾彭振梅	大榆树头	俞可师	东河
沈赓虞	天宁寺巷	薛志人	大东门外	徐补荪	山塘泾岸
将兆文	东殿巷	吴端伯	大榆树头	郭子眉	东河
徐蔡聿	大榆树头	严溥泉	塔后街	桑灿南	新县前
杨祥麟	顾桥	严杨氏	塔后街	庞幼香	东河
孙良弼	六房湾	郁仲英	浒浦	杨达三	坛上
郝社伯	寺前街	秦赓生	浒浦	黄凤岩	南赵街
薛志海	西弄	叶剑英	浒浦	严邹氏	塔后街
李任	周神庙街	戴关柄	浒浦	严住蕊	塔后街
钱万青	老庙街	柏子英	浒浦	汪公肃	浒浦
钱珊宝	老庙街	董嘉春	浒浦	鲍秦秀	浒浦

姓名	住址	姓名	住址	姓名	住址
吴英	通江桥	徐德鹤	南门大街	程瀛洲	浒浦
沈钟莹	天宁寺巷	周凤亭	四丈湾	居柳村	浒浦
屈如干	大步道巷	李镜宇	读书里	陆耀祥	浒浦
姚本元	东太平巷	张文俊	西城脚	蔡以成	浒浦
归曾福	含辉阁	庞慰农	大田岸	陈弼	南门大街
李曾植	彭家场	曹东篱	缪家湾	李锡年	北市心
张振虞	花园弄	倪辅臣	义庄弄	朱近仁	大步道巷
龚云和	大东门外	张侃夫	花园街	汪益三	接官亭
张树森	黄家巷门	严绍业	塔后街	李绍棠	东河
钱和宝	老庙街	严灿蕊	塔后街	马志卿	总马桥
俞炳龙	东太平巷	章幼均	浒浦	赵筱松	税务弄
程泳沂	报本街	张书城	浒浦	赵杨德	融南
沈钟瑚	天宁寺巷	叶卫寰	浒浦	严石氏	塔后街
金鹤清	宫前街	夏坚白	浒浦	邵曾符	邵家巷门
殷湛	老县场	陈女士	浒浦	章翼如	浒浦
蒋元庆	迎恩桥	唐明善	浒浦	张佐伊	浒浦
胡琴舫	寺前街	汤新	山塘泾岸	夏哲公	浒浦
王金福	浒浦	范保之	百忍堂	徐少峰	大东门外
杨寿龄	浒浦	赵宜孙	东堂市	王圣周	辛巷
徐德麒	南门大街	陈六眉	古里村	赵君阁	报本街
陈斌	南门大街	薛继芬	古里村	李伯成	阁老坊
高元	大榆树头	邵君弼	古里村	庞古香	西泾岸
周君兰	东河	王子厚	古里村	瞿君实	古里村
庞曼谷	东河	钱熊年	阁里	瞿幼帆	古里村

姓名	住址	姓名	住址	姓名	住址
沈堃	三里桥	俞树同	东河	瞿幼村	古里村
庞采丞	缪家湾	黄应鹤	范家市	瞿镜清	古里村
庞梅生	东河	周凤阶	丰乐桥	宗寿宜	山塘泾岸
杨幼梅	东河	龚元璋	颜港	沈赓飔	北市心
冷春生	浒浦	杨定熙	五琴沿河	席元明	东仓街
李丰和	阁老坊	谭八	通江桥	张森泉	接官亭
严芝荷	紫金街	翁伯儒	白场	何松年	钟楼湾
丁炯明	古里村	徐杰培	福山	顾聿修	花园弄
陈振夫	阔墩	王铁珊	东河湾	龚又村	东唐市
瞿文卿	古里村	符克明	东门外	周湘如	大东门外
瞿仲鲁	古里村	方宪成	宫前街	姚宗鼎	秀崖街
余儒卿	引线街	陈赓尧	古里村	姚宗亮	秀崖街
宗秀松	东河	陆宝屿	古里村	姚炯	含辉阁
王宝山	坛上	陈君符	古里村	张仲履	老庙街
胡钟	君子居弄	吴彦	青果巷	张林贤	南市河
李钧源	通河桥弄	钱鹏年	草桥	朱希亮	大东门外
蒋祖尧	西泾岸	王章采	九万圩	俞树伟	东河
席丁氏	小榆树头	朱悦文	丰乐桥	陈云洲	归感乡
卢蕴石	白场	董绍舒	东仓街	许令石	东塘市
赵丕德	程家巷	桑侣松	河东街	殷兰荪	东塘市
黄同石	九万圩	刘少卿	书院弄	张宝奎	梅李
薛翔凤	梅李	奚敬之	东唐市	高振甫	中巷
朱晋荪	梅李	倪君廉	东唐市	邵预凡	菜园弄
徐继勋	梅李	嵇梦笔	东塘市	张灏	粉皮街

姓名	住址	姓名	住址	姓名	住址
蒋凤书	缪家湾	张振维	梅李	顾社三	古里村
丁逸圃	通江桥	袁景安	梅李	邱纪杺	古里村
陈瑞生	东塘市	顾仲良	梅李	蒋祖同	西泾岸
姚管宝蓉	秀崖街	周令文	梅李	徐根荣	浒浦
蒋陶品珍	陶荡	马骏如	东市河	秦有耕	浒浦
李君实	紫金街	邵伯琛	东塘市	王玉光	浒浦
徐冕	珠草浜	朱庆元	东塘市	汪马福贞	浒浦
张耀章	南泾堂	薛汝琥	蒋家牌楼	董瑞之	浒浦
俞高氏	顾家桥	王凤梧	虞阳里	程葆堂	东塘市
张季益	东唐市	庞寅	横仓桥	张晋古	冲天庙
嵇仲康	东唐市	钱拥书	颜港	金秉超	县东
高俊明	东塘市	朱赞瑜	东唐市	邹焕文	青果巷
王希璟	梅李	陈岳生		谢桂生	东塘市
马文藻	梅李	陈幼仙	东唐市	沈作民	东塘市
沈康伯	梅李	谭幼云	东塘市	顾见山	石梅
张保善	梅李	吕德孚	东塘市	雪恭	三峰下院
王家桢	道前	张善康	梅李	马颂新	古里村
殷式如	东塘市	王卓卿	梅李	陶少卿	古里村
龚云阶	东塘市	冯冠凡	梅李	居炘镶	浒浦
姚款玉	秀崖街	王乾庆	乌衣街	殷淡如	浒浦
王师仙	蒋家牌楼	陆孟美	阔墩	吴仲甫	浒浦
石君安	新塔湾	汪仲章	平桥	徐福高	浒浦
季仰山	大步道巷	钱寿桢	三里桥	龚子范	浒浦
张默公	东唐市	周耀赓	平桥	夏俊康	浒浦

姓名	住址	姓名	住址	姓名	住址
邹寄环	塔前	高颂芬	东塘市	黄瑀	旺倪桥
邹祖华	周神庙	唐法庭	浒浦	陈伯章	
雷鸿侃		耿锦文	浒浦	贾心澄	小榆树头
王湘帆	东塘市	罗永基	浒浦	严树声	槐柳巷
蒋凤歧	缪家湾	华荣	辛安乡	贾汉臣	
曹季如	石牌	陈子麟	县西	王叔䣭	
王性之	老徐市	陶思侃	粉皮街	屈世镕	辛家弄
周毓贞	小东门外	张冠恒	税务弄	瞿陈秀贞	湾湾桥
李兆熊	古里村	吴锡䃋	税务弄	蒋春溥	港口
马培之	古里村	李佐寰	白茆	杨同济	沙洲市
王子和	浒浦	黄时雨	彭家场	曹养纯	东徐市
陈子琴	浒浦	黄家樑	范公桥	汪应钧	旱北门
陈柏舟	浒浦	张汝荫	染坊弄	萧重威	面店弄
束家声	浒浦	章元龙	花园浜	李顺和	白茆
张公权	浒浦	何葆恩	草荡	黄震亚	彭家场
唐雨香	浒浦	曹志喜	桐桥	蒋逖公	港口
潘廉	旺倪桥	周剑英	周家码头	陆春泉	
徐天啸	辛家弄	徐家康	午桥弄	戴志樵	西门外
金一鸣	西门大街	屈张惠芳	辛家弄	徐公筹	县东街
吴同生	东河	蒋尔常	港口	庞毅仁	
张克明	显桥	杨育仁	港口	周文连	板桥
邹衍	新县前	方振华	沙洲市	丁幼威	大榆树头
王黄若英	老徐市	潘攸鸣	梅李	屈世泽	辛家弄
孙湘涛	古里村	缪屈冠华	会元坊	瞿鼎彝	湾湾桥

姓名	住址	姓名	住址	姓名	住址
王济清	古里村	顾志和	花园浜	杨毅	沙洲市
陈素芳	阔墩	李顾翠珍	白茆	姜璜	沙洲市
殷永丰	浒浦	黄君培	彭家场	程兆祥	学后街
赵培云	浒浦	蒋黄济亚	港口	屈龚雪痕	西门大街
茆广余	浒浦	王华栋	九万圩	谭浩	中巷
黄家裕	彭家场	皇甫廙宗一	老徐市	李志鸿	李市
黄治	西门	朱健伯	前花园街	陈遹声	李市
庞幼和		张葭生	后辛巷	陈敦明	李市
徐君实	午桥弄	沈连康	东太平巷	胡芝良	新县前
曹沐	西门外	张铭歧	寺前	俞文伯	南门大街
王季玉	西门外	贝岳宗	寺前	王爕元	五福街
姚蔗娱	通河桥弄	李湛莹	面店街	李大吉	颜港
朱子瑜	县南街	陈子谦	李市	夏芾孙	缪家湾
屈赵紫达	辛家弄	朱乐天	李市	洪亮钦	东太平巷
蒋庞素	港口	王幼良	李市	顾耀南	寺前街
蒋纯镐	港口	浦福生	李市	马家麒	寺前
杨同时	沙洲市	沈季和	李市	杨炳青	九万圩
周德寿	板桥	王介眉	五福街	沈芳谷	大步道巷
邵治衡	环秀街	朱乾荣	东门大街	陈顾静我	李市
李崧龄	面店街	顾思仁	陈家市	邱汉臣	李市
陆鸿瞻	跨塘街	胡雯章	白粮仓	周兰孙	李市
周友仁	李市	皇甫莲生	老徐市	陆俊儒	李市
陆森林	李市	朱云山	莫城	黄范巧子	寺前
沈述儒	李市	王铁笛	道街	吴半淞	通江桥

姓名	住址	姓名	住址	姓名	住址
陈瑞平	李市	莫虞臣	道前	黄顺生	小东门外
沈孝伦	大步道巷	吴俊人	寺前	王琳元	五福街
谢少亭	泰安街	钱樵孙	章家阁	皇甫显斌	老徐市
华锦源	小河下	朱蕴玉	李市	陈益仲	西街
汪显庭	黄家廊下	张毅	李市	张百冷	道街
周子善	浜巷	张文彦	寺前	郝养吾	冲天庙

四、学生会员

姓名	住址	姓名	住址	姓名	住址
胡洪赓	道前	赵曼华	草桥	陈保芬	李市
钱之杰	草桥	杨佩筠	道前	陈敦焜	李市
李同康	寺南街	瞿敖生	李市	吴大桢	福山
邓玉泉		陈淑琴	李市	邹启荪	南市里
岳志伟	李市	陈宝钰	李市	李同寿	寺前街
浦元震	李市	康静庄	范公桥	邓玉珊	
陈敦朴	李市	俞树蕙	范公桥	陆国鑫	李市
孙漱词	西门外	徐巽行	大榆树头	陆元泉	李市
陈敦深	李市	邓玉良		陈彬和	李市
龚永剑	横泾	陈敦彦	李市	钱元祷	西门外
黄璋	槐柳巷	陆素娟	李市	吴淑行	河东街

五、参加会员

（以登记前后为序）

姓名	住址	姓名	住址	姓名	住址
李楞伽	钟楼头	瞿耀邦	古里村	李君芬	菜园街
王瑞峰	白场	屈钧毅	辛家街	郑建侯	东张市
瞿熙邦	古里村	张树嵩	染坊弄	俞志靖	范公桥
周蔡静贞	县南街	顾葆彝	翁府前	瞿良士	古里村
周棠	百忍堂	杨志平	五琴沿河	张汝霖	东唐市
屈名錞	辛家弄	王秉安	白场	王赞谋	大东门外
杨玉沧	卒峰巷	瞿炽邦	古里村		
王振孙	白场	张心复	西仓前		

中国红十字会总办事处奖赠
本分会义务职员名录

计 开

（以证书号数为序）

二等奖章：蔡闻樵、时寿芝

特别会员：顾止何、俞志靖

三等奖章：庞取威、俞寿甫、胡受伯

正 会 员：黄家樑、顾寿南、陈开甲、俞仲久、陈德公、俞采笙、
张振英、许维之、俞觐如、邓虎生、归仲飞、张沧帆、
钱君安

普通会员：周梦旦、蔡树声、陆兰斯、於中和（以上四员系中医）、
俞亮如、浦治一、俞季堤、钱味青、花韵声、沈重光、
何可人、高桐森、陈兆光、周振华、蔡朴孙

中国红十字会常熟分会职员录

职别	姓名	别字	住址
会长	张鸿	隐南	燕园
副会长	宗舜年	子岱	冲天庙
副会长	张玉	用舟	浒浦
议事长	瞿启甲	良士	新县前
副议长	狄恩霖	子怡	接官亭
议员	钱万青	莲士	老庙弄
议员	夏素民		浒浦
议员	徐元基		浒浦
议员	王炳南		浒浦
议员	王锦裳		浒浦
议员	汪笃祚		浒浦
议员	俞炳龙	鸥侣	太平巷
议员	陈晴初		浒浦
议员	陈叔谦		浒浦
议员	黄农	仲圭	寺后街
议员	王振孙	冠玉	白场
议员	李任	嗣尹	周神庙弄
议员	朱祖赓	揆一	塔街

职别	姓名	别字	住址
议员	陆琦	圭如	言子巷
理事长	俞承枚	九思	范公桥
理事	胡塍	受伯	道弄
理事	杨以瀛	玉沧	辛峰巷
理事	邵福平	丽生	辛巷
资产保管员	杨以均	志平	五琴沿河
驻沪交际	俞承修	志靖	上海厦门路尊德里
驻沪交际	宗礼白		上海西摩路武定路
会计	蔡闻樵		中巷
文书	俞炳恒	仲九	南门大街
文书	俞炳星	亮如	西泾岸
文书	俞炳宸	觐如	西泾岸
文书	严志和		范公桥
交际	黄炳元	谦斋	寺前街
交际	郝社伯	迁公	草荡
交际	陈忏因	佑之	西弄
交际	曾栋	师宇	会元坊
总务	杨祥麐	育才	显桥
总务	俞树圻	志千	县东街
总务	俞叔高		北市心
总务	庞丙良		小塔前
总务	蔡朴孙		报本街
总务	钱笠夫		彭家场
总务	俞亭伯		南门大街

职别	姓名	别字	住址
总务	刘绳祖		寺前街
庶务	黄培之		下河沿
庶务	徐君怀		午桥弄
庶务	贾心澄		小榆树头
庶务	蔡德如		榆树头
庶务	杨定国		辛峰巷
庶务	金秉超		县东街
庶务	胡德超		大东门外
庶务	陈兆光		通江桥
庶务	王介眉		五福街
庶务	胡芝良		新县前
庶务	浦治一		菜园弄
庶务	缪荫嘉		会元坊
庶务	蔡兆榴		报本街
国医	周梦旦		西仓前
国医	陆兰斯		步道巷
国医	蔡树声		报本街
国医	汤玉君		山塘泾岸
国医	於中和		阔墩
分办事处	朱乐天		李市
分办事处	陈子谦		李市
分办事处	陈瑞平		李市
分办事处	朱蕴玉		李市
分办事处	沈述儒		李市

上篇

职别	姓名	别字	住址
分办事处	沈季和		李市
分办事处	陈敦明		李市
分办事处	周友仁		李市
分办事处	邱汉臣		李市
救护第一队	时寿之		陶家巷
救护第一队	陈德公		通江桥
救护第一队	邓虎生		妙桥
救护第一队	钱味青		西门大街
救护第一队	俞炳益	季湜	南门大街
救护第一队	钱君安		西门外
救护第一队	丁伟成		九万圩
救护第一队	丁秀英		大步道巷
救护第一队	归红渠		梅李
救护第一队	张霖		衢桥
救护第一队	吴庆育		中巷
救护第二队	蔡开热		中巷
救护第二队	俞寿甫		颜港
救护第二队	陈开甲		道弄
救护第二队	黄家樑		范公桥
救护第二队	张振英		衢桥
救护第二队	高桐森		金童子巷
救护第二队	陶公义		焦桐桥
救护第二队	归仲飞		仓巷
救护第二队	张沧帆		北仓弄

职别	姓名	别字	住址
救护第二队	沈重光		菜园弄
救护第二队	花韵声		粉皮街
救护第二队	杨定熙		五琴沿河
通讯队	周振华		水北门大街
通讯队	周剑英		周家码头
通讯队	陈芷湘		南泾堂
通讯队	方鸣皋		小塔前
通讯队	王国樑		县东街
通讯队	夏超元		书院弄
掩埋队	何可人		中巷
掩埋队	张子容		中巷
掩埋队	归乃簪		五福街
掩埋队	黄顺生		小东门外
掩埋队	黄泳沂		小东门外
运输队	蔡钧培		焦桐街
治疗所医师	邵预凡		菜园弄
治疗所医师	顾见山		石梅
治疗所医师	黄承熹		北门东街
治疗所医生	朱炳文		蒋家牌楼
治疗所医生	胡人镜		钟楼头
治疗所医生	戴逸震		五福街
治疗所医生	孙家骥		西塘桥
治疗所医生	庞定		西泾岸
治疗所医生	庞颖		望仙桥

职别	姓名	别字	住址
治疗所医生	李俊才		南泾堂
治疗所事务	王湧森		石梅
治疗所事务	赵子翼		石梅
治疗所事务	路翼之		石梅
治疗所事务	苏松岩		书院弄口
治疗所事务	朱国霖		石梅
治疗所事务	张世民		石梅
难民第一收容所	顾寿南		庙街
难民第一收容所	顾止何		花园浜
难民第一收容所	顾取威		小塔前
难民第一收容所	顾耘孙		紫金街
难民第二收容所	许维之		石梅
难民第二收容所	朱芸阁		山塘泾岸
难民第二收容所	朱再卿		山塘泾岸
难民第三收容所	金南屏		练塘
难民第三收容所	钱鸿勋		练塘
难民第三收容所	管海泉		练塘
难民第四收容所	房墨章		莫城
难民第四收容所	张履古		莫城
难民第四收容所	朱云山		莫城
难民第五收容所	戴次沅		东始庄
难民第五收容所	戴荫阶		东始庄
难民第五收容所	朱松森		东始庄
难民第六收容所	陈遹声		李市

职别	姓名	别字	住址
难民第六收容所	李志红		李市
难民第六收容所	浦福生		李市
难民第六收容所	陆森林		李市
难民第六收容所	陆骏儒		李市
难民第六收容所	周兰孙		李市
难民第六收容所	张毅		李市
难民第六收容所	王友良		李市
时疫医院院董	庞树森	甸才	书院弄
时疫医院院董	王绳高		新县前
时疫医院院董	尹鹏	邺夫	章家角
时疫医院院董	王崐山	振华	乌衣弄
时疫医院院董	石民佣		会元坊
时疫医院院董	沈鼎芬	芳谷	大步道巷
时疫医院院董	汪凤书		显桥
时疫医院院董	季谷兰		小塔前
时疫医院院董	屈树培	钧艺	辛家弄口
时疫医院院董	金平	一鸣	杨树弄
时疫医院院董	金鹤清	敏君	李王宫前
时疫医院院董	郝社伯	迁公	草荡
时疫医院院董	俞寿甫		颜港
时疫医院院董	俞可师	启汉	东河
时疫医院院董	时秉刚		阔井
时疫医院院董	徐鸿翊	君坦	冲天庙
时疫医院院董	徐君怀	铭光	午桥弄

职别	姓名	别字	住址
时疫医院院董	戴良相		新县前
时疫医院院董	陈忏因	佑之	西弄
时疫医院院董	程元鼎	建新	东殿巷
时疫医院院董	张谷如		县南街
时疫医院院董	张幼南		新县前
时疫医院院董	刘珽	勤圃	步道巷
时疫医院院董	归廷璐	孟坚	柳河沿
时疫医院院董	归谨庵		虹桥下塘
时疫医院院董	庞秉逊	洁公	东河
时疫医院院董	缪作霖		会元坊
时疫医院院董	缪竹平		中胜巷
时疫医院院董	戴次沅		东始庄
时疫医院院董	顾光裕	止何	花园浜
时疫医院院董	张鸿	隐南	燕园
时疫医院院董	宗舜年	子岱	冲天庙
时疫医院院董	瞿启甲	良士	新县前
时疫医院院董	胡塍	受伯	道弄
时疫医院院董	杨以瀛	玉沧	辛峰巷
时疫医院院董	俞承枚	九思	范公桥
主任医师	吕富华		上海
医师	吴国卿		上海
医师	李浩泉		上海
医师	曾光叔	秉轩	曾家花园
医师	沈汝冀	志豪	江阴
医师	朱炳文		蒋家牌楼
医师	汤诚		山塘泾岸

职别	姓名	别字	住址
医师	屈振华	志明	显桥
义务医师	顾树棠	缵南	报本街
义务医师	杨定国	孟一	辛峰巷
义务医师	俞炳益	季湜	南门大街
义务事务员	蔡裕昆		中巷
义务事务员	时永福	寿芝	陶家巷
义务事务员	顾彭龄	寿南	老庙弄
义务事务员	浦同端	治一	菜园弄
义务事务员	陈开甲		道弄
义务事务员	陈念宗	德公	通江桥
义务事务员	陈念埭	兆光	通江桥
义务事务员	邓秉球	虎生	体育场
义务事务员	庞寅	取威	小塔前
义务事务员	许维之		石梅
义务事务员	高怀德	桐森	金童子巷
义务事务员	张楚	振英	街桥
义务事务员	钱元鼎	味青	西门大街
义务事务员	何峙	可人	中巷
义务事务员	庞丙良		小塔前
义务事务员	沈重光		菜园弄
义务事务员	蔡源澜	朴孙	报本街
义务事务员	黄家樑	醒霞	范公桥
义务事务员	归鸿	仲飞	仓巷
义务事务员	鲍大文	春芷	河东街
义务事务员	杨玉清		紫金街
第一救护队漏排	顾诵		九万圩

工作日记片断

二月二十八日：天不厌乱，东寇西侵，自一·二八事起后，淞沪附近一带被灾来常者络绎不绝，其稍有资斧者均由申赴苏或由浙绕道来常，自觅亲朋暂住，辗转迁徙者约千余人。本会鉴斯情势，知接近战区之老弱贫苦者非急事援救不可，遂召集会员议决，先行成立第一收容所，假邑庙后宫开始收容，并公函各机关查照。

三月二日：本日收到县商会公函一件，系请设法收容战地灾民。

三日：本会因事务渐趋紧张，襄办乏人，爰即函知前曾在本会热心办事之职员于下午四时在会所开会讨论一切，届时到会六七十人，结果推定各股主任，即日起负责分担工作。

四日：前线战事愈形紧张，灾民陆续而来。本会恐第一收容所不敷容纳，爰特派员至西门外晒麦场何家祠堂，商借全部房屋作第二收容所，当蒙允许并即布置一切。

六日：连日防军云集，本会第二收容所亦被八十八师部队商借，当即派员将所有物件收回并另觅城内西山塘泾岸曾姓房屋为第二收容所，同时即开始收容。

七日：本日派职员黄家樑往大义桥与黄义庄接洽商借房屋作第三收容所。盖鉴于战事尚在相持中，昆、太之灾民亦已渐有来常矣。

八日：本日接地方自卫委员会公函一件，系请设立医院救护伤兵。

夜十时许，得悉大东门外有江北船数艘因与哨兵发生误会，枪伤二人，即派救护队时寿芝、蔡开热等十余人率同担架夫役驰往该地，至则小孩一名业已气绝身死，伊父单伟祥尚能言语，当即抬至旱北门内集善医院医治。

九日：上午九时，据医院电告，谓昨由本会送去枪伤之单伟祥已于上午三时不及救治，创重身死，当即派职员陈德公率领担架夫随带棺木至医院收殓，舁往本会公地埋葬，并通知其家属。

由本会及地方自卫会、医学会合组之常熟伤兵医院于本日正式成立，设在西门内李王宫关帝殿后，并由本会补助经费洋一百元。

十日：第三收容所于今日改设于练塘镇金宅，因原有大义桥第三收容所已为四十七师士兵所驻扎，更无余屋可资收容也。

十一日：上海红总会救护队十余人由苏到常，由本会招待一切，并商借银楼公会为该队临时宿舍。

十二日：昆山分会会员陶公亮等到会，要求本会设法收容昆、太灾民二百余人。当即在莫城设立第四收容所、东始庄设立第五收容所，专收昆、太方面灾民。

今日发现本邑常熟民众救护队亦以红十字为标帜，当即函请该队更换以昭郑重，旋得覆函，云系仿照上海暨南大学救护办法，不允更换。本会得覆后即向暨大调查一切，以凭核办。

十三日：关于暨南大学救护事宜援用红十字旗帜，经调查以后，即由本会再函民众救护队，声明一切并嘱迅即更换。

十四日：战事日急，敌机每晨必盘旋于空中，白茆并有敌机伤人之事，因是城中迁徙他方者竟达十之六七。本会为预防万一起见，除在乡置备收容所外，又派职员俞忏生、俞仲久密运麦粉五百余袋、旗灯药品应用之品于西门外宝岩寺中，并授该寺住持指示应变方法。复向西南附近四五里预择相当地点数处，以便民众仓卒走避之所，计尽一日之长，方克竣工。此事当日除本会重要职员外，未尝流露于外间，以（免）引起无谓之恐慌也。

十六日：下午二时，派（救）护员一队用轮拖带民船至太仓一带救护灾民。晚九时得该队在支塘电话报告，云明晨出发至沙溪等处。

十八日：上午十二时，救护队救得沙溪一带灾民共计七十五人，运送至小东门外教场湾，由本会职员前往照料上岸，并引导至城分别发所收容，其有年老或患病者均用人力车代步，职员并代灾民抱孩负囊，务使锋镝余生，感受安慰。

十九日：所内灾民有欲投亲他往者，经本会函商，各轮局免费运送，并发给免费凭票以示郑重。

廿一日：本日派职员丁伟成至无锡分会调查一切，因闻该处办理收容救济等事项至为周密。

下午四时，得民众救护队函覆，准将红十字标帜即日更换，不再滥用矣。

廿三日：本会救护队又在附近战区救得灾民六十三人，运送到埠即分发各所收容，其中有一妇将生产，即用人力车缓缓运至报本街志和医院，翌日诞生一女，大小均安。

廿四日：本会为便利收容所管理起见，特派职员俞觐如装置临时电话两具。

廿五日：因本会等合办之医院住院者将有人满之患，爰将病势较重者十七名派员护送至苏州总会，由该会救护队设法安插第一病院治疗。

廿七日：本邑民众救护队又滥用红十字旗帜在西门外封船，经船主钱惠贻向本会报告，当即派员前往将红十字旗帜妥慎收下，送交公安局保管。

廿八日：本会医务方面因药品缺乏甚多，特电请上海总会尽力补助以资应用。

三十一日：本会等三机关合办之伤兵医院结束，由本会接收办理，并改为本会临时治疗所，照常工作。

四月三日：本会救护队又从昆、太等处救来灾民一百四十八人，分别安插城内第一、第二收容所，一时颇有人满之患，因是在李市乡又成立李市分办事处及第六收容所。

六日：日来各收容所小孩患痘疹天花者颇众，除派医务股中西医分别诊视并隔离分住外，为预防传染计，特派医员俞季湜、李俊才分布施种牛痘，遇有重病急症之男妇，各中医更无分昼夜，随招随到，悉以诊治。

九日：今日接到第四十七师公函一件，系因本会呈报该师士兵二名病重身死并经埋葬，特专函复以申谢忱云云。

十一日：上午收到第八十八师公函一件，系感谢本会收殓埋葬该师士兵一名。下午接上海快邮代电，并收到海碘仿等药品。

十七日：近日城乡各处仍有无知之徒假借本会名义募捐等情，殊深痛恨，爰特登报声明，凡本会职员均有袖章执照（贴有本人照片），袖章非执行职务时并不应用，以志识别。

二十二日：因近日天气渐热，各收容所内灾民尚多御棉衣者，洗涤更换，障碍丛生，殊非卫生之道，爰特登报征求夹单衣衫，以便分发，不数日间，慈善家纷纷布施，且多不道姓名者，灾民受惠不浅。

下午接驻常红十字会特组救护队公函一件，系有病妇一名，须住院诊治，商请本会转送医院疗治云云。

二十七日：连日仍有假冒本会名义四出募捐情事，屡经受累人来会陈述。本会为郑重起见，特编印六言通告分贴各乡镇，以杜流弊。

三十日：本日再登报，"紧要通告"本会并不派人在外募捐。

五月十日：据由前线归来之救护员报告，谓昆、太附近日军已渐次撤退，地方情形亦稍恢复，而留所灾民眷怀故乡，屡请送回原籍。本日本会即徇其所求，一律运送各地。七时集合西门外，各收容所由多数职员导至轮埠，船中设备点心、茶水、旗灯药品等以资应用，并由理事长向之演述愉快安慰之词，遂摄影数帧，十时解维（椗）而去。

十一日：分别派员前往各收容所办理结束，并运回一切用品。

十五日：战事告终，驻军亦渐开拔，本会治疗所于本日派员前往结束，病兵多人临行时表现依依不舍之情状。

十六日：本会救护员护送灾民回籍，并赴昆、宝、太一带灾区观察，业已事毕，于本日返常，其灾区观察记及战地摄影均分刊另页。

六月十五日：太仓沙溪治安分会来函申谢本分会前次往该处救济灾民。

援旧例定制时疫药水一千盒，每盒二十瓶，计二万瓶。

二十二日：时疫药水已制就半数，当即登报通告，"凡具正式团体或机关函件前来索取，即予照发"。

二十八日：连日天时不正，城厢内外已渐有虎疫发现。本分会拟即着手筹备开办时疫医院，一方面征求院董三十余人以便协助进行。

二十九日：俞理事长赴申，由邑人蒋益生医师介绍聘定国立同济大学医学士、曾任宝隆医院等医师职务之吕富华担任本分会时疫医院医务主任之责,并由吕医师先派助手医师吴国卿、李浩泉等到常预备一切。

七月三日:俞理事长回常,助手医师李浩泉、吴国卿等亦随带药品并大批防疫霍乱苗到会。

四日:登报通告并分发传单,声明自五日起先行免费注射防疫针,并规定上午门诊下午出诊,如需要注射者,在百人以上者并可随时出发注射。

五日:分发聘任院董函三十余件以资赞助。

十日:东始庄、莫城等区公所要求本分会派医师下乡注射防疫针,当派医师吴国卿、职员陈开甲乘汽轮下乡注射,至下午七时始回。

下午(晚)九时觅定西弄孝友小学校为本分会时疫医院院址,并着手布置一切。

十一日:时疫医院原定十六日正式开幕,讵患疫病者已有来会求治,幸医院所需物件均已预备完毕,当即登本邑各报通告于明(十二)日起先行开始工作,收疗被疫同胞。

十二日:本日除职员业已聘定(义务职)外,计聘有义务医师顾树棻、杨定国及医师曾光叔、吴国卿、李浩泉、沈汝冀、朱炳文、屈振华、汤诚等九人,共计三十余人,开始工作,收疗被疫同胞。

十五日:主任医师吕富华到院,当即开职员会议,指定日夜班工作人员,以专责成,并分函各机关:本会时疫医院先行工作,定十六日正式开幕,日夜诊治,不限时间,希代宣传等语。

十六日:时疫医院正式开幕。事前曾通知各界,今日因到者人数殊少,故未举行开幕仪式。同时函请总会备案,并附第一次报告表。

二十三日:应妙桥、港口等区镇公所要求,派定时疫医院医师沈汝冀、职员时寿芝等赴乡注射防(疫)针,下午七时始回常。

二十九日:应第八区公所要求,派时疫医院医师杨定国、职员邓虎生等下乡注射防疫针。

三十日:应妙桥等区镇公所要求,派医师汤诚、职员陈德公等赴乡注射第二次防疫针。

三十一日：应第三区公所要求，派医师李浩泉、职员张振英等赴该区横泾镇等注射防疫针。

八月二日：接上海总会函复，本会办理时疫医院，照准备案。

四日：应第八区公所要求，即派医师屈振华、职员高桐森等赴该区福山、港上等处注射第二次防疫针。

五日：应十二区公所要求，即派医师朱炳文、职员陈兆光等至该区新桥乡、归家城等注射防疫针。

六日：应练塘区公所要求，派医师俞季湜、职员顾寿南等至该镇注射防疫针。

八日：应第十二区（公所）要求，派医师曾光叔、职员许维之等前往该区大义桥、董浜等处注射第二次防疫针。

十一日：应练塘区公所要求，派医师顾树棨、职员时寿芝等前往该地施行第二次注射防疫针。

十二日：应第十四区（公所）要求，派医师吴国卿、职员何可人等赴该区吕舍等地注射第二次防疫针。

二十五日：函各机关，因现已入秋，疫疠减少，本会时疫医院定二十八日行闭幕典礼，请派员参加，并呈报总会。

二十八日：本日举行闭幕典礼，由俞理事长设宴慰劳全体职员，并摄影一帧以留纪念。

三十日：接总会函复，准本会时疫医院闭幕备案。

九月八日：时疫医院业已结束，所有出力人员特于本日开单呈请总会奖赠，以示鼓励。

十四日：接总会函复，准予分别嘉赠，以昭激劝，所有奖章等随发（详载二十页）。

灾区观察记

　　同人等于五月十日晨偕同遣回灾民一百五十余人至西门外，分坐预定之民船五艘，临时分指挥、交际、经济、医药、摄影诸股，以行者担任之。迨十时许，由鲸鸿汽船拖带，启锭绕城而东行。沿途水浅，轮行极缓。道出李市，过三泾桥，不料因军事上之关系，该桥被炸，不能通行，事前无人知之者，不得已而折回，由尚湖泾过直塘而达沙溪。经此往返迂回，抵沙已在下午七时半矣。当推职员张振英、许维之二同志持函至区公所接洽，蔡开热、顾寿南二同志至治安分会接洽，其余职员黄家樑、高桐森等在船埠照料灾民上岸及起卸行李，一时啼笑并作观者如堵，至九时方得交付沙溪收容所，职员等即侨寓于沙溪旅社。

　　十一日晨七时，承沙溪特种保卫团选派义务团员杨振铨、蒋根生、汪许诸君伴同，乘坐鲸鸿汽船出发，十时船抵岳王市，又因水浅，汽船不能再进，当由镇长金耀先出而招待，陪同午餐。座间，金君述言，日军并未常驻该市，惟步哨则无日不至大悲殿，来时每队二三十人不等，而对十九路军则极现恐怖之象，每来必惴惴先询有无吾军便衣队。记有一次，日军放哨来镇，乡民恐惧奔走，日军误为便衣队，即相率曳枪狂逃而去云。十一时步行向新塘市进发。满目萧瑟，不堪言状，较之甲子之战惨厉逾倍。由岳王市至新塘市，约距十二三里，途中遇两乡人，见余辈制服而过，犹误为日军，缩立道旁，脱帽鞠躬，口称先生，并殷殷问好，其神情于庄敬之中寓恐怖之态，即经说明，方皆释然，具见日军铁蹄淫威与我人民所感惨痛，其被刺激之神经，尚未达恢复之境也。下午一时抵新塘市，由该处镇长罗墨卿偕往，途中闻其所述云：日军于旧历一月二十九夜十时抵该市，自后常驻日军二百余人，司令部设镇中李姓屋内，全镇周围俱掘有战壕，并敷设铁丝电网，防范极为周密，惜今已被乡民拆去，不得一觇其痕矣。当旧历二月初一晨，日军始放火焚烧民房，计先后被毁者一二十家，现居民迁回者尚属少数，归来亦无屋可住，偶有未毁者，一切用具及门窗等亦多被日军毁作燃料，所余仅不完之空屋耳。二时许，忽逢倾盆大雨，乃觅购雨伞、草鞋，跣足穿之而返。于此风狂雨骤路途泥泞之中，联想昨日运回之灾民，幸未遇雨，而室如悬磬，甚且不得一枝栖息者，此时此际其痛苦有未可言喻者。五时抵岳王市，即返棹沙溪时，已见村中星星灯火矣。

十二日晨七时，鼓棹而行，由沙溪至浮桥二十八里，塘阔水深，舟行尚顺利，阡陌交通而耕者寥落。九时方抵浮桥岸，询问镇中人民，纷（愤）然相告云：日军于旧历正月二十五日由兵舰用重炮掩护在七了口北崔家横闩地处登岸，进占浮桥，侧攻浏河，幸当地居民得信尚早，已逃避一空，而家内之损失及老弱残疾者之流离不可屈指以计矣！现则大部迁回，兼值渔汛，故稍呈热闹气象。午餐后即步行至七了口，最触目者为海城上立有木牌，正面书"陆军步兵伍长佐藤重喜战死之地"，后面书"昭和七年三月一日午前五时四十分战死"，侧面书"昭和七年三月十六日为慰灵祭第二大队建之"。乃敌军为阵亡军士所筑坟墓，惟仅有木牌标志，并不如普通坟墓之隆然突起耳。中华土地，有异国孤魂埋骨，令人起无限之感想。七了口本有一小市集，居民仅二三十家，悉被焚毁，一片残砖断木，望之心酸，尚余有一老农，因年老多病而未去，搭一小茅屋，开设小茶肆以糊口，过路者咸于此得憩息，而散之四方之壮者，一旦归来，罔不兴未有室家之悲痛也。偶询老农如何而得幸免，则泪承于睫，久久不答，想其疮痛之深不复能达之言语矣！又至杨林口，即日军进窥内地之重港也，有名第一村者，原有居民一百七十三家，为日军被焚者一百六十九家，得逃于劫外者仅四家耳。稍高之屋，桷半皆圮，稍坚之墙，壁满著弹痕，睹之令人心悸。大概战地村庄民房，凡足以障碍日军之视线者，均一律加以焚毁而荡平之。口上并有日军所设瞭望台一座，台甚高，得远望数十里，台虽空无人，然其巍然高据，犹有雄视一切之态。当战局沉酣之际，此台不知断送多少人民性命财产也。杨林口至仪桥镇约二里余，镇上有居民一百四十余家，一望平芜，无非残垣颓井，存者仅九家耳。其中以鼎昌花行损失为最大。仪桥至茜泾四里，是处房屋亦有数处被焚，但劫余之屋空洞无所，较新塘市为尤甚。敌之狼夺摧残，有非笔墨所能形容也。时已下午四时，余即离此惨不忍久留之灾区，步行回浮桥，鼓棹返沙而宿也。

十三日晨六时，偕一通讯员蒋君启程，复经岳王、新塘等处，至十时半而达浏河。此镇新闸桥北埭宁绍会馆被日军炮火炸去正厅一角，其旁贞烈祠亦炸去大厅一角，其地陷成一大坑，祠中神位狼藉满地，既伤吾人民，又复扰及贞魂栖息之所，日人之心尚何言哉！其余牺牲于炮火下者计有大昌和号、永丰烛号、立大洋油号、晋泰饼行、同升南北杂货店、恒泰银楼等，被毁房屋一二间不等，或有店面全毁者，中以大昌和轧花厂损失为最大，全部机器及引擎间均毁，一时恐无恢复之望。沪太长途汽车公司损失亦属不赀，计被炸二处，一在停车场上，一在车站正面，所有汽车当时俱被日军征为军用，迨及撤退后俱被毁坏，其未损坏者，亦被攫去，毁坏之汽车约十余辆，有倒于路旁者，有倒于田内者，此物质之损失也。被害同胞尸体已发现者，汽车站自来水管下二具，一系无衣之女尸，一系保卫团员，体已将腐，犹得见创痕累累，尤惨者，两尸均无头颅，想见其凌虐之惨厉矣。盖当日军登岸进攻时，浏河保卫团曾作一度之抵抗，卒因器械不如其锐利，众寡之势又悬殊，阵亡三人后即随大军撤退，然犹击沉敌汽艇四五艘，使敌不敢从正面进攻，得从容退却，未被包围，缴械人民亦得纷然逃避，实该团一击之功也。浏镇有华商旅馆，西面沿河场上有女尸一具，上以浮土掩盖，招寻颇易。据该处居民云，浏镇被难者约二三十人，中以女性为多，现在分别招寻家属，发掘掩埋。其余未毁房屋，均被日人占住，每家门上均贴有"禁止立入"或"立入禁止"、"舍营司令部"或"舍营司令官"之长方白纸条。浏河老浮桥南弄王宅系日兵病院，军医处设在关帝庙，俱贴有"一切疑难杂症皆可免费看治关帝庙医处三月十七日以后下午四时大日本师团长"字样。现浏河接收者系太仓第二区长钱敬槃、公安局长吉增昌，正在招抚居民返家营业。据一般居民云，浏河镇自甲子年齐卢战争以来尚未恢复，此次骤遭巨劫，恐非二十年后不能回（恢）复，所有盐山均被日军卖去，已无些微留存，损失约数十万元。最可异者，此次不论何处，日军于退出之时俱召集军民，宣言八月内行再相见，究不知其是何用意也。下午六时，大雨又盛下，乃乘一民船至陵渡桥，该处曾驻有日军数百人，撤退仅一日又半，故镇上居民寥若晨星，偶得遇而相询，则掩泪不敢言，仅呜咽以答曰"日军无恶不作，不可言状，不可言喻"数语而已。镇之周围日军所筑之防御工事，简陋异常，较之吾军所筑者真有天壤之别，可见日军亦徒有虚名耳。是晚即宿该镇民家，风雨打窗牖，疲极而酣然入梦矣。

十四日晨六时，仍由民船至太仓，中途经过横沥桥，遂上岸行，乡人竞来相告曰：日兵因畏吾军，未曾常驻，仅略有步哨往来耳，故损害较轻，但居民亦已迁避一空矣。十时至太仓，遇十九路军营长某，畅谈当日杀敌事，且云：每遇步哨接触，日人皆畏缩不前，吾军皆抱肉搏主义，苟闻敌人放枪，吾军均置诸不理，待至距离二十步外，乃起与之肉搏。曾记某次有敌十余人至吾军警戒线内，时吾军仅有步兵一队，计五六人，即起而与之肉搏，当即俘虏日兵二人，击毙数名，余皆逃去，即将俘虏在太仓枪毙示众，陈尸于东门者一日，凡太仓民众，群往观看，无人不践踏死尸以泄愤，足见民心尚未死也。太仓城内日机曾掷弹炸四五处，惟文昌阁损失最重，居民近已大部迁回，现驻太仓者为十九路军第六团补充团士兵，与民众相处极为融洽，犹如家人子弟，士兵和蔼可亲，实堪钦佩。十一时搭浮昆班，至昆山已十二时。沿途见吾军战壕蜿蜒曲折，巩固异常。昆地市面如常，山上并筑有炮台一座。步行至火车站，悉下行车尚未通行，青阳港桥正在修理中，以致原定观察昆山以东及闸北淞沪等处之计划未能果行，乃乘十二时三十分上行车至苏州。路局前因防日机肆虐，列车以铁篷车配置，现仍如旧，乘客尚不拥挤。十二时五十分至正仪，车停有半小时，因七十八师师部驻在该处，即将开赴常州，故装运货物忙碌异常。抵苏已下午二时，至东吴旅社稍憩，三时进城，见景德路一带墙上俱有十九路军七十八师一五六旅所书之标语，激昂慷慨，令人因宣传之力而起敬。城防工作亦已结束，东城上构筑之战壕较之吾邑似觉稍稀，惟亦坚固异常。五时即返旅社而卧，翌日之晨乘早轮返常，会中诸职员已久候于轮埠矣。

中国红十字会常熟分会
十九年度收支报告

收入项：

（一）收中国银行（基金）存款洋一千五百元正。

（二）收交通银行（短期）存款洋三百九十五元六角。

（三）收中国银行（无息）存款洋九十三元正。

（说明）以上三项系由杨保管委员交承。

（四）收存款息金洋二十三元八角六分。

（说明）系交行活期存款利息仍存该行。

（五）收捐款洋四百三十元五角八分。

捐款芳名列后：穆元鼎，二十元；鲍海筹、李怡安，各十元；徐教初、丁幼卿、汪长义、沈芳谷、李君芬、张咏华、胡雯章、朱翰芬、李应贤、庞古香，各五元（李颂阁先生经募共计洋九十元）；曾日省、振记，各五元；周干记，二元；张椿记、李迪记、周心记、程景记、李应候，各一元（曾君培、曾师宇经募共计洋十七元）；中央电影院，五元；徐君怀、杨振寰、高仰山、城南剧场、戴良耕、赵佑之、归炯庵、费毓洪，各二元；屈幼青、徐补荪、陈悼轩、徐亚五、俞启汉、顾补斋、沈鹤书、曹玉如、瞿济苍、吕蕴才、李伯虞、瞿砚臣、顾见山、归孟坚、张志英、项厥成、严栋成、归渭滨、吴省吾、钱味青、余安扬、屈均良、顾怀玉、何梯虹、吴小热、邵镇候、孔振声、归子嘉，各一元；高士绅、丁玉符，合一元（曹师柳先生经募共计洋五十元）；义隆茶号、吴春泰，四十元（姚育仁先生经募）；无名氏、萧无名，各五元，归禅居、萧松缘、丁逸圃、静德堂、周不留名，各二元；无名氏、陆圭如、金病鹤、蔡屈慧清、张太太、陆太太、贺太太，各一元（俞采生先生经募共计洋二十七元）；邹禾记，二十元；宗蔷记，十元；宗惠记、宗定记，各五元（宗会长经募共计洋四十元）；孙伯绳、杨凤夫、杨玉记，各五元；张咏华、汪凤书，各二元（杨理事经募共计洋二十四元）；狄巽公、俞承枚，各助痧药水二千瓶；寿昌汤饼移助五十元；琴报馆，十五元三角八分；虞阳报，十元〇二角；翁乔生、俞恽元、杨俞惠、严少詹、浦治一、杨邵珠、俞姚茝，各五元；俞克让、丁明纯，各四元；周鼎勋、无名氏，各三元；冯老太太、不留名、陈应元、孙俞瑗、周静记，各二元；庞季湘、庞钱之芬、冯伟夫、归鸿治、曾飞艇、章庆增，各一元（俞承枚经募痧药水四千瓶、银洋一百四十二元五角八分）。

以上五项共计洋二千四百四十三元四分。

支出项：

（一）支选举第三届会员大会出席代表洋十九元八角。

（说明）系通信选举，计选举票、信封、邮票等一应用去如上数。

（二）支施打防疫针洋一百二十九元九角五分。

（说明）计霍乱苗洋八十一元一角九分（吴俊臣医师经手），火酒、针头、传单等四十四元九角一分，合如上数。

（原文如此，但两者相加之和应为一百二十六元一角——编者）

（三）支施送痧药水洋二百二十二元二角六分。

（说明）除狄巽公、俞承枚各捐助二千瓶外，计购九千五百瓶，计洋一百九十元，装力（按即装卸工——编者）四元九角八分，印领水证及告白费等二十七元二角八分，合如上数。

（四）支杂项洋二十元三角二分。

（说明）修理本会房屋雇工料洋十九元一角，杂支一元二角二分，如上如数（应为：合如上数）。

以上四项共计洋三百九十二元三角三分。

实在项：

（一）存中国银行（基金）存款洋一千五百元正。

（二）存交通银行（短期）存款洋三百十九元四角六分。

（三）存中国银行（无息）存款洋九十三元正。

（说明）交行存款本年份除存入息金外，计提取一百元，所以中、交两行存折存单仍由资产委员会杨君志平保管。

（四）存账存洋一百三十八元二角五分。

以上四项共计存洋二千〇五十元七角一分。

中国红十字会常熟分会
二十年度收支报告

旧管项：

（一）中国银行（基金）存款洋一千五百元。

（二）交通银行（短期）存款洋三百十九元四角六分。

（三）中国银行（无息）存款洋九十三元。

（四）账存洋一百三十八元二角五分。

以上四项共计存洋二千〇五十元七角一分。

收入项：

（一）收借款洋一千元。

（说明）系向义赈会余款项借提。

（二）收书画券洋八百元。

（说明）系本会发行，共计四百张，每张二元，合如上数。

（三）收各善士捐款洋二百八十二元五角。

捐款芳名列后：孙敦仁、杨玉记，各十元；金星斋，三元；李黻仲，一元（以上由杨理事经募）；思永堂，二十元；李怡安、汪祖德，各十元（以上由李颂阁先生经募）；冯记，十元；常熟实业银行、不留名，各五元；晋泰庄，通益银行、常熟银行，各二元；祈祷和平医院，十八元，萧无名，十元；陈溢德，五元；徐季候，二元；方鉴之、陆景宜、方应之、周三让、无名氏，各一元（以上由余忏生先生经募）；张荫培，五元；归寿萱、俞侣阑、王席悦琳、瞿允谦、张志勤，各二元；周虞秀，一元五角；王卫静贞、张萧氏、俞敦、张子超，各一元（以上由俞亮时先生经募）；曾日省，六元；陆昌记、陆其记，各二元；周心翼、曾静孙、程颂周、高瑞记、李君兰、沈芳肢、童鹤舫、屈彪如、陆仲康、刘建如、徐宝善、李守廉，各一元；孙伯绳，一百元；黄谦斋，十元，合如上数。

（四）收存款利息洋一百五十八元四角一分。

（说明）计交行活期息洋二十三元四角一分，仍存该行；中行基金息洋一百三十五元留会，共合上数。

以上四项共计洋二千二百四十元九角一分。

支出项：

（一）支施送时疫药水洋一百九十七元。

（说明）共购痧药水一万瓶，计洋一百九十五元，装力、寄费计二元，合如上数。

（二）支施打防疫针洋五十元四角。

（说明）系霍乱苗三打（俞季湜医师经手）。

（三）支散放水灾急赈洋一千三百四十一元五分。

（说明）本邑赈务分会将水灾较重之第一、第二、第三、第六、第十四区发放急赈，其中第三区各乡镇由本会及琴报馆平均负担，共计大口五九一四口（每口一千文），小口二九三九口（每口五百文），共发钱七千三百八十三千五百文，合计洋二千六百八十二元一角（内三百元兑价二千七百五十文，一千〇五十元兑价二千七百七十文，一千三百三十二元一角，兑价二千七百四十文），本会分担，合如上数。

（四）支扇面纸张裱画等洋二百三十五元七分。

（说明）裱画计洋一百八十二元，扇面纸张三十七元八角五分，号单书画券洋十五元二角二分，合如上数。

（五）支杂项洋四十三元二角九分。

（说明）计支安徽难民洋十元，簿据、印刷品、信封、信笺等杂支洋三十三元二角九分，合如上数。

以上五项共计洋一千八百六十六元八角一分。

实在项：

（一）存中国银行（基金）存款洋一千五百元。

（二）存交通银行（短期）存款洋三百四十二元八角七分。

（三）存中国银行（无息）存款洋九十三元正。

（四）存账存洋四百八十八元九角四分。

以上四项共计洋二千四百二十四元八角一分。

附赈品报告：

（一）收周蔡静贞为云青先生遗志捐助书画二百二十八件。

（说明）以上捐件均拨充本会书画券奖品。

（二）收常熟赈务分会协助赈衣棉被布袄六十二件，棉卷膀四十件。

（三）收常熟琴报代赈处协助棉卷膀小裤一百七十二件，新旧棉单夹棉衣裤一千四百五十三件。

（说明）二、三两项共计一千七百二十七件，计装十五件，全数寄申移助江苏水灾义赈会（持有该会五五九九号收据存会）。

中国红十字会常熟分会
二十一年度收支报告

旧管项：

（一）中国银行（基金）存款洋一千五百元。

（二）交通银行（短期）存款洋三百四十二元八角七分。

（三）中国银行（无息）存款洋九十三元。

（四）账存洋四百八十八元九角四分。

以上四项共计存洋二千四百二十四元八角一分。

收入项：

（一）收会员入会费洋一千〇二十元。

（说明）计正会员十八名，普通会员五十六名，学生会员九名（以上须解半数缴总会）；参加会员一名（全数留会）。

（二）收各善士捐款洋一千四百八十二元四角五分。

（三）收各善士指捐治疗所洋一千五百五十元正。

（四）收各善士指捐收容所洋二百七十三元五角六分。

（五）收各善士指捐时疫医院洋一千七百六十九元一角九分。

（说明）以上四项捐户姓名及细数详开另页。

（六）收伤兵医院移交洋九十二元五角二分。

（说明）该院原由西医公会、地方维持会、本分会三机构合办，后于四月一日起由本分会接办。上列款项系接收时移交之数。

（七）收存款利息洋三百〇五元七角。

（说明）计中行存款项利息二百四十三元，交行存款项利息六十二元七角，合上数一并存入交行。

（八）收余米变价洋二十三元正。

（说明）各界捐助米粮除分发收容所外，计余米二石三斗售见（价）如上数。

以上八项共计洋六千五百十六元四角二分。

支出项：

（一）支解总会会费洋五百六十元。

（说明）计领正会员二十份，普通会员六十份，学生会员二十份（系解半数，其余半数留会）。

（二）支补助费洋二百元。

（说明）补助伤病兵制衣御寒洋一百元，补助伤兵医院经费洋一百元，合如上数。

（三）支治疗所洋二千○六十四元一角九分。

（说明）计支药品项七百二十四元二角七分，薪工项一百八十三元，员工伙食一百十二元五角，伤病兵伙食六百九十一元三角六分，用品项二百二十四元八角九分，杂支项一百二十八元一角七分，合上数（以上款项由事务主任王湧森经手）。

（四）支收容所洋七百九十三元八角七分。

（说明）计用文具项洋一百三十五元九角三分，稻柴项一百四十三元七分，伙食项三百八十六元五角八分，工资项六十七元，杂支项六十一元二角九分，合上数（以上款项由顾寿南、许维之经手）。

（五）支救护队洋一百四十三元一角八分。

（说明）该队计出发六次，所有队员、灾民、伤兵等伙食及船只等一应用去如上数（计蔡开热经手三次，陈开甲、花韵声、周剑英各经手一次）。

（六）支九如堂中药洋六十元。

（说明）该项药品系各收容所患病灾民所服，共计一百三十七服，合如上数。

（七）支灾民川资洋六十九元四角七分。

（说明）共计发二百七十三名，均系未经收容所资助者，除给乘船免费票外，视远近配给每名一角、二角、三角，共计发去如上数。

（八）支注射防疫针洋三百三十六元四角七分。

（说明）霍乱苗共购二十打，计洋二百〇三元五角五分，出发注射船资及印刷品等计洋一百二十二元九角二分，合上数。

（九）支时疫药水洋三百七十五元。

（说明）计定制本牌二万瓶（一千盒）洋三百四十元，购办二千瓶（五十盒）洋三十五元，合上数。

（十）支时疫医院洋二千二百二十六元七角四分。

（说明）计支药品项八百二十三元〇一分，物件项一百三十元三角八分，煤炭七十五元八角五分，印刷品六十八元三角四分，医务人员津贴（事务员完全义务）、工役工资共五百四十五元二角五分，伙食项三百〇一元，修理费（水木作及搭凉棚）七十元七角三分，其他杂支（电灯费在内）二百十二元一角八分（以上款项由蔡裕昆经手），合如上数。

（十一）支掩埋队洋五十八元六角二分。

（说明）该队所需棺木系各界捐助，内购买小棺木五具，计洋二十三元，其余杠力、掩埋费用等三十五元六角二分，合如上数。

（十二）支置办物品洋一百九十七元八分。

（说明）制办旗帜、袖章、车袋、背袋、职员证章等一应用去合如上数。

（十三）支文具项洋一百〇一元四角七分。

（说明）笔墨、纸张、簿据、印刷品、传单、信封、信笺等一应用去如上数。

（十四）支纪念章纪念册洋三百零五元二角三分。

（说明）纪念章及总会奖章费共一百十六元，纪念册及制版费共一百八十九元二角三分。

（十五）支杂项洋一百六十五元七角二分。

（说明）电灯、电话、洋油、蜡烛、修理房屋及其他各项共如上数。

以上十五项共计洋七千七百五十七元〇四分。

实在项：

（一）存交通银行（短期）存款洋六百四十八元五角七分。

（二）存账存洋五百三十五元六角二分。

（说明）所有前存中行基金存款、无息存款业已提取应用，其息并存交行。

本分会所有账目自成立以来均由张故理事建铭经手，曾有征信录报告，自十九年起由（俞）承枚接管。兹届会章新颁改选在即，特将收支数目附于册末，详细数目悉存会中，如蒙查阅，尤所欢迎。再二十一年度时疫医院捐折迄今尚有少数未曾缴销，嗣后如有捐款，均列作二十二年度收入，合附声明。

理事长俞承枚谨识

中国红十字会常熟分会
二十一年度经收捐款、件细数一览

　　顾会员止何经募洋六百十八元，棺木五具，白米一石，计：

　　三舆堂同记，洋六百元；同善代赊局，棺木四具；顾光裕，白米一石，棺木一具；俞运元，洋十二元；公份余款洋五元；无名氏，洋一元。

　　俞会员承枚经募洋一百五十四元五角，计：

　　苏常临时班，洋七十四元五角；中国银行，洋五十元；诸公记，洋三十元。

　　俞采笙先生经募洋六十三元，棺木六具，花旗布六丈五尺，粉菊布六尺，白米五斗，雪片糕十条，烘片糕十斤，萝卜三十斤，笋干七斤，五香菜十斤，苋菜九十七斤，计：

　　邹履和堂，三十元；何仲记，何善记，各五元；丁老太太，二十元；醇记，二元；李楞伽，一元；缪大昌，花旗布二丈，粉菊布六尺；大盛祥，花旗布二丈；黄顺泰、义新恒，各花旗布一丈；大华，花旗布五尺；大同，萝卜二十斤；芝阳观，萝卜十斤；裕大，笋干七斤，五香菜十斤；益泰丰，雪片糕十条，烘片糕十斤；兴福寺正道，白米五斤（斗）；归炯庵，苋菜九十七斤；公善局，棺木六具。

　　曾君培先生经募洋五十元，计：

　　无名氏，三十元；邹蕴寿，二十元。

　　缪会员荫嘉经募洋三十五元：王君仁，三十元；凤梦氏，五元。

　　直接送会洋五百六十一元九角五分，帆布二丈，抬床竹五付，棺木六具，计：

　　琴报代赈处，五百元；辛酉团拜筵余款本息，四十元七角五分；杨允中，十元；高彦才，四元；胡受伯，五元；盛大昌，一元五角；周剑英，七角；陈佑之，抬床帆布二丈，棺木一具；庞洁公助棺木三具；徐君怀、慧日寺，各捐棺木一具；彭振兴，抬床竹五付。

指捐治疗所：

常熟地方维持会助洋一千五百元。

翁程氏大善士助洋五十元。

总会办事处，西药四瓶，药棉五十包，纱布三十包。

庞会员取威助西药九瓶。

指捐收容所：

曾师宇先生经募洋一百五十元，白米七石，计：

杨宝俭堂，一百元；曾日省，五十元，白米五石；朱孟谋，白米二石。

庞会员取威经募白米四石五斗，衣服七十四件，棉卷膀一双，鞋子八双，计：

庞丙良，白米二石；庞取威，白米一石五斗，衣服二十五件，棉卷膀一双；庞善记，白米五斗；庞素记，白米五斗，衣服四件；庞振记，衣服十件，鞋子五双；庞福记，衣服七件，鞋子三双；庞士记，衣服六件；顾宝记，衣服十件；顾善记，衣服五件；庞绷华，衣服七件。

黄会员家樑经募白米五石二斗，计：

姚蔗娱，白米一石；黄醒霞、杨学仁、蒋逊公、杨安顺、赵敢夫，各捐白米五斗；郭仲贤，白米四斗；徐君尧、徐士声，各捐白米二斗五升；徐仁卿、钱伯章，各捐白米二斗；徐凤石、钱生大、王绍甫、顾云凤，各捐白米一斗。

俞会员寿甫经募白米三石，香片三担，黑枣二十斤，钵头三十个，计：

俞寿甫，白米二石；胡德超，白米一石；源和，香片一百五十斤；仲文玉，香片五十斤；程湘甫、立成，各捐香片三十斤；义大洽，香片二十斤；正泰和、润泰，各捐香片十斤，黑枣十斤；陆宗如，钵头三十个。

金南屏先生经募白米五石，计：

驸马乡长周孝良、翁家庄镇长戴守愚，各捐白米二石；吉桥乡，白米一石。

直接送会洋一百二十三元五角六分，白米二十五石，棉被三十八条，衣服九十一件，炒米四十七袋，饭碗九十八只，洋瓷碗四十七只，竹筷三百双，盐菜一担，鞋子四十双，便桶四个，草纸一捆，计：

常熟救济院，洋一百元；沈一鸣，二十一元；双桂轩，洋二元，衣服十二件；王二少，洋五角六分，衣服九件；隐名氏，白米一石，饭碗九十八只，竹筷五十双；李颂阁，棉被十六条；慧记，棉被二条；邹禾生、陈忤因，各捐棉被十条；邹嘉记，白米四石；邹松记、邹惠记、邹祥记、邹金记、邹鸿记、宗太太、杨伯城、周欣臣，各捐白米一石；琴报代赈处，炒米四十七袋，洋瓷碗四十七只，竹筷二百五十双；陆梦云、钱承志、归枚、周郁文、周济武、徐宝善堂，各捐白米五斗；张幼岩，白米二石；张幼良，盐菜一担；孙慎勤，白米五石；丁寿芝，衣服四十一件；高云记，衣服七件；怡山老人，白米一石，衣服二十二件；吴子厚先生经募常熟慰劳会鞋子四十双；周蔡静贞，便桶四个，草纸一捆。

指捐时疫医院：

顾会员止何经募洋五十二元，计：

素记，十五元；顾玉锵、顾玉彻、保记，各十元；同记，五元；杨学仁，二元。

戴次沅先生经募七十二元，计：

戴会东、戴次沅，各十元；王子威、金廷魁、东始庄镇公所，各五元；宋巡官，四元；临安乡公所，三元；恒丰、贡裕玉、夏恩祉、朱云山、金廷贤、戴荫嘉、王翰藩、金又生、陈静如、程协记，各二元；夏月樵、合兴东号、王新伦，邵松岩、夏恩福、狄调甫、时公达、锦记、陶松卢、李仁孚，各一元。

归谨庵先生经募洋五十元，计：

中国实业银行，十元；归谨记，五元五角；归选记、周翠竹，各五元；周树记、周静记、缪崇记、黄玉记、邢兰记、归宝顺、无名氏，各

弥足珍贵的红十字文化遗产

124

二元；归芬记、周廈花、孙季燕、王祥记、张秀记、吴大记、无名氏、陈思记、黄同石、无名氏，各一元；赵继生，五角。

庞会员丙良经募洋二十六元，计：

庞张丽记，十元；黄家裕，五元；俞思敬、俞夏记，各三元；庞良记、蒋述彭、张承嘏堂，各一元。

曾振民先生经募洋一百元，计：

曾振民，四十元；张咏华，二十元；无名氏，九元；钱佩记、钱大雅堂太太、钱拥书、钱戟夫、钱岚湛，各五元；大中商店，三元；无名氏，二元；无名氏，一元。

庞会员取威经募洋三十二元，白米二石，棺木二具，计：

庞取记，十元；丁敦仁堂，五元；狄新记，四元；庞德超，三元；蒋常记、庞静记、顾淑端，各二元；符名士、庞振威、顾善记、庞取威，各一元；取威慈寿记，白米二石；关帝殿施材局，棺木二具。

归仲飞先生经募洋五十一元，计：

邵廷庆、归敦礼，各五元；冯玉麟，三元；冯朱静贞、王归芸荪、陆义庄，各二元；归枚、归棣、冯二人、归友宾、归孟直、沈佩畦、陆景宜、陆老太太、庞雪岑、归瑞珠、沈锦峰、赵君和、朱正修、丁元贞、郭荫庭、吴济生、周炯如、恒大、归琍琳、无名氏、丁彦文、李天爵、丁丕基、施仲夫、丁王筠芬、戴振鸿、无名氏、陆鸣、陆瀛、李三乐、陈惺轩、张玉年，各一元。

俞寿甫会员经募洋五十元，计：

勤余布厂、茂成布号、虞定发，各五元；尚技布厂、新大布厂、源和、亿成、钱拥书、王冠玉、卢蕴石、瑞昌顺、福昌祥、宓允臧、通益银行、余永达、王冠民、陈暮徐，各二元；王舜臣、陶浩森、裕元丰、程子贤，各一元。

缪竹平先生经募洋五十元，计：

永丰益、黄顺泰、乾泰恒、缪大昌，各四元；大华，三元；协盛、吴鸿范、童福昌、邵印川、同盛裕、平朴庵、新华厂、裕大、天章、俞文伯、吴剑广、王景山，各二元；程玉仑、章济成、程瀚卿，程景伊、夏仁志、荣少山、王佑才，各一元。

屈君毅先生经募洋五十元，施德之药水五十瓶，观音救急丹二十瓶，虎拉敌药水十瓶，计：

常熟救济院，五十元；屈宜园，施德之药水五十瓶，观音救急丹二十瓶，虎拉敌药水十瓶。

归孟坚先生经募洋五十元，计：

归耕记，二十元；归孟坚，十元；徐敬轩、李子源、钱德公、沈应龙，各五元。

庞洁公先生经募洋七十元，计：

典业公会、银钱业公会，各二十元；米厂公会、棉子公会，各十元；米业工会、新裕米厂，各四元；张静澜，二元。

时秉刚先生经募洋四十六元，计：

乐善堂二十元；吴乾顺、时隐南、桑昌记，各二元；时亨典、裕通典、裕昶典、裕新典、永隆典、沈念傅、崇善堂、李镜清、俞麟记、俞蓉太太、范宝泰、桑安仁、丁桂芳、俞三太太、房晋德、仁寿室、王均记、时望记、吴虎记，各一元；周福记、周通记，合一元。

沈芳谷先生经募洋六十四元，强心针八支，计：

沈谷记，洋十元，强心针八支；李君兰、沈廉、王叔赓、王憩厂，各五元；沈芳畦、沈芳圃、屈龙伯，各三元；丁成龙、沈维礼、归小岘、丁受禄、姚曼秋、邹颂德堂、吴幼如、高瑞书、王自乐、陆芙记、王谷孙、归绍记，各二元；萧际春，一元。

浦治一先生经募洋三十一元，计：

浦蔡氏、张生官、王刘氏，各十元；浦治记，一元。

王君屏会员经募洋十一元，计：

张芝孙，十元；张允熙，一元。

姚叔平先生经募洋二元，棺木一具，计：

沈君修，二元；姚叔记，棺木一具。

徐会员君怀经募洋二十元，棺木一具，计：

杨诚恕，十元；徐乐贤、徐君实，各五元；徐君记，棺木一具。

瞿会员良士经募洋五十元，计：

瞿履庆，洋五十元。

金一鸣先生经募洋五十元，计：

吴鸿范、徐稚铭，各五元；屈焕如、陶仲恒、无名氏、王序兰、屈景庐、归雨苍、赵佑之、王振成，各二元；金荪堂、许记、金铭君、顾怀玉、庞惠楚、无名氏、朱近仁、王谷孙、萧际春、王君莘、谭兰溪、庞梅生、李秉衡、庞曼谷、李涵初、庞采丞、童蕚芳、陶善余、吴菊存、方仙舟、徐振宗、钱乃秋、李伯虞、无名氏，各一元。

陈佑之先生经募洋七十元，棺木一具，计：

王钧和、卢蕴石、徐季候、陈滋德堂、愿忏悔庵、陈仰记，各十元；庞翼霄、龚韫玉、任兰孙，各二元；陆景宜、吴士元、王绥之、祥记，各一元；吴士源，助棺木一具。

刘勤圃先生经募洋五十元，计：

义隆庄、永益庄、晋泰庄、大成庄、德元庄、通益银行、利华银行、振业银行、常熟商业银行、大兴银行，各五元。

童吉甫先生经募洋二十元，计：

张云程，四元；黄良记，三元；常熟电话公司、洪味梅，各二元；范文玉、王景山、金逸铭、心余力拙子、张宜孙、张绮石、贾闾庆、不留名、丁友记，各一元。

尹村夫先生经募洋五十元，计：

尹村夫，八元；潘稼孙、孙金章、曹完元、吕荩臣、程崇礼、顾本、杨振坤、罗启潘，各四元；孙垚、杨嘉树，各三元；程斌、房得胜、郑厚德、王荣萱，各一元。

王振华先生经募洋二十六元一角九分，计：

王振华，五元；陈遹声、闵怀德、柯队长、赵队长，各二元；陈壮梅、陆俊儒、朱乐天、邱汉臣、陈宝裕、薛松亭、顾队长、唐队长、第六分队长，各一元；沈述儒，五角一分；沈季和、邹三桂、李特务员、张特务员、王特务员、徐特务员，各五角；王友良、潘慰记，各三角四分。

黄福安先生经募洋二十五元，计：

黄义顺，二元；协顺、广大、徐泉记、沈源兴、顺泰、泰记、瞿福顺、冯德润、永兴洽、姚德泰、协源昶、隆盛、吴咏兴、王永顺、老顺记、姜钟英、姜寿亭、义源成、龙顺兴、姚合泰、刘根记、黄顺生、黄顺兴，各一元。

胡受伯会员经募洋三十五元，计：

何怀恩、杨宝俭、蔡君灏，各十元；汪季芳，三元；胡嘉凝，二元。

宗子岱会员经募洋一百二十三元，计：

宗子戴，五十元，邹禾生，三十元；曾先生、郑太太，各二十元；不留名，三元。

杨玉沧会员经募洋五十元，计：

杨玉沧，三十元；孙敦仁伯记，二十元。

杨秉仁先生经募洋三十二元，计：

杨绥之，二十元；缪德兴，十元；邹鲁臣，二元。

俞采笙先生经募洋四十三元，计：

邹禾生，二十元；陆子振、王纪玉、赵止屏，各五元；严春生，四元；苣记、姚叔记，各二元。

范静生先生经募洋十一元，计：

苏余庆堂，二元；袁瑞堂、袁锦堂、邢冠军、曹畲孙、瞿召南、范静生、马继章、王国樑、王家骏，各一元。

程元鼎先生捐助洋一百元。

戴良耜先生捐助洋五十元。

张幼南先生捐助洋五十元。

庞甸才先生捐助洋十元。

王绳高先生捐助洋五元。

常熟电气厂捐助洋廿十元。

第三区公所捐助洋十六元。

吴年成先生经募洋七元，计：

第十四区公所，五元；吴年成，二元。

直接送院洋四十九元，棺木六具，痧药水三盒，计：

丁沈汝瑞、陇西、无名氏，各十元；纪一奎、杨定德、杨定英，各五元；时林、张仁寿堂，各二元；席冕臣，痧药水三盒；庞古香助棺木三具；公善局助棺木二具；缪作霖助棺木一具。

以上共收现洋五千〇七十五元二角。其余捐件详开于后：

1932 年中国红十字会常熟分会经收物品及支用情况表

品名	收入数	付出数	现存数
白米	五十三石八斗	分发各收容所四十九石五斗，时疫医院二石	余米二石三斗，售现二十三元交会计处
炒米	四十七袋	全数分发各收容所应用	无
香片萝卜苋菜等	五百四十四斤	同上	无
黑枣	二十斤	分送各收容所婴孩	无
云片糕	十条	同上	无
烘片糕	十斤	同上	无
饭碗洋瓷碗	一百四十七只	分送及打破三十九只	一百〇八只
竹筷	三百五十双	各收容所散失六十双	二百九十双
钵头	三十个	各收容所打破十二个	十八个
棉被	三十八条	分送各收容所难民十五条、治疗所二条	二十一条
衣服	一百六十六件	分发各收容所难民一百三十四件	三十二件
鞋子	四十八双	分发各收容所难民	无
竹布	六尺	做收容所牌用	无
帆布	二丈	付救护队制抬床用	抬床八付
花旗布	七丈五尺	同上	无
抬床毛竹	十根	同上	无
便桶	四个	第二收容所领去一个送难民	三个
草纸	一捆	第二收容所领去	无
西药	十三瓶八支	治疗所领去十一瓶、时疫医院领八支	二瓶
纱布、药棉	八十包	治疗所领去药棉三十二包、纱布二十二包；时疫医院领去药棉九包，纱布八包	药棉九包
棺木	二十八具	掩埋队领去三十具、第一分驻所领一具	购办五具，除付存二具
各种痧药水	三盒七十瓶	全数施送	无

中国红十字会常熟分会
治疗所门诊人数表

星期五		星期六		星期日		星期一		星期二		星期三		星期四	
月日	人数	月日	人数	月日	人数	月日	人数	月日	人数	月日	人数	月日	人数
四月一日	五八	二日	六二	三日	停	四日	一三〇	五日	八〇	六日	六五	七日	四七
八日	五九	九日	五九	十日	停	十一日	二〇	十二日	五四	十三日	五六	十四日	七一
十五日	八一	十六日	九四	十七日	停	十八日	五九	十九日	六二	念日	五〇	念一日	一〇五
念二日	三一	念三日	九三	念四日	停	念五日	一三	念六日	一八	念七日	一七	念八日	一七
念九日	二七	三十日	一六	五月一日	停	二日	二六	三日	三七	四日	二〇	五日	一八
六日	一六	七日	二四	八日	停	九日	一七	十日	九	十一日	九	十二日	八
十三日	六	十四日	七	十五日	结束	统计一千六百四十一人								

中国红十字会常熟分会治疗所住院、医治伤病兵士姓名一览

张荣标	赵柏林	冯介云	李志青	胡设良	周东胜	查克标
赖光辉	阎克勤	郑根福	寿根水	高俊臣	俞世标	张金光
马秀石	杨日政	谢古横	田祝山	林德标	潘学芝	徐志政
秦道首	陈玉生	寿根臣	江善庆	李宝生	吴国光	王树田
何功友	徐锦发	张国志	沈银山	李家度	廖建章	许东南
袁明平	游庆	施凤生	祝如宝	王茂身	彭瑞祥	史永胜
陈玉生	张根全	叶凤亭	张宝英	杜福寿	张先富	舒锦芳
君仁阶	徐文德	刘现文	蔡记明	萧文亮	夏全福	沈华亭
李贤高	童江儒	余金波	欧阳和	贾金玉	张国祥	宋金荣
庄青奎	吴永桥	刘东贤	何怀圣	韩有才	张德荣	童德兴
陈有龙	吴幼樵	孙英	王福生	沈阿三	袁明	何文凯
郑金福	潘金宝	张华利	张兆兴	李太申	朱咸和	刘光酒
朱宝根	李劼棠	张振华	罗光荣	张时洪	王永诚	陈言谱
阎子和	韩延春	陈卓然	丁桂生	罗光生	刘生	周长春
钟胜南	李广金	查克山	王景吾	路渠广	王永成	赵福山
杨德山	文光财	张朝友	薛镜如	陈国麟	董法高	钱忠才
郭仁忠	马德明	李占明	方国振	崔汉章		

（以上八十八师部下）

吴东山	赵芝根	汪玉振	魏殿章	程虎豹	梁玉超	刘银章
王世伦	张仲威	白树堂	安凤起	高维康	富家有	安克志
黄有仁	高天云	余昌富	张水林	马玉珍	刘鑫荣	刘胜大
唐满昌	张柏松	周长胜	郭绍姜	刘合可	田占奎	袁殿才

郑树高	张永田	陈仪福	赵秉安	许之盛	张伴和	陈兆海
马文极	李成祥	刘长发	邱德胜	阎明昌	于道成	陈秀松
杨全胜	戴喜元	孙玉山	吴英魁	李得昌	田永胜	胡文波
姜德魁	粟近昌	张熹	郭永祥	田文先	李明安	李海泉
袁桂彬	庞桂芳	杨秀山	孙景茂	余兴盛	傅崇深	邱树声
刘振山	王炳正	刘绍禹	冯才	曹向民	耿连恒	管宗奎
李培性	陈同德	胡秀云	王长春	马文标	马德明	宋宝庆
孔宪伦	郑子成	张长吉	卑金生	敬洪斌	刘志发	陈文银
薛广兴	刘增贵					

（以上四十七师部下）

张仲威	郭绍姜	许元盛	杨奎元	任海山	王日新	贺志田
程白才	周良飞	于书堂	邹济济	王金山	孙德标	高连洲
高占居	唐志明	孔少亭	唐广义	李成德	奚崇明	岳景先
岳崇海	王俊生	王国标	李云山	张仲威①	徐正明	李春祥
李贵山	何炳	徐耀武	刘奇元	韩万卿	谭富生	龚子卿
朱茂轩	王希圣	罗才堂	李学智	瞿玉珠	高文杰	

（以上八十七师部下）

史敬亭　王士功　陈泗美　陈泗美②　陈长兴

（以上均军校教场队）

余世标　薛景林　陈云山

（以上系警卫军）

① 与第一位是否重名，不得而知，原文如此，今照录。
② 并列出现两个"陈泗美"，今照录。

宗　义　　黄菊生　　薛玉喜　　刘德甫　　施小毛

（以上系人民）

以上均住院医治治愈出院者

张　三　　苏光君　　毛仁达　　吴振昌　　郭云傅

（八十八师部下）

王广良　　王树林　　朱振声　　周福田　　王绍甫

（四十七师部下）

巩泽廷　　曾德旺

（八十七师部下）

以上均住院医治无效死亡者

中国红十字会常熟分会
难民收容所一览表

名称	借用房屋	地址	主任姓名	备注
第一难民收容所	邑庙后宫	石梅	顾寿南	
第二难民收容所	曾府	山塘泾岸	许维之	
第三难民收容所	金府	练塘镇	金南屏	
第四难民收容所	房府	东始庄镇	房墨章	
第五难民收容所	戴府	莫城镇	戴次沅	
第六难民收容所	郑府	李市镇	郑遹声	

中国红十字会常熟分会
收容难民姓氏汇刊

常才禄	常陈氏	常绍清	常阿团	姚纬堂	邵金生	周福官
黄金章	季振东	朱荣庆	封祥林	卜子心	黄金宝	朱华生
王景福	许清瑜	许清藻	许孙氏	苏礼堂	陈银全	王长发
潘蘋洲	潘吴氏	潘阿玉	吴宝生	吴唐氏	吴念臣	金阿寅
温菊文	张阿大	罗钱氏	张新李	陆春夫	王小三	孔祥麟
徐殿臣	董阿苟	刘德发	张林洪	殷许桂	卢阿坐	金顺卿
向友三	向三包子	向三亦子	陈启云	刘莫林	刘祖勤	刘学勤
施国樑	施徐氏	施陆氏	龚立章	龚陈氏	钟金雷	钟云弟
钟东生	钟四十子	朱李市	朱阿云	朱民生	施尚文	吴金陶
沈在安	沈冯氏	钟韩氏	徐陈氏	徐小桂子	施金弟	刘陈氏
倪沈氏	倪金团	吉翠云	高王氏	高林保	刘王氏	刘看宝
刘阿四	李兆凤	张信夫	张文杰	姚隆生	张信荣	李保弟
李大妹子	李小妹子	张琴芳	张蕙兰	张瑞芝	李张氏	张韩氏
张徐氏	邹亮卿	马永祥	丁巧云	丁杨氏	丁阿妹	丁老虎
邹马氏	邹白妹	邹小团	邹弥陀	邹小弟	丁仁林	丁仁华
丁阿昌	马阿根	张睡子	胡国严	陈王氏	李陈氏	姚张氏
陈阿生	陈王氏	陈龙龙	黄仲怡	吴雪生	吴骏生	吴林氏
吴林氏	吴林团	吴林瑛	吴茄弟	吴全发	吴根发	吴毛发
陈阿妙	陈阿生	钱哑子	王富生	于意城	魏　福	刘阿连
刘徐氏	刘陈氏	刘阿红	沈金发	陈大官	陈周氏	陈小宝
顾根宝						

以上均系上海、宝山、青浦、大场一带战区避难来常者

周家谟	杨仁晋	陈永福	江泉奎	顾阿茂	马永泉	李金祥
刘开友	刘阿三	陶顺卿	邵祥生	杨茂生	李 芳	钱翊纶
龚小观	龚阿妹	王 根	朱文桂	杨阿二	沈秀文	沈新宝
沈阿团	沈钱氏	沈爱弟	顾阿二	沈孙氏	沈阿大	沈阿俊
顾张氏	顾陈氏	顾吉保	虞兆康	虞黄氏	虞子兰	沈信康
孙子卿	王阿林	周茂福	张阿小	罗阿大	苏金文	沈象和
沈协康	冯阿二	冯 全	张 康	徐祥生	徐施氏	张朱氏
周毛氏	吴王氏	吴朱氏	张王氏	张朱氏	张增祥	张兴祥
沈包氏	沈阿如	沈阿团	周阿杏	胡刘氏	吴王氏	何鲍氏
苏范氏	苏云弟	吴王氏	吴佩霞	谢陈氏	胡根生	徐阿昂
徐杏全	苏云奎	王登元	张绍良	张宝如	吴朴士	张宝英
何文扬	吴楚成	吴永林	张耀祥	张天生	冷赵氏	冷发元
楼王氏	褚小弟	褚倪氏	褚阿大	褚阿金	褚阿云	沈鸣岐
王仲卿	王竹卿	朱阿云	陆 福	顾少亭	王心福	朱左亭
王景如	李永森	陈 桂	龚宝生	金维新	朱树森	蒋根生
陶锡宝	顾仲存	顾仲祺	朱文金	何月生	何朱氏	何金宝
何永桃	谢如山	谢王氏	谢阿宝	朱阿金	陆阿生	陆丁氏
陆阿大	陆阿三	丁潘氏	丁莲英	王瑞卿	陆仲康	薛阿春
薛阿根	薛阿妹	何阿大	何寅弟	何秦宝	赵孙氏	赵根华
赵顾氏	赵玉华	赵阿妹	吴桂珍	徐石坤	顾梁氏	顾阿大
顾目珍	顾沈氏	顾弟弟	朱阿金	朱阿珍	朱邵秀	王秦氏
王阿弟	汤袁氏	陆王氏	陆阿妹	王阿珍	沈阿英	钟秦氏
汤邵秀	汤秀琳	汤菊桃	钟顾氏	袁阿华	吴小妹	顾吴氏
王周氏	王阿连	袁龚氏	陆阿全	徐阿素	刘胡氏	顾陆氏
倪品斋	倪阿宝	刘阿云	倪阿云	张雪甫	张吴氏	曹张氏
邵阿弟	曹淡生	孙徐氏	赵阿娥	孙其生	梁仲氏	梁阿大
顾邵妹	顾阿桃	顾蒋氏	顾陆氏	蒋阿桃	徐阿大	徐陈氏
朱张氏	朱阿保	徐邵桂	徐阿珍	陈阿全	陈徐氏	许阿素
陈毛氏	陈阿妹	顾陆氏	钟阿生	许阿珍	邵阿秀	邵欣大
徐阿桂	顾富氏	顾阿华	陆阿炳	钟可涛	钟徐氏	钟朱氏
钟贵珍	吴许氏	袁顾氏	袁六鸣	周阿小	袁阿妹	顾邵弟

孙阿妹	顾阿大	徐家骏	徐阿小	邵徐氏	邵阿南	邵阿林
许阿二	许王氏	邵阿桃	汤福生	朱阿宝	朱阿凤	朱阿六
梁阿吾	蒋爱珍	许阿大	顾阿娥	曹云弟	朱福和	朱福亭
顾柏生	赵思良	陆本和	陆阿大	顾阿雪	宗孝贤	徐学良
汤富文	宗孝仁	汤富仁	张玉如	朱陆氏	陈鹤泉	王 二
潘耀宗	赵阿桂	顾金仙				

以上均系太仓鹿河茜泾、浏河七丫口浮桥南码头、陆渡桥、何家宅、新塘市、牌楼市、马家角等处居民

项得生	顾杏生	孙云根	江张泉	顾宝良	徐生泉	邵沛根
徐阿生	李德明	李金生	王阿茂	陆亮标	陈阿秀	陈世林
陆阿妹	支守祥	支顾氏	支桃生	荣阿四	盛荣氏	荣阿菊
荣阿云	荣阿茂	荣阿本	黄阿虎	蔡阿虎	黄纪宗	黄顾氏
黄阿大	黄奎林	冯老三	陆国璋	胡润生	徐仁夫	黄稽氏
陆景孙	陆阿二	邵元一	邵庄氏	邵真源	邵真华	邵真德
邵真明	邵马氏	邵李氏	邵杨氏	邵唐氏	邵真玉	邵真英
邵家鳌	赵 茂	邵周氏	韩 金	金 大	周 荣	高 炳
李 二	朱 三	邵元顺	邵 金	邵和尚	邵阿茂	邵阿火
邵三妹	邵陆氏	邵阿大	陈阿根	陈陆氏	陈书金	陈金宝
陈阿茂	陈阿四	陈阿二	陈王氏	陈阿苟	卫 弟	卫金氏
卫金和	卫王氏	卫阿四	卫阿福	卫阿根	卫妹妹	卞 金
卞陆氏	卞海根	卞杏金	卞阿娥	卞阿妹	卞小妹	卞 银
卞阿大	卞阿二	卞阿妹	浦 泉	浦浦氏	浦阿金	浦阿土
浦阿妹	池阿泉	李镇堂	李王氏	李艮堂	李继堂	李慰同
李月同	李兑同	李庄氏	李陆氏	李阿昌	李静贞	李时宝
唐 瑞	金 昌	马 大	顾桂仙	顾施吴	施阿妹	顾阿二
顾阿三	顾阿木	陶天仙	陶张氏	陶念祖	陶念平	陶意平
陶阿六	何根生	陈 仁	陈燕堂	陈朱氏	陈金宝	陈银棣
陈阿大	陈阿妹	陈阿火	陈阿端	王阿桂		

以上均系嘉定娄塘、昆山蓬阆镇一带居民

中国红十字会常熟分会
夏令施送时疫水一览表

月　　日	直接分送	汇取分送	共计施送
六月念六日	八二	四〇	一二二
念七日	九六	一二〇	二一六
念八日	一〇五	一〇〇	二〇五
念九日	一一五	六〇	一七五
三十日	一〇四	八〇	一八四
七月一日	九八	一〇〇	一九八
二日	七八	一六〇	二三八
三日	一一九	一四〇	二五九
四日	一五〇	一八〇	三三〇
五日	一八二	一八〇	三六二
六日	一三一	一二〇	二五一
七日	一二四	二〇〇	三二四
八日	一三五	一八〇	三一五
九日	一二九	二二〇	三四九
十日	一三二	二四〇	三七二
十一日	一四〇	二八〇	四二〇
十二日	一八八	三〇〇	四八八
十三日	一〇四	三八〇	四八四
十四日	一〇八	三二〇	四二八
十五日	一一六	三〇〇	四一六
十六日	一三二	二八〇	四一二

月　　日	直接分送	汇取分送	共计施送
十七日	一四五	二四〇	三八五
十八日	一五六	二八〇	四三六
十九日	一四六	三四〇	四八六
二十日	一二〇	一三二〇	一四四〇
念一日	二〇四	五八〇	七八四
念二日	一九二	四六〇	六五二
念三日	一八三	五六〇	七四三
念四日	一七七	六八〇	八五七
念五日	二三〇	一六〇〇	一八三〇
念六日	二一五	二四〇	四五五
念七日	一一四	三二〇	四三四
念八日	一七二	二八〇	四五二
念九日	一二五	二六〇	三八五
三十日	一三五	三〇〇	四三五
卅一日	一二〇	六〇〇	七二〇
八月一日	一一七	五二〇	六三七
二日	一四一	八四〇	九八一
三日	一三三	六八〇	八一三
四日	一八二	一六〇	三四二
五日	二一七	二六〇	四七七
六日	二〇九	三八〇	五八九
七日	二八三	三八〇	六六三
八日	二五五	四六〇	七一五
九日	二〇六	四二〇	六二六
十日	二三九	五四〇	七七九
十一日	一九六	四八〇	六七六
十二日	二四四	六〇〇	八四四

上篇

139

月　日	直接分送	汇取分送	共计施送
十三日	二〇八	四二〇	六二八
十四日	二五三	三八〇	六三三
十五日	二三四	一二〇	三五四
十六日	一〇二		一〇二
十七日	一九四		一九四
十八日	九二		九二
十九日	九四		九四
二十日	八九		八九
念一日	一二三		一二三
念二日	一一二		一一二
念三日	九七		九七
念四日	六六		六六
念五日	四五		四五
念六日	二二		二二
念七日	三九		三九
念八日	一九		一九
念九日	三二		三二
三十日	四一		四一
卅一日	六二		六二
九月一日	七四		七四
二日	二五		二五
三日	一六		一六
四日	一三		一三
五日	九		九
共计	直接分送	九三七五	
	汇取分送	一八八〇〇	
统计	二八一七五瓶		

中国红十字会常熟分会
时疫医院比较表

月日	住院人数	门诊人数	死亡人数	共计人数
七月十二日	四	一八	三	二五
十三日	五	五	三	一三
十四日	五	一五	○	二○
十五日	三	一四	三	二○
十六日	八	一三	○	二一
十七日	六	一一	○	一七
十八日	六	一七	二	二五
十九日	二	二七	一	三○
二十日	八	二七	一	三六
念一日	二	一○	一	一三
念二日	三	一四	一	一八
念三日	四	一一	○	一五
念四日	五	一三	一	一九
念五日	五	八	○	一三
念六日	二	一一	○	一三
念七日	三	四	○	七
念八日	一	四	○	五
念九日	五	八	一	一四
三十日	一	八	一	一○
卅一日	五	五	一	一一
八月一日	二	九	○	一一

月日	住院人数	门诊人数	死亡人数	共计人数
二日	四	一一	〇	一五
三日	五	一一	〇	一六
四日	七	一	〇	八
五日	二	五	一	八
六日	四	九	二	一五
七日	八	四	一	一三
八日	五	一	〇	六
九日	一	五	〇	六
十日	三	五	〇	八
十一日	一	八	一	一〇
十二日	六	七	〇	一三
十三日	一	三	〇	四
十四日	六	一	一	八
十五日	六	五	〇	一一
十六日	三	六	〇	九
十七日	五	二	一	八
十八日	六	一	〇	七
十九日	二	五	一	八
二十日	二	八	一	一一
念一日	二	〇	一	三
念二日	五	四	〇	九
念三日	一	三	〇	四
念四日	四	二	〇	六
念五日	五	三	〇	八
念六日	一	七	〇	八
共计	一八〇	三七〇	二九	五七九

说明：住院项内十四人系出院后来复诊时仍住院者；门诊项内有二十一人亦系复诊。

中国红十字会常熟分会时疫医院
住院医治病人一览

孙寿山	李伯泉	袁菊如	王幼章	李大宝	吴祖棠	杨子纯
孙巧宝	颜沈氏	刘大大	朱全生	浦良根	黄立兴	陈德怀
程 二	黄耀庭	顾仲英	周炳德	张生生	周东青	顾彩和
王文云	霍炳生	邵阿宝	徐月明	李寿山	穆林生	吴顾氏
王省三	何戴氏	沈月香	邵吴氏	顾三团	邓丙新	张冠良
张丙生	王陈氏	陈吴氏	姚芙生	张王氏	张根春	夏钱氏
周丙福	陈味青	陈麟材	高关根	戴小五	徐金松	陆秀林
马凤亭	徐左生	钱俞氏	王顺顺	缪 煜	谷朱氏	徐张氏
刘刘氏	吴林生	徐凤山	刘海金	胡伯生	吴兴兴	徐宝福
邹福生	高二团	葛 元	张阿全	查顾氏	邢林宝	邢二团
吕宝生	蔡和尚	张桂南	王元宝	高宝兴	吴海根	张成松
王国柱	任小妹	赵王氏	周高喜	孙启正	杨庆章	高 福
朱 妈	刘钧鸿	魏得标	陈林生	徐大大	王景春	王 氏
徐顾氏	吴桂荣	曹徐氏	张 氏	谭王帆	张泰山	施仲玄
徐耀森	周福金	严禾生	吴履亭	胡兰纪	徐子云	苏生生
薛万成	桑根和	陆招云	赵四金	黄品祥	邵高氏	何金大
高金福	高徐氏	林倪氏	周保章	陆李氏	张永根	张金生
顾陆氏	冯宝亭	徐福林	唐荣荣	顾传传	谢宝玉	田云江
顾姜氏	张二宝	张王氏	范祖德	陈兴兴	徐炳生	张支氏
李寿山	邹小糜	陆大大	顾薛氏	宗定可	袁宝生	金炳根
林陈氏	吴幼山	潘 筼	陈 妈	钱掌生	胡有成	张孙氏
姚炳南	王玉明	王铸贤	陈木根	时鹤书	戴春发	吴 良
薛大昌	唐永贞	蒋成发	严戴氏	曹裕辉	王朱氏	法 正
陆芝香	高王氏	姚 氏	李镒林	陈徐氏	姜定桂	鲁焕奎

叶彩华　　封光元　　李家祥　　陈兰生　　鲁焕章　　张大大

以上均系治愈出院者

李和生　　钱根祥　　胡利宝　　林生生　　笪顾氏　　毛鸿章　　沈桂生
吴海大　　陈阿虎　　顾寅山　　刘庆元　　李王氏　　陈家英　　王得胜
季姚氏　　马琴山　　严虞宾　　丁四四　　李月林　　张寿虎　　徐麟才
顾翠翠　　钱坤坤　　马广茂　　徐　氏　　陶关兴　　秦恒昌　　朱荣根
王锦昌

以上均系医治无效死亡者

统计表

病别	门诊人数	住院人数	复诊人数	死亡人数	共计人数
霍乱	一七	七九	二	二八	一二六
急性肠胃炎	一一	二〇	一	一	三三
痢疾	五二	二二	八		八二
胃加答儿	五三	四	三		六〇
肠加答儿	一四	七	二		二三
中暑	三	三			六
疟疾	三七	四			四一
流行感冒	三	二			五
其他	一五九	二五	一九		二〇三
共计人数	三四九	一六六	三五	二九	五七九
备注	因霍乱死亡者共计二八人；因急性肠胃炎死亡者一人；霍乱病门诊项下曾经劝告而终不肯住院者一七人；霍乱病死亡率22%；总死亡率5%。				

中国红十字会常熟分会掩埋队
收殓兵民姓名表

姓名	性别	年龄	籍贯	住址	职业	死因	月日 在何处收殓	掩埋何处
单怀祥	男	二八	东台	大东门外	拉车	枪伤	三月九日 集善医院	本会公地
单扣宝	男	十二	东台	大东门外		枪伤	九日大东门外	同上
王绍甫	男			四十七师 三团二营 五连		病亡	十八日 伤兵医院	同上
周福山	男		山东			病亡	廿一日 伤兵医院	同上
巩泽廷	男			八八师 独立旅 二团六连		病亡	廿六日 伤兵医院	同上
王广运	男			四十七师 四团二营 班长		病亡	四月六日 治疗所	同上
刘新荣	男			四十七师 通讯班 上等兵		病亡	七日 治疗所	同上
郭荣传	男			八八师 五二八团 通讯兵		病亡	九日 治疗所	同上

姓名	性别	年龄	籍贯	住址	职业	死因	月日 在何处收殓	掩埋何处
曾德旺	男			八八师 独立旅五 连炮兵		病亡	十二日 治疗所	同上
赵小金	男		常熟		小贩	病亡	十四日 预和医院	次日领去
陈有龙	男			八八师五 二三团 二连		病亡	十六日 治疗所	本会公地
王广良	男	十六		四十七师 迫击炮 连列兵		天花	十七日 治疗所	同上
朱振声	男			四十七师 二团 十二连		病亡	廿一日 治疗所	同上
徐祥生	男	三	浏河	第一 收容所		天花	廿四日一 收容所	同上
毛仁达	男			八八师 五二三团 七连		病亡	廿四日 治疗所	同上
何永挑	男	五	浏河	第一 收容所		天花	廿六日 一收容所	同上
孙其生	男	六	浏河	第一 收容所		天花	廿七日 一收容所	同上
朱阿秀	女	五	浏河	第一 收容所		天花	廿九日 一收容所	同上
张三	男			八八师 五二四团 八连		病亡	三十日 治疗所	同上

姓名	性别	年龄	籍贯	住址	职业	死因	月日 在何处收殓	掩埋何处
苏光君	男			八八师 五二八团 担架兵		病亡	五月八日 治疗所	同上
支桃生	女	四	娄塘	第一 收容所		天花	九日一 收容所	同上
王树林	男			四十七师 二团 十二连		病亡	十四日 治疗所	同上
陈阿虎	男	五四	常熟	东始庄	农	霍乱	七月十六日 时疫医院	同上
林生生	男	三五	常熟	青龙桥		霍乱	十六日 时疫医院	同上
张阿宝	男	四三	常熟	莫城 殷庄泾	农	霍乱	廿七日 时疫医院	同上
丁四四	男	五四	常熟	北市心	铜匠	霍乱	卅一日 时疫医院	同上
张寿虎	男	卅九	淮安	西门内	车夫	霍乱	八月五日 时疫医院	同上
顾翠翠	女	十九	常熟	吴家市	佣工	霍乱	七日 时疫医院	同上
钱坤坤	男		常熟	西仓前	船夫	霍乱	八日 时疫医院	同上
秦恒昌	男	卅九	常熟	北门 新造桥	木匠	霍乱	十九日 时疫医院	同上

上
篇

中国红十字会常熟分会注射防疫针人数表（二十一年）

月日	门诊第一次	出发第一次	门诊第二次	出发第二次	共计人数	备注①
七月五日	五二	六四			一一六	出诊西门外一处
六日	一〇九	五七			一六六	出诊湖田一处
七日	五九	一一七			一七六	出诊九万圩一处
八日	五三	八二			一三五	出诊陈家市一处
九日	九五	四四			一三九	出诊小北门一处
十日	一一四	四一六	一四		五四四	出诊东始庄、莫城、辛庄、大东门外，共四处
十一日	一五六		一六		一七二	
十二日	五七		三三		九〇	
十三日	八三		二七		一一〇	
十四日	一三〇	二三二	五六	二五	四四三	出诊九万圩、小庙场二处
十五日	四六		四八		九四	
十六日	八六		六三		一四九	
十七日	六二		四二		一〇四	
十八日	一〇四		三四		一三八	
十九日	一〇		四九		五九	

① 按：备注一栏不全面，或统计数据有误，特此说明。

月日	门诊第一次	出发第一次	门诊第二次	出发第二次	共计人数	备注
二十日	三四		二二		五六	
念一日	一〇		二六		三六	
念二日	一五		一四		二九	
念三日	一七	四〇九	六九	一八	五一二	出诊港口、妙桥、田庄三处
念四日	七		二三		三〇	
念五日	一八		一二		三〇	
念六日	一五		一九		三四	
念七日	一二		五		一七	
念八日	八		六		一四	
念九日	一七	三九六	一		四一四	出诊福山、港上、北保、谢桥四处
卅日	一一	五六	一	三七一	四三九	出诊妙桥、港口、田庄三处
卅一日	九	四二二	七		四三八	出诊横泾、双湖浜、吴家浜三处
八月一日	七		一		八	
二日	一				一	
三日	四		一		五	
四日	二	三〇	六	二八四	三二二	出诊福山、港上、太平乡三处
五日	四	二一一	三	七九	二九七	出诊新桥、归家城二处
六日	二	二八七	四		三〇三	出诊练塘一处
七日	一二		一一		二三	
八日	一〇	一一八	一一		一三九	出诊大义桥、东浜二处

月日	门诊第一次	出发第一次	门诊第二次	出发第二次	共计人数	备注
九日	四		五		九	
十日	二		二		四	
十一日				九五	九五	出诊练塘一处
十二日	七		六	九二	一〇五	出诊吕舍一处
十三日	一二				一二	
十四日	三		八		一一	
十五日	三		三		六	
十六日	一〇		一八		二八	
十七日	一〇		九		一九	
十八日	二		九		一一	
十九日	四		一		五	
二十日	三		六		九	
念一日	二		一		三	
念二日	三		四		七	
统计	一四九六	二九四〇	七〇六	九六四	六一〇六	

计东始庄、莫城、辛庄、吕舍、横泾、双湖浜、吴家浜、大义桥、新桥、东浜、归家城、太平乡、北保、湖甸、西门湾、陈家市、小庙场、小北门外、大东门外各一次；妙桥、港口、福山、港上、谢家桥、练塘、九万圩各二次，共计出诊五一处。（注：此处所列不够全面）

中　篇

一部史诗　一段传奇

——《中国红十字会常熟分会民国廿一年纪念册》研究

一、"一部有价值的珍贵史料"

——《中国红十字会常熟分会民国廿一年纪念册》概述

　　《中国红十字会常熟分会民国廿一年纪念册》（以下简称《纪念册》），系 1933 年中国红十字会常熟分会编印，1983 年苏州市红十字会将之作为《红十字会史料》，复印存档，内部参考。复印初衷及过程，"复印说明"中有这样的陈述："为纪念中国红十字会成立八十周年，市红十字会和常熟市卫生局主持复印了《中国红十字会常熟分会民国廿一年纪念册》"；"本纪念册的复印是根据常熟市卫生局编史组提供线索，并访问了当地七十五岁红十字会老会员朱炳文等老人，后于常熟市古籍图书馆获得"。

　　常熟分会之所以要编印民国廿一年即 1932 年的《纪念册》，是因为常熟分会在这一年投身于抗战救护的伟大事业，有足以彪炳红会史册的骄人业绩，值得垂后世而昭永远。如常熟分会张鸿会长在"序"中所说："去年（1932 年）暴日构兵，大祸将至，邑中人士逃避一空，理事会诸君及热心救济同志，奔走急难，俾红十字之旗帜不至闻军笳而消散。大兵之后继以大疫，又假孝友校舍设立医院，救济兵民，不辞劳瘁，可为尽力于社会者矣。爰集成绩编茸纪念册，命余序之，自愧衰老不克随诸君子少尽心力，援笔之际，惟望同志继起，绵延光大，非特地方之福，抑亦斯会之幸也。"[①]

　　显然，编印《纪念册》，不仅仅是为了"不能忘却的纪念"，更在于"继起"传承"尽力于社会"的红十字精神，并使之"绵延光大"。这

---

① 《中国红十字会常熟分会民国廿一年纪念册·序》，中国红十字会常熟分会 1933 年编印。

是"纪念"的真正意蕴。

《纪念册》共 20 目，分别为：《序》《题字》《职员照相》《摄影》《创始红十字会南丁女士传》《红十字会十大利益说》《红十字会白话浅说》《中国红十字会分会通则》《万国红十字会取缔违用红十字旗帜袖章条例》《会员录》《职员录》《工作日记片断》《灾区观察记》《收支报告》《治疗所门诊人数表》《难民收容所一览表》《施送时疫药水一览表》《时疫医院比较表》《掩埋队收殓兵民姓名表》《注射防疫针人数表》，正文凡 73 页，插页 28 页。从目录看，内容涉及国际红十字运动的源流、相关规章制度、常熟分会组织架构以及工作业绩等。其中重点是淞沪抗战救护的工作业绩，这是《纪念册》中最值得"纪念"的内容。

正如"复印说明"所说，《纪念册》"为研究中国红十字会历史提供了丰富可靠的资料，是一部有价值的珍贵史料"。其珍贵性主要体现在以具体翔实的史料，为我们再现了中国红十字会常熟分会在淞沪抗战期间的救护活动以及其他人道救助活动，丰富了中国红十字运动史研究的内容，也展示了红十字运动地方实践的主要方面。

关于淞沪抗战救护，红会史籍中不乏记载，当时的报纸杂志，尤其是《申报》，也有连篇累牍的报道。这里不妨稍做梳理，由此不难凸显《纪念册》的资料价值。

1932 年 1 月 28 日，日本海军陆战队向上海发起大规模的军事进攻，一·二八事变爆发。蔡廷锴所部十九路军"决议抵抗"[1]，"虽牺牲至一卒一弹，绝不退缩"[2]，誓与上海共存亡。从 1 月 28 日到 3 月 2 日，与敌激战数十次，战事之惨烈，可以想见。这就是著名的"淞沪抗战"。

沪战突起，中国红十字会迅速做出反应，连夜组织起救护队，以王培元为总队长，29 日晨"全队出发"[3]，冒着枪林弹雨，抢救伤兵难民。中国红十字会沪城分会也给予协助，"召集队员，日夜轮流驻会，并借

弥足珍贵的红十字文化遗产

---

① 《蔡廷锴戴戟致行政院电》，见佟冬等主编：《九·一八事变》，中华书局 1988 年版，第 538 页。
② 彭明主编：《中国现代史资料选辑》第 4 册，中国人民大学出版社 1989 年版，第 8 页。
③ 《救护队加紧工作，红十字会冒险救护》，《申报》1932 年 1 月 30 日。

上海医院为临时医院，所有闸北掩埋事宜，均归该分会担任"①。

　　救护支队不断组织起来，临时伤兵医院纷纷组建，战地救护紧张地进行着。国难当头，社会各界响应红会号召捐款捐物，支援抗战救护行动②。特别值得一提的是，妇女界领袖何香凝女士也加入红会的行列，据《申报》的报道《何香凝加入红会》说："中委何香凝女士，原设有'国难妇女救护训练班'，现已改称'国难战士救护队'，计队员六十人，假新闸路江海关监督公署为办公处所，咋（昨）特倩（请）由刘毅夫夫人持函前往红十字会接洽合作，当经该会允许，指为第七救护队，专任官兵救护事宜，并函复何氏请纯粹办理救护事宜，切勿与任何方面发生关系，以期完全遵照日来弗万国红十字会条约，其所救伤兵可分送红会各医院云。"③ 何香凝女士"除组织救护队，创设伤兵医院，捐款输物之外，复至再至三，不辞劳瘁亲至前线及伤兵医院散物慰劳，使将士忘身，伤兵忘痛，敌忾同仇，都愿得一光荣的死所。这样的热烈的情景，实为中国空前所未有"④。万众一心，共赴国难，这种高昂的爱国热情，也给红会救护行动以巨大的推动。

　　战事仍在持续，中国红十字会救伤队员，出生入死，奔赴火线，救护伤员。在开战以来的一个月中，中国红十字会先后组织起 20 支救护支队⑤，队员 471 人⑥，他们都是来自各条战线的志愿者；开办临时伤兵

　　① 《红会分会救护工作》，《申报》1932 年 2 月 2 日。
　　② 《各界捐助红会之踊跃》，《申报》1932 年 2 月 3 日。
　　③ 《何香凝加入红会》，《申报》1932 年 2 月 2 日。
　　④ 《十九路军抗日血战史料》，《民国丛书》第三编之"二十九"，第 475 页。
　　⑤ 根据《申报》报道，我们得知第一支队长海宗启，第二支队长薛振翼，第三支队长陆洪元，第四支队长任桂庭，第五支队长杨钟甫，第六支队长俞松筠，第七支队长汤蠡舟，第八支队长叶植生，第九支队长吴云卿、陆东升，第十支队长张箴言，第十一支队长周濂泽，第十二支队长陈亚夫，第十三支队长谈颂文，第十五支队长吴甲三、傅德培，第十六支队长杨素兰，第十九支队长朱学苑。第十四、十七、十八、二十支队长阙如。
　　⑥ 《红会一月间之工作》，《申报》1932 年 3 月 1 日。

医院41处（后增加到43处）①，医护、服务人员1400余人②。此外，设难民收容所多处，收容难民。

3月1日晚，十九路军因后援不继，全军撤退至第二道防线——嘉定、黄渡一线。中国红会上海战地救护遂于3日宣告结束，而队员"激于义愤，贯彻始终，决心仍赴我军后方工作"③。从4日晨起，第七、四、二十救护支队陆续开赴苏州等地，设立伤兵医院，施行救护。为协调各支队的救护行动，3月6日红会专门成立了"前方办事处"，以张筱言为主任，沈金涛为副主任，俞松筠为医务股股长，罗希三为运输股长，周濂泽为交涉股长，俞卓如为总务股长④。3月8日，红会复抽调各支队队员混编一大队，计67人，以张筱言为正队长、沈金涛为副队长，随带大宗药品，乘轮驶往前线⑤。前方战事渐趋平静后，伤兵无多，但救护队员没有丝毫懈怠，时刻准备大战救护，这种"忍苦耐劳，始终如一"的精神，"尤为难能可贵"⑥。5月5日，中日达成《淞沪停战协定》，战事告一段落，救护队使命完成，于5月10日从前线撤回⑦。在长达3个多月的救护行动中，据统计，红会共救伤兵8600余名，收容难民53100余人。这次救护行动，用款达283000余元之巨，药品、食物、

---

① 《民国丛书》第三编《十九路军抗日血战史料》载有各伤兵医院院长或负责人名录，具体如下：中国红十字会第一伤兵医院颜福庆，第二伤兵医院王培元，第三伤兵医院王一亭，第四伤兵医院刘鸿生、史量才，第五伤兵医院俞松筠，第六伤兵医院张竹君，第七伤兵医院牛惠生，第八伤兵医院周楚良，第九伤兵医院陈秋田，第十伤兵医院王一亭，第十一伤兵医院何香凝，第十二伤兵医院王一亭、陈荣章、翁演初，第十三伤兵医院叶露，第十四伤兵医院金燮章，第十五伤兵医院王汉礼，第十六伤兵医院陆伯鸿，第十七伤兵医院金伯琴、席云生、顾吉生，第十八伤兵医院 S. Reisenthel，第十九伤兵医院李元善，第二十伤兵医院惠主教，第二十一伤兵医院王苏香，第二十二伤兵医院庄德，第二十三伤兵医院张佩年，第二十四伤兵医院俞松筠，第二十五伤兵医院钱龙章，第二十六伤兵医院方液仙，第二十七伤兵医院范守渊，第二十八伤兵医院庄桂生，第二十九伤兵医院陆伯鸿，第三十伤兵医院阙如，第三十一伤兵医院瞿直夫，第三十二伤兵医院阙如，第三十三伤兵医院郭守纯，第三十四伤兵医院张维光，第三十五伤兵医院邵声涛、边瑞馨，第三十六伤兵医院朱世恩，第三十七伤兵医院魏鸿文，第三十八伤兵医院顾南群，第三十九、第四十伤兵医院阙如，第四十一伤兵医院张筱言，第四十二伤兵医院牛惠生，第四十三伤兵医院陆伯鸿、周学文。

② 《红会一月间之工作》，《申报》1932年3月1日。

③ 《红会救护队已出发》，《申报》1932年3月5日。

④ 《红会之前方办事处》，《申报》1932年3月7日。

⑤ 《红会救护队即赴前方》，《申报》1932年3月9日。

⑥ 《红会第七队救护消息》，《申报》1932年4月7日。

⑦ 《红会救护队结束返沪》，《申报》1932年5月11日。

衣服等不计其数，"全仗临时捐助，尤以海外侨胞，迭捐巨款为最踊跃"①。正是在海内外爱国同胞的慷慨资助下，中国红十字会抗战救护的首次行动取得成功。

中国红十字会淞沪抗战救护情形，大致如此。

抗战救护，从某种程度上说，也是抗战的一部分。中国红十字会是抗战救护的主导力量，理所当然。但地方分会作为中国红十字会有机组成部分，其作用同样不可小视。唯战争等因素，地方分会自身留传下来的文字资料极少，这是一大缺憾。而《纪念册》恰恰在这方面留下了难得的文字记录，正因为如此，其史料价值，格外值得珍视。称其为"一部有价值的珍贵史料"，恰如其分。

《纪念册》的史料价值尚不止于此，有的文献如《中国红十字会分会通则》，同样具有价值，而这一重要文献，在中国红十字会总会选编、1993 年由南京大学出版社出版的《中国红十字会历史资料选编，1904—1949》中并未收录。《纪念册》可以说是弥补了这一缺憾。

① 胡兰生：《中华民国红十字会历史与工作概述》，中国红十字会总会编：《中国红十字会历史资料选编，1904—1949》，南京大学出版社 1993 年版，第 503 页。

二、可贵的墨宝与插图

《纪念册》的价值，不仅仅体现在其提供了难得的地方红会抗战时期的历史资料，更让人震撼的是《纪念册》中浓墨重彩的题字，历久而弥香，十分宝贵。

《纪念册》书名，由国民党元老于右任①题写，国民政府要员及十九路军将领题字志贺：

国民政府主席林森②的题字为"同心急难"；

---

① 于右任（1879—1964），陕西三原人，祖籍泾阳，是中国近代著名政治家、教育家、书法家。原名伯循，字诱人，后以"诱人"谐音"右任"为名，别署"骚心""髯翁"，晚年自号"太平老人"。1898 年岁试以第一名成绩补廪膳生，被陕西提督学政叶尔恺誉为"西北奇才"。1904 年到上海入震旦学院读书。1905 年与马相伯、叶仲裕、邵力子等共同筹建复旦公学（现复旦大学）。1906 年 4 月，于右任为创办《神州日报》赴日本考察新闻并募集办报经费，在日本得会孙中山，并加入同盟会，追随孙中山投身于民主革命。孙中山委任为长江大都督，负责上海一带同盟会事务。1907 年先在上海创办《神州日报》《民呼日报》《民吁日报》《民立报》，宣传革命。辛亥革命胜利后，1912 年任南京临时政交交通部次长。后任陕西靖国军总司令。1922 年，参与创办上海大学。1924 年，国民党在广州召开第一次全国代表大会，于右任当选为中央执行委员。1927 年起，历任国民军联军驻陕总司令，陕西省政府主席，国民政府审计院院长、监察院院长，国防最高委员会委员。1932 年秋，筹备建设国立西北农林专科学校（今西北农林科技大学）。抗战期间，公开支持国共两党再次合作。晚年在台湾仍渴望祖国统一。擅长诗词书法，所创"标准草书"深受海内外学人欢迎。著有《右任诗存》《标准草书千字文》等。1964 年病逝于台北。

② 林森（1867—1943），原名林天波，字子超，福建闽侯人，近代著名政治家。林森幼居福州，1881 年进入鹤龄英华书院，后因反清被开除。1895 年，参加反割让台湾斗争。1898 年，加入兴中会。1902 年，考入上海海关任职。1905 年，加入中国同盟会。1907 年，先后入美国密歇根大学、耶鲁大学文科研究院学习。1909 年，由上海调往江西九江海关工作，设立当阳书报社宣传革命。辛亥革命中，领导九江起义，并促海军反正，派兵援鄂、皖，稳定革命大局。1912 年 1 月，任南京临时参议院议长。1913 年 4 月出席北京第一届国会，被选为参议院议长。1914 年在东京加入中华革命党。1916 年回国仍主参议院，旋率众南下护法，在南方军政府担任外交部长，极力维护孙中山的领袖地位。1922 年底任福建省长，后当选为国民党一大中央执行委员。1925 年 7 月国民政府成立，任常务委员、海外部部长。1928 年 2 月，被选为国民政府委员，10 月当选为立法院副院长，后又当选为国民党中央监察委员。1932 年起任国民政府主席。1937 年抗日战争爆发后，林森坚持抗战立场，于 11 月 20 日宣布国民政府迁都重庆。1943 年，因车祸林森在重庆逝世。

军事委员会委员长蒋介石①的题字为"惠彼伤残";

行政院院长汪精卫②的题字为"慈故能勇　俭故能广";

十九路军总指挥蒋光鼐③的题字是"贤能多劳";

第五军军长张治中④的题词是"救国之道　各尽所能　勇猛行动博爱精神";

---

① 蒋介石（1887—1975），名中正，字介石，浙江奉化人。1906年东渡日本，入东京清华学校。1907年考入保定陆军速成学堂习炮兵。1908年再度赴日，入东京振武学校。同时投身民主革命，加入同盟会，受到孙中山的器重，之后任黄埔军校校长、国民革命军总司令等。1927年发动四一二反革命政变，成立南京国民政府，历任国民政府主席、行政院院长、国民政府军事委员会委员长、中国国民党总裁、同盟国中国战区最高统帅、国民党政府总统等职务。1949年内战失败后退守台湾，1975年病逝于台北。

② 汪精卫（1883—1944），名兆铭，字季新，浙江山阴（今绍兴）人，出生于广东番禺。1903年赴日本留学。1905年参与组建同盟会。1910年3月，谋杀清朝摄政王载沣，事泄被捕，被判处终身监禁，辛亥革命后出狱。1919年，在孙中山领导下于上海创办《建设》杂志。1921年，孙中山在广州就任非常大总统，汪精卫任广东省教育会长、广东政府顾问，次年任总参议。1925年孙中山病逝后，汪精卫被举为国民政府常务委员会主席兼军事委员会主席。1927年发动七一五反革命政变，后任国民政府行政院院长兼外交部长。1928年任国民党"改组派"首脑。九一八事变后，任行政院院长。全面抗战爆发后任最高国防会议副主席。1938年12月，逃亡河内，发表"艳电"，公开投靠日本，沦为汉奸，并于1940年在南京建立汪伪政权。1944年，汪精卫死于日本名古屋。

③ 蒋光鼐（1888—1967），字憬然，广东东莞人，杰出的爱国民主人士和政治活动家，民革卓越领导人和创始人，新中国纺织工业的主要领导人。毕业于保定军校，早年加入同盟会，曾任孙中山大本营卫士营营长。1926年参加北伐，任国民革命军第十一军副军长兼第十师师长。1930年任第十九路军总指挥兼淞沪警备司令。1932年1月28日，率领十九路军抗击日军的侵略，成为功勋卓著的抗日名将。抗日战争全面爆发后，组建广东民众抗日自卫团第四区统率委员会，担任主任委员，并组织成立东莞、宝安、增城各县抗日自卫团。后任第七战区副司令长官，率部在韶关、曲江、南雄一带与日军作战。1946年参与发起中国国民党民主促进会，1948年参与组建中国国民党革命委员会。1949年，出席全国政协第一届全体会议，后任纺织工业部部长、全国政协常委、民革中央常委等职。1967年病逝于北京。

④ 张治中（1890—1969），原名本尧，字文白，安徽巢湖人。保定陆军军官学校第三期步兵科毕业。1924年后任黄埔军校学生总队长、军官团团长。1926年参加北伐，1928年后任国民政府中央陆军军官学校教育长、第五军军长、第四路军总指挥、第九集团军总司令等职。1932年，在淞沪抗战中予日军以沉重打击。1937年11月，任湖南省主席。抗日战争胜利后，任西北行辕主任兼新疆省政府主席。在第二次国内革命战争时期，他是唯一一位没有同共产党打过仗的国民党将领，被人们称为"和平将军"。他曾多次代表国民党同共产党谈判。1949年，促成新疆和平解放。新中国建立后，历任西北军政委员会副主席、全国人大常委会副委员长、国防委员会副主席、民革中央副主席等职。1969年在北京病逝。

十九路军军长蔡廷锴①的题字是"惠及军民";

第五军参谋长祝绍周②题字为"仁慈";

第五军参谋处长张觉吾题字"民族之光";

第五军参谋科长陈公哲题字"博爱";

第五军参谋科长卢少谷题字"一视同仁";

第五军文书科长林森木题字"生死人而肉白骨";

第四十七师师长上官纪青③、副师长裴同野题字"慈航普济　博爱为仁";

第八十八师师长俞济时④题字"惠被军民";

第八十七师参谋科长黄勉民题字"博爱济众";

<hr>

① 蔡廷锴（1892—1968），字贤初，广东罗定人。1925 年参加第一次东征及平定刘震寰、杨希闵叛军的战斗。1926 年率部北伐。1927 年任二十四师师长。1930 年任十九路军副总指挥兼军长。1932 年在淞沪抗战中率部奋起抗击日军，被誉为"抗日民族英雄"。《淞沪停战协议》签订后，十九路军调往福建"围剿"工农红军，与中华苏维埃共和国临时中央政府和红军签订了《反蒋抗日的初步协定》。1938 年广州沦陷后，被推举为广东民众抗日自卫团统率委员、常务委员，负责指挥西江南路团队。1939 年，调任第二十六集团军总司令。1940 年，率部参加昆仑关战役。1948 年 1 月，中国国民党革命委员会成立，蔡廷锴被选为中央常委兼财政部长。新中国建立后，任全国政协副主席、国防委员会副主席、民革中央副主席等。1968 年在北京逝世。

② 祝绍周（1893—1976），字苕南，浙江绍兴人。1911 年加入同盟会，后毕业于保定陆军军官学校。1927 年驻军上海，参与镇压上海工人武装起义。1932 年淞沪抗战爆发，祝绍周被任命为第五军参谋长，协助张治中率部遏止日军入侵。1933 年春，主持洛阳中央军校分校工作，10 月调任第四路军总指挥部参谋长。1938 年，任鄂陕甘边区警备总司令及军政训练总处处长。1944 年，任陕西省政府主席，国民党中央监察委员。1948 年，任京沪杭警备司令部副司令。1949 年后去台湾。1976 年病逝于台北。

③ 上官纪青（1895—1969），名云相，字纪青，山东商河人。1910 年，入山东陆军小学。1917 年，入保定陆军军官学校第六期步兵科。后历任国民革命军旅长、师长、军长等职。1931 年，任第九军军长兼第四十七师师长，参加淞沪抗战。全面抗战爆发后，在任第三战区司令部总参议兼第三十二集团军总司令时参与发动皖南事变。1945 年后，历任国民党第六届中央监察委员、华北剿总副司令等职。1949 年初去台湾，1969 年在台北病逝。

④ 俞济时（1904—1990），字良桢，浙江奉化人。1924 年入黄埔一期，毕业后曾担任北伐军总司令随护。1928 年，任警卫第一旅旅长兼南京警备司令。1930 年，任警卫第一师师长。1932 年，任张治中部八十八师师长，参加淞沪抗战。1937 年，任七十四军军长，参加南京保卫战等。1942 年，任蒋介石侍卫长，后任三十六集团军总司令等职。抗战胜利后，历任国民政府参军处军务局长、国民党第六届中央执行委员、总统府第三局局长等。1949 年去台湾。1990 年逝世于台北。

第八十八师参谋长宣铁吾①题字"救国之道不一 要在人尽所能各为国家民族而努力";

第八十八师参谋处长马君彦题字"共抒国难";

江苏省政府主席顾祝同②题字"恤难宣勤";

十九路军一五二旅旅长翁照垣③题字"为国医伤"。

如此众多的军政要员为地方红会题字勉励,在中国红十字运动史上是极其罕见的。史料价值之高,不言而喻。这些珍贵的墨宝手迹蕴含的意义,固然是对常熟分会卓越贡献的褒奖,但对中国红十字运动的地方实践,无疑也是强有力的推动,亦足以说明官方对红十字事业的重视和肯定。

插图的史料价值亦弥足珍贵。

在一般人的观念中,图片不能被称之为"史料","史料"是历史上遗留下来的文字资料。其实,留传下来的文字资料是史料,历史图片以及声音、影像资料等同样是史料,特别是"老照片",其史料价值得到越来越多的学人认可。在《纪念册》中,相关"老照片"有:

---

① 宣铁吾(1896—1964),字惕我,浙江诸暨人。黄埔军校一期毕业,参加两次东征和北伐战争。1932年1月,任第五军第八十八师参谋长,参加淞沪抗战。1933年起,任军事委员会委员长侍从室卫长,国民政府警备司令部参谋长,浙江省政府保安处处长兼杭州警备司令。全面抗战爆发后,任浙江省保安司令部司令。1938年春,任陆军预备第十师师长。1939年2月,任第三战区第九十一军军长。1945年,任中央训练团上海分团主任,后任上海市警察局长兼淞沪警备司令部司令。1948年,任浙江省政府委员、京沪杭警备司令部副司令。1949年夏,往香港定居,后转赴台北。1964年病逝。

② 顾祝同(1893—1987),字墨三,江苏涟水人,保定陆军军官学校第六期步科毕业。1924年,任黄埔军校教官、教导团营长。北伐战争时期,任国民革命军第三师师长。1927年后,历任第一军军长,第十六路军总指挥,国民政府警卫军军长,国民党四大中央执委,江苏省政府主席,五省"剿匪"北路军总司令,重庆行营主任兼贵州省主席,西安行营主任等职。抗战时任第三战区副司令长官,1941年发动皖南事变。抗战胜利后任陆军总司令,参谋总长兼代国防部长。1950年去台湾,1987年逝世于台北。

③ 翁照垣(1892—1972),广东惠来人。1917年,参加护法战争。1929年,毕业于日本陆军士官学校,1929年秋,转法国慕漠尼航空学校学习。1931年回国后,任中央警卫军旅长和第十九路军第七十八师第一五六旅旅长,驻防上海。1932年初,面对日寇挑衅闸北,奋起抗击,打响淞沪抗战第一枪,率部坚守阵地,重创日军。1933年起,任一一七师师长,第五军副军长,率部与日军鏖战于长城古北口及滦河以东一带。七七事变后任第一战区前敌总指挥及第七战区东江游击司令。1938年春,任广东省第8区民众抗日自卫团统率委员会主任委员。1944年,任潮(阳)普宁惠来抗日自卫队指挥官。抗战胜利后返回汕头,兴办实业,并出任汕头救济院董事长。1949年移居香港。1972年病逝。

中国红十字会常熟分会时疫医院全体职员摄影；

会长张鸿；副会长宗舜年、张玉；

议长瞿启甲；副议长狄恩霖；议员王振孙、黄农、钱万青；

理事长俞承枚；理事胡腾、杨以赢；资产保管员杨以均；会计蔡开樵；交际黄炳元、曾栋、郝社伯、陈忏因；总务俞志千、庞丙良、俞叔高；

李市分办事处主任朱乐天；

第一救护队时寿芝、邓虎生、钱味青、陈德公、丁伟成、钱君安、俞季湜、丁秀英、吴庆育、归红渠、顾诵、张霖；

第二救护队蔡开热、归仲飞、张振英、黄家樑、陈开甲、俞寿甫、沈重光、陶公义、张沧帆、高桐森；

国医於中和、陆兰斯、蔡树声；

第一收容所顾寿南、顾光裕、庞取威；第二收容所许维之；第三收容所金南屏；第六收容所陈（郑）遹声；

通讯队周振华、周剑英；

运输队蔡培钧；

掩埋队何可人；

临时治疗所医务主任邵预凡，医师顾见山、黄承熹，医生孙家骥、朱炳文、戴逸震、胡人镜；

时疫医院主任医师吕富华，医师吴国卿、李浩泉、汤诚、屈振华、曾光叔、沈汝冀，义务医师杨定国，事务蔡裕昆；

本会救护队至岳王市时在该镇收容所门前（即大悲殿）留影；

救护队往战地救护灾民运常（熟），上图系在太仓上船时所摄；

本会救护队在杨林口海滩休息时摄影；

救护灾民到埠时摄影；

灾民到第一收容所后被军警检查时摄影；

灾民到达第二收容所俟军警检查时之摄影；

第三收容所；

第四收容所；

第五收容所；

本会救护队护送灾民回籍上船时摄影；

治疗所门诊室、病房之一、病房之二;

治愈出院登报道谢一束;

时疫医院男病房、女病房之一、女病房之二、蒸馏水工作间;

赴乡注射防疫针;

新塘市、浏河、仪桥、杨林口、七丫口等处被焚、被炸之一;

全部合计共 97 幅照片。这 97 幅"老照片",是对常熟分会职员、志愿者救死扶伤、扶危济困的写真,其直观性、传真性是文字资料所不能替代的,极具史料价值。透过这些老照片,地方红会的组织架构,一目了然。

三、常熟分会建会日期考证

在《中国红十字会常熟分会民国廿一年纪念册》中，张鸿会长追溯了常熟分会诞生的历史，谓"吾邑之红十字分会始于甲子兵祸救护防疫，赓续不绝"①。在这里，他把常熟分会的创会时间认定为"甲子兵祸"，即1924年的江浙战争。这一说法，延续至今，如《常熟市志》就认为，中国红十字会常熟分会"民国十三年（1924年）9月26日成立，会长张鸿，会员590余人"②。

的确，江浙战争救护中，常熟分会有不俗的表现。

1924年9月3日，江浙战争爆发后，为适应战争救护的需要，9月26日，常熟分会在石梅图书馆组建，张鸿任会长，张玉、宗舜年为副会长，张建铭为理事长。共有会员590余人，以"救济民众之困苦颠连，尽力为社会服务"为宗旨③。战争中，常熟分会协助总会开展战地救护，同时设立难民收容所10余处，留养难民2000余人④，堪称"非常尽力"⑤。

但是，常熟分会的源头，也就是其建会的时间，并不是1924年。事实上，常熟分会诞生于1911年辛亥革命的血雨腥风中，是辛亥革命时期经中国红十字会认可的第一批分会之一，主要依据有三：

---

① 《中国红十字会常熟分会民国廿一年纪念册·序》，中国红十字会常熟分会1933年编印，第1页。

② 瞿鸿烈主编：《常熟市志》，上海人民出版社1990年版，第618页。

③ 严晓凤、池子华、郝如一主编：《苏州红十字会百年纪事（1911—2011）》，安徽人民出版社2011年版，第5页。

④ 江苏省红十字会编著：《江苏红十字运动八十八年》，东南大学出版社2001年版，第10页。

⑤ 娄东、傅焕光、黄允之等：《江苏兵灾调查纪实：嘉定县》，江苏兵灾各县善后联合会1924年编印，第14页。

其一，是《红十字会第一届分会职员一览表》。

1911 年 11 月 26 日《民立报》、11 月 27 日《申报》相继刊登了《红十字会第一届分会职员一览表》，这个《一览表》称得上是中国红会史上的重要文献。全文如下：

（第一届报告九月廿六日止①）。

驻沪医队医院总医院（徐家汇路七号）、分医院（天津路八十号）、事务所（三马路十八号）医士：哪咸亨司德、江苏侯光迪、安徽黄子敬、宁波徐生棠、广东王吉民、广东关日襄、浙江陈家恩、广东邓祥光、湖北周光松、英国士美女医士。看护：江苏邵莹珍女士等十人。武汉战地医队：医士英国柯师、丹（麦）国峨利生、英国班纳、江宁王培元、广东杨智生；会计员杨仲言；医学生曹洁卿、朱恒璧、约瑟、王锡炽、郑咏春、方景和、周赓诗、蒋士焘、王耀、曾松龄、曹晨涛、朱恪臣、朱寿田、郁廷襄、李其芳、王翁、曹省之、章子玉、邱仁高、孙国镇、陈鲁珍、王韬；救护队长盐谷铁钢（前日本陆军医队）；看护妇丹国克立天生女士（本会医院看护）、日本细谷松子女士（日本赤十字看护）、英国李安登女士（沪宁铁路医院看护）、袁增瑛女士、徐祉君女士、傅光宇女士、范孟园女士；调剂看护人林春山、陈玉麟、曹桂卿、陈侠毅、俞鸿昭。

武汉分会医院：武圣庙普爱医院英国普富医士、英国魏女医士；同仁医院美国马医士、美国梅医士；普济医院美国雷盛休医士、美国雷盛休夫人；仁济医院英国吉立生医士、孟医士；天主教医院英国汤医士、英国艾医士，看护英国富女士，帮看护英国克迪女士。

南京联合会医院：金陵医院（汉西门）、贵格医院（螺蛳湾）、基督医院（鼓楼）医士：美国施尔德、美国包医士、刘仲□（字迹模糊）、相又新、汤润生、章雨农、高映轩、茅拔、杜耀峰、沈镜吾、许竹君、孙龙翔、陈召恩、张维新。

常熟分会（医院在陶家巷）：周惠莲女医士、周晋麒女医士，看护孙志英。

---

① "九月廿六日"是阴历，阳历为 1911 年 11 月 16 日。

厦门分会：医士史惠敦。

无锡分会：普仁医院李克乐医士。

苏州分会：天赐庄齐门外福音医院魏医生等二员，博习医院英国柏乐文医士等三员，看护（人名续刊），通商场广仁医院意国白医士等二员。

长沙分会：英医李福而，英医许谋，英医刑医士。

宜昌分会：医院地址、医士衔名续刊。

安庆分会：美国□（字迹模糊）荣华医士，美国铁楼医士。

杭州分会：广济医局美国梅□（字迹模糊）根医士。

芜湖分会：美国赫怀仁医士。

九江分会：经理员饶敬伯法政博士。

吴淞分会：经理员张玉墀，医院广义善堂旧址，医士曹文贵，医士陈森如。

沪宁铁路协赞会：南京车站红十字专车、上海铁路医院。

南昌分会：经理员饶敬伯法政博士。

上海城内分会：医师顾宾秋等二十员。

福州分会：耶稣联合会会长戴勒医士，会计梅教士，书记何教士，西医四员。

扬州分会：红十字医院左卫街，经理员袁体仁。

清江分会：经理员龚少渤。

显而易见，辛亥革命中，常熟分会成立，并在陶家巷设立医院，由周惠莲、周晋麒两位女医士主持医务，孙志英为看护（护士）。这三位显然是常熟分会的发起人。

其二，运作良好得到认可。

常熟分会并非有名无实地"停留"在《一览表》中，而是以其人道行动证明它的存在。作为中国红十字会第一届分会，常熟分会在周惠莲女士的主持下，积极筹备，随时接纳伤兵，特别是"金陵光复时，伤兵之返常熟者，均由周女士医治之"①。不言而喻，常熟分会在辛亥战时救

---

① 《辛亥革命时中国红十字会暨各分会活动成绩》，见中国红十字会总会编：《中国红十字会历史资料选编，1904—1949》，南京大学出版社1993年版，第292—293页。

护中，做出了力所能及的努力，取得了一定的成绩。

其三，统一大会参会分会代表名单所透露的信息。

按照国际红十字运动的基本原则，任何一个国家只能有一个红十字会或红新月会。而中国红十字会，虽然自成立以来就具有全国性，但从未实现过真正意义上的"统一"，其"唯一"性随时可能受到挑战。事实上，只要需要，谁都可以创建红会组织或借用红十字旗号。辛亥革命中这种"不统一"的局面更是令人瞠目结舌，如广东就有广东红十字会、中华红十字会、粤东红十字会、济群红十字会、大汉红十字会、广东河南赞育红十字会等，名目繁多，令人眼花缭乱。毫无疑问，这是国人慈善热情高涨的体现，本无可厚非，诚如沈敦和所言："民军起义于武昌，战祸蔓延于全国，热心救济之士，投袂奋发，争先组织慈善团体，救死扶伤。或以赤十字会命名，或以红十字会命名，不下数十起，其博爱恤兵之大旨，与本会如出一辙，于是普通人民，始知红十字会关系之重要与其立会之精义，会务发达，遂有一日千里之势。"[1] 但"宗旨相同，而手续互歧，间有以本会名义设立分会而迄未与本会接洽者"[2]，造成很大程度的混乱。在新的时代条件下，如沈敦和所说，红十字会作为"世界万国惟一慈善事业，民国成立，一切政治机关莫不革故鼎新，期与东西各国齐驱并驾，则此重要之慈善团体，亦安可不正厥名义，求合乎世界大同？此本会之所以急谋统一也"[3]。为此，1912 年 10 月 30 日至 11 月 1 日，中国红十字会在上海"特开统一大会，联合政府及各省分会，共筹进行。举凡对内对外之关系，与夫本会事业之必要，一一详加讨论，列为条件，俾共遵守，冀他日事业，可与万国红十字会相辉映"[4]。

出席会议的代表，除中国红十字会名誉总裁黎元洪副总统代表、奉天都督代表、江苏都督代表，以及外交部、内务部、陆军部、海军部代

---

① 《副会长沈敦和君宣布开会宗旨》，见中国红十字会总会编：《中国红十字会历史资料选编，1904—1949》，南京大学出版社 1993 年版，第 266 页。

② 《中国红十字会二十年大事纲目》，第 6 页。

③ 《副会长沈敦和君宣布开会宗旨》，见中国红十字会总会编：《中国红十字会历史资料选编，1904—1949》，南京大学出版社 1993 年版，第 266 页。

④ 《副会长沈敦和君宣布开会宗旨》，见《中国红十字会杂志》第 1 号《记事·统一大会汇刊》，第 7 页。

表及总会代表外，还有部分分会的代表，名单如下：

厦门分会：许嘉斯

常熟分会：孙志英

安东分会：王星五

南昌分会：谢邦庆、张寿慈

烟台分会：孙元福

广东济群红十字会：黄宝坚、罗星舫、麦吉甫

庐州分会：黄锡侯、杨栋臣

重庆分会：廖换庭

济南分会：刘恩驻、陈宪镕

保定分会：沈同禄（禾青）、郑诚（名轩）

天津分会：卞荫昌（月廷）、刘家桢（兰轩）、杨宝恒（少农）、刘孟扬（伯年）

广东大汉红十字会：黄石棠、黄传纶

芜湖分会：赫怀仁、李葆林、胡召南、谭明卿、霍守华

颍州分会：伏格思、王庆远、杨怀臣、叶际明

滁州分会：师古德、黄厚裕（伯敷）、宋家驹（千里）

广东中华红十字会：郭慎之、李育才

北京幼幼会：臧幼宸

粤东红十字会：熊长卿

吉林分会：梁九居（三宫）

潮州红十字会：程冀云

江阴分会：王完白

九江分会：胡蕴岳、吴永焯

黄县分会：邢国珍（聘三）、赵家理（戴廷）

武昌赤十字会：赵侹葳（伯威）、张福先（次野）、王利用（巽伯）、江忠业（味农）

成都分会：彭少卓、陈凤石、杨国屏

西安红十字会：陈伯澜、王林生、吴子敬

广西梧州红十字会：许瑞芝、梁印生

广东肇庆红十字会：鲁国光、冯秀甫

广东河南赞育红十字会：何兆熙、崔柳坡

南京分会：于少彰、宋培之、王济川、陈仁山

奉天分会：姚启元

安庆分会：吴守耀

绍兴红十字会：谢培民①

以上名录涉及分会 21 处，其他 12 处，共计 33 处。分会即中国红十字会分会，其他如绍兴红十字会、广东肇庆红十字会、广东大汉红十字会等，是"统一"大会之前的名称，不够规范，但都与中国红十字会建立联系、参加"统一"大会，就表明对中国红十字会的归属与认同，因此完全可视为"分会"。

出席统一大会的分会，都是在辛亥革命期间成立的，为了"统一"的需要，出席大会共商发展大计。常熟分会发起人之一孙志英出席大会，也证明常熟分会成立于辛亥革命的大潮中，获得了总会的"资格认定"②。

毫无疑问，常熟分会成立于 1911 年，是辛亥革命期间经总会承认的"第一届分会"（第一批分会之一）。至于成立的具体时间，没有资料明确记载。尽管如此，我们还是可以根据现有资料做出判断。据《辛亥革命时中国红十字会暨各分会活动成绩》记载："苏沪光复后，常熟女医士周惠莲君，驰函总会愿设临时医院，义务医治伤兵。"③ 就是说，常熟分会的建立是在"苏沪光复后"、11 月 16 日《第一届分会职员一览

---

① 《中国红十字会杂志》第 1 号《记事·统一大会汇刊》，第 2—3 页。

② 《民立报》报道称："中国红十字会前月开全体大会，月初开恳亲会，均极一时之盛，现又定于阳历十月三十号在徐家汇路七号红十字会总医院内开各分会统一大会，以期一致进行。政府以红十字会为全国惟一慈善事业，力任维持，闻黎副总统派赵僗葳、周振禹，直隶都督派徐蔚、卡荫昌、刘家忻，外交部派陈懋鼎、王继曾为代表莅会，海军部则函饬上海总司令处，届时就近派员与会。余若厦门分会举许嘉斯，常熟分会举孙志英，安东分会举王星武，九江分会举江楚鸣、孙多奋，南昌分会举丁瑾臣，烟台分会举陈季安，广东分会举黄宾坚、罗星舫，庐州分会举黄锡侯、杨栋臣、夏玉峰，长沙分会举聂潞生，四川分会举石省斋，重庆分会举廖焕翁，均先后到沪。届期各分会代表到齐，公同讨论，必可为中国慈善界放一异彩也。"（《红十字会代表多》，《民立报》1912 年 10 月 16 日）虽然该报所登名单与《中国红十字会杂志》所列名单有些出入，但这里也同样报道了"常熟分会举孙志英"为参会代表的讯息。

③ 《辛亥革命时中国红十字会暨各分会活动成绩》，见中国红十字会总会编：《中国红十字会历史资料选编，1904—1949》，南京大学出版社 1993 年版，第 292—293 页。

表》登记截止日之前。革命军"光复"苏沪的时间是明确的，上海的"光复"是在 11 月 4 日；两天后，也就是 11 月 6 日，江苏巡抚程德全在驻地苏州出任江苏都督，宣布江苏（苏州）"光复"。这就意味着常熟分会组建的时间在 11 月 6 日至 16 日之间。

其实，11 月 16 日《第一届分会职员一览表》登记截止日之前，不一定就是 16 日当天，应该早于 16 日。事实上也是如此。据红十字会理事总长沈敦和在《申报》发布的启事称："武汉血战，伤亡极众，敝会业已组织甲乙丙三医队，由英医柯师领队，会同峨利生、班纳德、王培元、杨智生诸医博士暨男女看护三十余人，驰赴战地，普救两军受伤兵士及被殃人民……他如南昌、九江、清江、扬州、无锡、常熟、苏州、吴淞等处，亦已相继组织分会。"① 这里专门提到常熟等地业已组织分会的事实。"启事"发布的时间是 1911 年 11 月 12 日，换句话说，成熟分会在 11 月 12 日之前已经成立。

结合以上事实，我们可以判定，常熟分会组建的时间在 11 月 6 日至 12 日之间。具体日期不得而知，但谓常熟分会成立于 1911 年 11 月，则是可以确认的。

综上所述，常熟分会的创会时间实应为 1911 年 11 月，而不是 1924 年 9 月，尽管这中间出现了"空挡"。

---

① 《急募红十字会捐款启》，《申报》1911 年 11 月 12 日。

四、张鸿会长及其惊人之语

　　红十字会到底是一个什么样的组织，在《中国红十字会常熟分会民国廿一年纪念册》中，常熟分会张鸿会长，做了别样的解读，谓"红十字会者，世界不祥之物也"。

　　张鸿会长有什么样的人生履历，何以发如此"惊人之语"？

　　张鸿（1867—1941），原名澂，字隐南、师曾，署璃隐，晚号蛮公、燕谷老人，常熟人。1889年（光绪十五年）举人。1904年（光绪三十年）中进士。历官内阁中书、户部主事、外务部郎中、记名御史等。中日甲午战争时参与集议，具疏请战。重视教育，提倡新学，曾与丁祖荫、曾朴、徐念慈、殷次伊等在城区组织中西学社。1904年，创办中西蒙学堂，襄助校务，筹措办学经费。1905年，与族人在施家桥议设孝友初等小学堂，拨义庄租息及祖宅建校。1906年起，先后任驻日本长崎、神户及朝鲜仁川领事。在任仁川领事时，创办华侨子弟学校。1916年归里，寓居燕园。1918年，在北门榉树弄购地筹建新校舍，次年竣工将孝友小学堂迁入县城，自任校长；并在燕园独创苦儿园，收养孤苦儿童，前后十载。1922年，又在榉树弄添建教学楼，创办私立孝友初级中学，亲主校政，成绩显著。1923年至1926年，与夫人一起创办刺绣女校，两人躬亲授课。1935年，因年迈辞去孝友初中校务。张鸿还曾先后任县通俗教育馆馆长、体育场场长、县立图书馆馆长、中国红十字会常熟分会会长、常熟佛教会会长、常熟水利研究会会长等职。1937年抗战爆发，常熟沦陷，张鸿举家西迁，南行抵桂林；后经香港移居上海，痛恨日伪，不愿返乡。擅文学，工书画，兼通英、法、日语。著有《蛮巢诗词稿》《游仙诗》《长毋想忘词》等，另编译《成吉思汗实录》。暮岁之年受友人曾朴所托，撰成长篇小说《续孽海花》①。

从张鸿的履历中不难看出，他是位经历丰富而又热心公益的绅士，见多识广，博学多能，是常熟颇具影响力的公众人物。他之所以被公推为中国红十字会常熟分会会长，正在于此。而他所说的"红十字会者，世界不祥之物也"，具有思辨性、哲理性。

在张鸿会长看来，红十字会总是与天灾人祸联系在一起的，红十字会"肇端于英俄之战祸，推而广之，凡疫病饥馑有害于社会者，靡不从事以救恤之。世无凶灾，则会（即红十字会）中无事焉，谥曰不详，孰曰非宜?"张鸿会长的宏论，不无道理。既然如此，红十字会就是"不祥之物"，谁也不希望见到红十字会活跃的身影，因为红十字会的活跃，就意味着"凶灾"的肆虐。

但另一方面，"世无凶灾"，只能是一厢情愿。如张鸿会长所云："天下万事皆出于人之业力，有共同者，有单独者。业力之所造，有为众人之害者，有为众人之利者，造因焉简，结果焉巨。至所谓是非、邪正、好恶，则皆随人之心理而定之。以云是非，则所谓此亦一是非，彼亦一是非，是非本无定也；以云邪正，则所谓顺我者为君子，逆我者小人，邪正亦无定也；以云好恶，则所谓同声相应，同气相求，好恶亦无定也。"② 不管何种原因，"凶灾"不可避免。残酷的现实，呼唤"吉祥物"现身，红十字会于是有了用武之地，并以其博爱之行给予被"凶灾"者人道关怀，驱散"不祥"阴霾。张鸿会长感慨："执此例以观于

① 曾朴（1872—1935），原名朴华，字太朴，改字孟朴，又字小木、籀斋，号铭珊，笔名东亚病夫。常熟人，近代著名文学家、出版家。所著《孽海花》，历来被公认为晚清四大谴责小说（李宝嘉的《官场现形记》、吴沃尧的《二十年目睹之怪现状》、刘鹗的《老残游记》、曾朴的《孽海花》）中最有价值的一部作品。小说揭露了帝国主义的侵略野心，清政府的腐败无能，封建士大夫的昏庸堕落。全书写了200多个人物，反映的社会生活面相当广。在选材、结构、语言方面都独具特色。鲁迅的《中国小说史略》称其"结构工巧，文采斐然"。张鸿与曾朴友情深厚。1931年，曾朴关闭真善美书店回常熟养病后，张鸿经常去看望。曾朴病体日衰，因而《孽海花》无力完成，恳请张鸿代为续写。曾朴过世后，张鸿也年近古稀，但仍奋力撰写，仅用两年的时间写完30回的《续孽海花》。先于1938年在《上海晚报》连载，经过整理后于1941年正式出版。《续孽海花》也与《孽海花》一样，以严肃的态度呈现历史，慎重取材，反映戊戌变法和义和团运动，尤其把戊戌变法写得翔实生动，被称为一部描绘晚清政治生活的好书。

② 《中国红十字会常熟分会民国廿一年纪念册·序》，中国红十字会常熟分会1933年编印，第1页。

会中之事，专以救助困苦颠连为惟一之责任，则所谓不祥之物者，亦可谓为大吉祥者。"①

红十字会既是"不祥之物"，也是"大吉祥者"，张鸿会长的"辩证法"，耐人寻味。

刀兵水火，堪称"凶灾"之最，其中"刀兵"即战争的血腥与残酷。"不祥之物"的红十字会正是在血雨腥风中诞生的。

在《纪念册》中，专门有一篇《创始红十字会南丁女士传》的文章，探究红十字运动的起源。南丁，即弗劳伦斯·南丁格尔（1820—1910年），1820年5月12日生于意大利，后迁居英国，矢志献身护理事业。在1854年至1856年英、法等国与沙俄争夺巴尔干半岛的克里米亚战争中，她率领38名护士前往战地，"逢伤必救，不嫌污秽，遇疫必疗，不惧传染，遂使三国之在战地者，上自将帅，下及兵卒，莫不出水火而登衽席"②。她的战地救护行动，是"各国红十字会的滥觞"③。（1912年在美国华盛顿举行的第九届国际红十字大会上通过决议，设立"南丁格尔奖"，授予在护理岗位上做出突出贡献的"白衣天使"。南丁格尔的生日为国际护士节）而国际红十字运动的直接源头，则是1859年索尔弗利诺之战和亨利·杜南的人道之举。亨利·杜南（1828—1910年），1828年5月8日出生于瑞士，是一个热心公益的慈善家、社会活动家和商人。1859年6月25日，他在意大利做一次商业旅行，途经卡斯梯哥里昂镇附近的索尔弗利诺，目睹了一场惨祸——法、意联军和奥地利军队鏖战厮杀刚刚在这里结束，4万多名死伤士兵被遗弃战地。伤兵在鲜血混拌的泥土里挣扎，哀号之声达于四野。杜南见此惨状，立即组织当地妇女、儿童、医生，进行力所能及的救治。随后，在他的不懈努力下，1863年2月9日"伤兵救护国际委员会"成立，国际红十字运动由此蓬勃开展。1901年，亨利·杜南因其为国际红十字运动做出的巨

---

① 《中国红十字会常熟分会民国廿一年纪念册·序》，中国红十字会常熟分会1933年编印，第1页。

② 《红十字会说》，《申报》1898年11月16日，见池子华、严晓凤、郝如一主编：《〈申报〉上的红十字》第1卷，安徽人民出版社2011年版，第8页。

③ 《红十字会历史节译》，《申报》1898年5月30日，见池子华、严晓凤、郝如一主编：《〈申报〉上的红十字》第1卷，安徽人民出版社2011年版，第6页。

大贡献而被诺贝尔委员会授予第一个和平奖。5月8日是杜南的生日，1948年被定为世界红十字日。因此，国际红十字运动，如史料记载所说，"其议创自英人，而瑞士人实成之"①。

　　红十字起源于战争，中外皆然。1904年，日俄战争催生了中国红十字会的诞生。常熟分会的诞生，同样得益于战争的强力推动，如前所述。常熟红十字会的红十字事业发展，与战争的"刺激"密不可分。淞沪抗战中，常熟分会的人道行动，对此做了最好的诠释。

　　① 《创兴红十字会说》，《申报》1898年5月9日，见池子华、严晓凤、郝如一主编：《〈申报〉上的红十字》第1卷，安徽人民出版社2011年版，第4页。

五、战争救护："生死人而肉白骨"

　　红十字起源于战争，战争救护乃红十字会天职，也是中国红十字运动地方实践的"核心业务"，常熟分会就是如此。如果说在辛亥革命、江浙战争救护中常熟分会崭露头角的话，那么在淞沪抗战救护中，常熟分会发挥的作用，同样可圈可点。

　　1932年1月28日，日本海军陆战队向上海发起大规模的军事进攻，一·二八事变爆发。蔡廷锴所部十九路军"决议抵抗"[①]，"虽牺牲至一卒一弹，绝不退缩"[②]，直到5月5日中日达成《淞沪停战协定》。其间与敌激战数十次，战事惨烈，伤亡累累。"秉博爱恤兵之宗旨，以救死扶伤为职志"的中国红十字会[③]，责无旁贷，全力以赴，广泛动员各方力量，开展战地救护。常熟分会虽然不在战区之内，但没有袖手旁观，而是积极行动，配合总会，恪尽救护之责，为此采取如下应对措施：

　　首先，完善组织架构，由会长张鸿（字隐南）、副会长宗舜年（字子岱）、张玉（字用舟）、议（事）长瞿启甲（字良士）[④]、副议长狄恩霖（字子怡）、理事长俞承枚（字九思）和钱万青（字莲士）等14位

中
篇

---

　　① 《蔡廷锴戴戟致行政院电》，见佟冬等主编：《九·一八事变》，中华书局1988年版，第538页。
　　② 彭明主编：《中国现代史资料选辑》第4册，中国人民大学出版社1989年版，第8页。
　　③ 《中华民国红十字会战时工作概况》，中国红十字会总会1946年编印，第1页。
　　④ 瞿启甲（1873—1940），字良士，别号铁琴道人，常熟人。清代著名藏书楼铁琴铜剑楼第四代主人。瞿家藏书自乾隆年间起，历经五代人艰苦积聚，达数十万卷。瞿启甲擅文学、书法，维护先代藏书尤谨。1909年（清宣统元年），两江总督端方遣人令瞿氏献书，许官宗卿，瞿启甲不为所动。1924年军阀内战，为免遭兵燹，他将全部珍本运往上海皮藏，并支持商务印书馆，辑印《四部丛刊》。又创建常熟县立图书馆，任首任馆长，捐书奠定馆藏基础。1940年病逝于上海，遗命"书勿分散，不能守，则归之公"。1950年，其子济苍、旭初、凤起尊父命，将全部珍本捐献国家。

议员及胡塍（字受伯）等 3 位理事组成管理层，以会长为核心，主持救护及日常事务。常熟分会下设会计、文书、交际、总务、庶务等股以及驻沪交际处、分办事处，分工明确。在李市设分办事处（朱乐天负责），是为了更有效地施行救援计划，而在上海厦门路尊德里设驻沪交际处（俞承修负责），以便加强与总会和上海社会各界的联系。

其次，组织救护队。以时寿芝为领队的第一队救护，由邓虎生、钱味青、陈德公、丁伟成、钱君安、俞炳益（字季湜）、丁秀英、吴庆育、归红渠、顾诵、张霖等 11 名队员组成；以蔡开热为领队的第二队救护，由归仲飞、张振英、黄家樑、陈开甲、俞寿甫、沈重光、陶公义、张沧帆、高桐森、花韵声、杨定熙等 11 名队员组成。另有以何可人为领队的掩埋队一队，负责掩埋尸骸。

再次，设立伤兵医院（治疗所）。救护队救下伤兵伤民，即送往治疗所医治。治疗所医务由常熟名医邵预凡主持①，医务人员有顾见山、黄承熹、朱炳文、胡人镜、戴逸震、孙家骥、庞定、庞颖、李俊才等，另有事务人员王涌森、赵子翼、路翼之、苏松岩、朱国霖、张世民等②。

得力的应对措施，保障了人道救援的有序进行。沪战爆发后，常熟分会组织的两个救护队，迅即开赴太仓、昆山等地救护伤兵、难民，同时"举办难民收容所及军士治疗所"③。3 月 9 日至 5 月 15 日间，常熟分会在西门李王宫关帝殿设立的伤兵医院（后改称临时治疗所），在邵预凡的主持下，夜以继日，救治了大量伤员病民。据《中国红十字会常熟分会治疗所门诊人数表》统计，仅 4 月 1 日至 5 月 15 日一个半月的时

---

① 邵预凡（1897—1979），常熟虞山镇人，常熟名医。抗日战争时期，他与夫人顾志和在常熟西门菜园弄内开设预和医院。据常熟市烈士陵园的相关介绍，1941 年 7 月 17 日，抗日民主政府常熟县副县长吴宗馨在支塘被捕，关押在日寇司令部。敌人给他灌了石灰水，损伤了他的内脏，生命垂危，日寇将他送到常熟西门菜园弄内的预和医院监视治疗。院长邵预凡同情抗日，他在病房内专辟暗室，将吴宗馨的妻子接到医院护理吴宗馨。虽然邵院长日夜操劳，精心治疗了一个多月，但吴宗馨终因伤势太重而牺牲了。吴宗馨牺牲后，其妻仍十分感谢邵院长的一片善心。

② 《中国红十字会常熟分会民国廿一年纪念册》，中国红十字会常熟分会 1933 年编印，插页。

③ 《常熟分会整顿会务的报告》，中国第二历史档案馆档案，全宗号 476，卷号 2872。

间内，门诊人数多达 1641 人①。其中八十八师伤兵有张荣标、赵柏林、冯介云、李志青、周东胜等，凡 122 名；四十七师伤兵有吴东山、赵芝根、汪玉振、魏殿章、程虎豹等，凡 91 名；八十七师伤兵有张仲威、郭绍姜、许元盛、杨奎元、任海山等，凡 43 名；军校教场队、警卫军伤兵 8 名，平民 5 名。总计收治伤员 269 人，其中治愈 257 名，重伤医治无效死亡 12 人②。

　　常熟分会的抗战救护，成绩显著，第五军文书科长林森木在《纪念册》上的题字"生死人而肉白骨"，正是对常熟分会人道救援行动的高度赞扬。救死扶伤，"生死人而肉白骨"，是红十字运动的宗旨所在，常熟分会用行动做了诠释。

---

　　① 《中国红十字会常熟分会治疗所门诊人数表》，《中国红十字会常熟分会民国廿一年纪念册》，中国红十字会常熟分会 1933 年编印，第 61 页。
　　② 《中国红十字会常熟分会治疗所住院医治伤病兵士姓名一览》，《中国红十字会常熟分会民国廿一年纪念册》，中国红十字会常熟分会 1933 年编印，第 62—63 页。

六、难民救助："博爱济众"

难民是战争的直接产物，战火的蔓延必然引发难民潮。红十字会的难民救助，是其战争救护的有机组成部分，同样也是红十字运动地方实践的题中应有之义。为此，中国红十字会常熟分会开办难民收容所，给予难民人道关怀。

据《纪念册》中的《工作日记片断》记载，1932 年 2 月 28 日，鉴于"淞沪附近一带被灾来常者络绎不绝"，"接近战区之老弱贫苦者非急事援救不可"，常熟分会"遂召集会员议决，先行成立第一收容所，假邑庙后宫开始收容，并公函各机关查照"①。

3 月 4 日，"前线战事愈形紧张，灾民陆续而来"。常熟分会"恐第一收容所不敷容纳，爰特派员至西门外晒麦场何家祠堂商借全部房屋作第二收容所，当蒙允许并即布置一切"。但因 6 日"防军云集，本会第二收容所亦被八十八师部队商借"，乃"当即派员将所有物件收回并另觅城内西山塘泾岸曾姓房屋为第二收容所，同时即开始收容"②。

3 月 7 日，常熟分会"派职员黄家櫟往大义桥与黄义庄接洽商借房屋作第三收容所。盖鉴于战事尚在相持中，昆、太之灾民亦已渐有来常矣"③。10 日，第三收容所"改设于练塘镇金宅，因原有大义桥第二收

---

① 《工作日记片断》，《中国红十字会常熟分会民国廿一年纪念册》，中国红十字会常熟分会 1933 年编印，第 26 页。

② 《工作日记片断》，《中国红十字会常熟分会民国廿一年纪念册》，中国红十字会常熟分会 1933 年编印，第 26 页。

③ 《工作日记片断》，《中国红十字会常熟分会民国廿一年纪念册》，中国红十字会常熟分会 1933 年编印，第 26 页。

容所已为四十七师士兵所驻扎，更无余屋可资收容也"①。

3月12日，"昆山分会会员陶公亮等到会，要求本会设法收容昆、太灾民二百余人。当即在莫城设立第四收容所、东始庄设立第五收容所，专收昆、太方面灾民"②。

4月3日，"本会救护队又从昆、太等处救来灾民一百四十八人，分别安插城内第一、第二收容所，一时颇有人满之患，因是在李市乡又成立李市分办事处及第六收容所"③。

就是说，淞沪抗战期间，常熟分会先后开办了6处收容所，如下表：

表1　中国红十字会常熟分会难民收容所一览表

名称	借用房屋	地址	主任姓名	职员	备注
第一难民收容所	邑庙后宫	石梅	顾寿南	顾止何、庞取威、顾纭孙	第24页作庙街
第二难民收容所	曾府	山塘泾岸	许维之	朱芸阁、朱再卿	第24页作石梅
第三难民收容所	金府	练塘镇	金南屏	钱鸿勋、管海泉	
第四难民收容所	房府	东始庄镇	房墨章	张履吉、朱云山	第24页作莫城
第五难民收容所	戴府	莫城镇	戴次沅	戴荫阶、朱松森	第24页作东始庄
第六难民收容所	郑府	李市镇	郑遹声	李志鸿、浦福生、陆森林、陆骏儒、周兰孙、张毅、王友良	第24页作陈遹声

资料来源：根据《中国红十字会常熟分会民国廿一年纪念册》第64页附表及第23、24页"中国红十字会常熟分会职员录"编制。

---

① 《工作日记片断》，《中国红十字会常熟分会民国廿一年纪念册》，中国红十字会常熟分会1933年编印，第27页。

② 《工作日记片断》，《中国红十字会常熟分会民国廿一年纪念册》，中国红十字会常熟分会1933年编印，第27页。

③ 《工作日记片断》，《中国红十字会常熟分会民国廿一年纪念册》，中国红十字会常熟分会1933年编印，第29页。

上述 6 处收容所，为难民提供了临时的"家"。在这里，难民受到了特别的关爱。据《工作日记片断》记载，4 月 6 日："日来各收容所小孩患痘疹天花者颇众，除派医务股中西医分别诊视并隔离分住外，为预防传染计，特派医员俞季湜、李俊才分布施种牛痘，遇有重病急症之男妇，各中医更无分昼夜，随招随到，悉以诊治。"① 4 月 22 日："因近日天气渐热，各收容所内灾民尚多御棉衣者，洗涤更换，障碍丛生，殊非卫生之道，爰特登报征求夹单衣衫，以便分发，不数日间，慈善家纷纷布施，且多不道姓名者，灾民受惠不浅。"②

不仅如此，当硝烟散去，常熟分会还会将他们护送回乡，使他们能够回归正常的生活轨道。如《工作日记片断》记载称，5 月 10 日，"据由前线归来之救护员报告，谓昆、太附近日军已渐次撤退，地方情形亦稍恢复，而留所灾民眷怀故乡，屡请送回原籍。本日本会即徇其所求，一律运送各地。七时集合西门外，各收容所由多数职员导至轮埠，船中设备点心、茶水、旗灯药品等以资应用，并由理事长向之演述愉快安慰之词，遂摄影数帧，十时解维而去"③。

整个淞沪抗战期间，根据《中国红十字会常熟分会收容难民姓氏汇刊》所载名录统计，常熟分会 6 处收容所收容各处难民共计 534 人④。"博爱济众"——第八十七师参谋科长黄勉民的题字，是对常熟分会人道之举的赞誉，也是对地方红会这一核心功能的诗意表达。

---

① 《工作日记片断》，《中国红十字会常熟分会民国廿一年纪念册》，中国红十字会常熟分会 1933 年编印，第 29 页。

② 《工作日记片断》，《中国红十字会常熟分会民国廿一年纪念册》，中国红十字会常熟分会 1933 年编印，第 29 页。

③ 《工作日记片断》，《中国红十字会常熟分会民国廿一年纪念册》，中国红十字会常熟分会 1933 年编印，第 30 页。

④ 《中国红十字会常熟分会收容难民姓氏汇刊》，《中国红十字会常熟分会民国廿一年纪念册》，中国红十字会常熟分会 1933 年编印，第 64—67 页。

七、疫病防治："慈航普济博爱为仁"

大兵之后往往伴有疫灾发生。为防治疫病，1932 年 6 月 15 日，常熟分会"援旧例定制时疫药水一千盒，每盒二十瓶，计二万瓶"。22 日，时疫药水已制就半数，当即登报通告，"凡具正式团体或机关函件前来索取，即予照发"①。据《中国红十字会常熟分会夏令施送时疫（药）水一览表》的统计，从 6 月 26 日至 9 月 5 日，共施送时疫药水 28175 瓶②。

6 月 28 日，鉴于"连日天时不正，城厢内外已渐有虎疫发现"，常熟分会乃着手筹备开办时疫医院，院董有庞树森（字甸才）、王绳高、尹鹏（字邨夫）、王昆山（字振华）、石民佣、沈鼎芬（字芳谷）、汪凤书、季谷三、屈树培（字钧艺）、金平（字一鸣）、金鹤清（字敏君）、郝社伯（字迁公）、俞寿甫、俞可师（字启汉）、时秉刚、徐鸿翊（字君坦）、徐君怀（字铭光）、戴良耜、陈忏因（字佑之）、程元鼎（建新）、张谷如、张幼南、刘珽（字勤圃）、归廷璐（字孟坚）、归谨庵、庞秉逊（字洁公）、缪竹平、戴次沅、顾光裕（字止何）、张鸿（字隐南）、宗舜年（字子岱）、瞿启甲（字良士）、胡塍（字受伯）、杨以嬴（字玉沧）、俞承枚（字九思）；主任医师吕富华，医师有吴国卿、李浩泉、曾光叔（字秉轩）、沈汝冀（字志豪）、朱炳文、汤诚、屈振华（字志明），义务医师顾树棻（字缵南）、杨定国（字孟一）、俞炳益

---

① 《工作日记片断》，《中国红十字会常熟分会民国廿一年纪念册》，中国红十字会常熟分会 1933 年编印，第 30 页。

② 《中国红十字会常熟分会夏令施送时疫（药）水一览表》，《中国红十字会常熟分会民国廿一年纪念册》，中国红十字会常熟分会 1933 年编印，第 68 页。

（字季湜）；义务事务员则有蔡裕昆、时永福（寿芝）、顾彭龄（字寿南）、浦同端（字治一）、陈开甲、陈念宗（字德公）、陈念埈（字兆光）、邓秉球（字虎生）、庞寅（字取威）、许维之、高怀德（字桐森）、张楚（振英）、钱元鼎（字味青）、何峙（字可人）、庞丙良、沈重光、蔡源澜、黄家檫、归鸿（字仲飞）、鲍大文（春芷）、杨玉清①。7月16日，时疫医院正式开幕。从开幕至8月28日闭幕，月余时间，根据《中国红十字会常熟分会时疫医院比较表》统计，住院人数180人，门诊病人370人②。

7月4日，常熟分会登报通告并分发传单，声明自5日起先行免费注射防疫针，"并规定上午门诊下午出诊，如需要注射者，在百人以上者并可随时出发注射"③。如10日，"东始庄、莫城等区公所要求本分会派医师下乡注射防疫针，当派医师吴国卿、职员陈开甲乘汽轮下乡注射，至下午七时始回"；23日，应妙桥、港口等区镇公所要求，"派定时疫医院医师沈汝冀、职员时寿芝等赴乡注射防（疫）针，下午七时始回常"；29日，应第八区公所要求，派时疫医院医师杨定国、职员邓虎生等下乡注射防疫针；30日，应妙桥等区镇公所要求，派医师汤诚、职员陈德公等赴乡注射第二次防疫针；31日，应第三区公所要求，派医师李浩泉、职员张振英等赴该区横泾镇等注射防疫针；8月4日，应第八区公所要求，即派医师屈振华、职员高桐森等赴该区福山、港上等处注射第二次防疫针；5日，应十二区公所要求，派医师朱炳文、职员陈兆光等至该区新桥乡、归家城等注射防疫针；6日，应练塘区公所要求，派医师俞季湜、职员顾寿南等至该镇注射防疫针；8日，应第十二区（公所）要求，派医师曾光叔、职员许维之等前往该区大义桥、董浜等处注射第二次防疫针；11日，应练塘区公所要求，派医师顾树棨、职员时寿芝等前往该地施行第二次注射防疫针；12日，应第十四区（公所）

---

① 《中国红十字会常熟分会职员录》，《中国红十字会常熟分会民国廿一年纪念册》，中国红十字会常熟分会1933年编印，第24页。

② 《中国红十字会常熟分会时疫医院比较表》，《中国红十字会常熟分会民国廿一年纪念册》，中国红十字会常熟分会1933年编印，第69页。

③ 《工作日记片断》，《中国红十字会常熟分会民国廿一年纪念册》，中国红十字会常熟分会1933年编印，第31—32页。

要求，派医师吴国卿、职员何可人等赴该区吕舍等地注射第二次防疫针①。如此等等。常熟分会的志愿者们，可谓不辞劳苦。根据《中国红十字会常熟分会注射防疫针人数表》统计，注射霍乱预防针6106人次②。

疫病防治，是红十字会的重要职能。总会如此，地方分会也是一样。第四十七师师长上官纪青、副师长裴同野共同题字"慈航普济　博爱为仁"，是对这种人道行动的嘉勉。

总之，战事救护、难民救助、疫病防治，是近代红十字运动的三大核心功能。常熟分会的地方实践，对此做出了诠释，也得到总会的高度评价。据《中国红十字会总办事处奖赠本分会义务职员》记载，常熟分会有35名工作人员荣获中国红十字会总会嘉奖，其中二等奖章获得者为蔡闻樵、时寿芝；三等奖章获得者为庞取威、俞寿甫、胡受伯③。他们是常熟分会的骄傲。而常熟分会淞沪抗战中的人道之举，亦足以彪炳史册，诚如行政院院长汪精卫在题字的"附记"中所称，"淞沪之役，中国红十字会常熟分会救死扶伤，劳苦功高"。

---

① 《工作日记片断》，《中国红十字会常熟分会民国廿一年纪念册》，中国红十字会常熟分会1933年编印，第27页。

② 《中国红十字会常熟分会注射防疫针人数表》，《中国红十字会常熟分会民国廿一年纪念册》，中国红十字会常熟分会1933年编印，第73页。

③ 《中国红十字会总办事处奖赠本分会义务职员》，《中国红十字会常熟分会民国廿一年纪念册》，中国红十字会常熟分会1933年编印，第20页。

八、账目公开：打造有公信力的红十字会

举办慈善事业，当然离不开经费的支撑。而要赢得公众信任和支持，账目公开透明至关重要。《纪念册》中载有民国十九年度（1930年）、二十年度（1931年）、二十一年度（1932年）共3年的年度收支报告。从这3年的收支报告中，我们大体可以了解地方分会经费的收支构成。考虑到在已公开出版的资料中，我们很难发现有红十字会收支状况的报告发表，因此常熟分会的收支报告显得难得且同样具有史料价值。此处将收支报告摘要简析如下：

（一）中国红十字会常熟分会十九年度收支报告（摘要）

收入项：（1）收中国银行（基金）存款洋一千五百元正；（2）收交通银行（短期）存款洋三百九十五元六角；（3）收中国银行（无息）存款洋九十三元正；（4）收存款息金洋二十三元八角六分（系交行活期存款利息）；（5）收捐款洋四百三十元五角八分，捐款芳名列后（略）。以上五项共计洋二千四百四十三元四分。

支出项：（1）支选举第三届会员大会出席代表洋十九元八角；（2）支施打防疫针洋一百二十九元九角五分；（3）支施送痧药水洋二百二十二元二角六分；（4）支杂项洋二十元三角二分。以上四项共计洋三百九十二元三角三分。

实在项：（1）存中国银行（基金）存款洋一千五百元正；（2）存交通银行（短期）存款洋三百十九元四角六分；（3）存中国银行（无息）存款洋九十三元正；（4）存账存洋一百三十八元二角五分。以上四项共计存洋二千○五十元七角一分。

（二）中国红十字会常熟分会二十年度收支报告（摘要）

旧管项：（1）中国银行（基金）存款洋一千五百元；（2）交通银行（短期）存款洋三百十九元四角六分；（3）中国银行（无息）存款洋九十三元；（4）账存洋一百三十八元二角五分。以上四项共计存洋二千○五十元七角一分。

收入项：（1）收借款洋一千元；（2）收书画券洋八百元；（3）收各善士捐款洋二百八十二元五角，捐款芳名列后（略）；（4）收存款利息洋一百五十八元四角一分。以上四项共计洋二千二百四十元九角一分。

支出项：（1）支施送时疫药水洋一百九十七元；（2）支施打防疫针洋五十元四角；（3）支散放水灾急赈洋一千三百四十一元五分；（4）支扇面纸张裱画等洋二百三十五元七分；（5）支杂项洋四十三元二角九分。以上五项共计洋一千八百六十六元八角一分。

实在项：（1）存中国银行（基金）存款洋一千五百元；（2）存交通银行（短期）存款洋三百四十二元八角七分；（3）存中国银行（无息）存款洋九十三元正；（4）存账存洋四百八十八元九角四分。以上四项共计洋二千四百二十四元八角一分。

（三）中国红十字会常熟分会二十一年度收支报告（摘要）

旧管项：（1）中国银行（基金）存款洋一千五百元；（2）交通银行（短期）存款洋三百四十二元八角七分；（3）中国银行（无息）存款洋九十三元；（4）账存洋四百八十八元九角四分。以上四项共计存洋二千四百二十四元八角一分。

收入项：（1）收会员入会费洋一千○二十元；（2）收各善士捐款洋一千四百八十二元四角五分；（3）收各善士指捐治疗所洋一千五百五十元正；（4）收各善士指捐收容所洋二百七十三元五角六分；（5）收各善士指捐时疫医院洋一千七百六十九元一角九分；（6）收伤兵医院移交洋九十二元五角二分；（7）收存款利息洋三百○五元七角；（8）收余米变价洋二十三元正。以上八项共计洋六千五百十六元四角二分。

支出项：（1）支解总会会费洋五百六十元；（2）支补助费洋二百

元；（3）支治疗所洋二千〇六十四元一角九分；（4）支收容所洋七百九十三元八角七分；（5）支救护队洋一百四十三元一角八分；（6）支九如堂中药洋六十元；（7）支灾民川资洋六十九元四角七分；（8）支注射防疫针三百三十六元四角七分；（9）支时疫药水洋三百七十五元；（10）支时疫医院洋二千二百二十六元七角四分；（11）支掩埋队洋五十八元六角二分；（12）支置办物品洋一百九十七元八分；（13）支文具项洋一百〇一元四角七分；（14）支纪念章纪念册洋三百零五元二角三分；（15）支杂项洋一百六十五元七角二分。以上十五项共计洋七千七百五十七元〇四分。

实在项：（1）存交通银行（短期）存款洋六百四十八元五角七分；（2）存账存洋五百三十五元六角二分。

从上述收支报告可以看出，常熟分会账目清楚，公开透明，足以征信于人。

从收入结构来看，在1930年、1931年，社会捐助应为大宗。虽然我们无法得知此前存入中国银行、交通银行款项的具体来源，但从"声明"中所说"本分会所有账目自成立以来均由张故理事建铭经手，曾有征信录报告，自十九年起由（俞）承枚接管"（第48页），可以判断经费主要来源于各界捐款，"征信录"应有详细记载。1932年收入结构中，社会捐助仍为大宗，但会员会费收入成为新亮点，达千余元，这说明常熟分会在组织建设方面迈出新的步伐。此外，所收捐赠物品也占有一定比例。不过，总起来说，收入来源还不够多元化，如官方补助、工商企业捐款捐物所占比例极小。

从支出结构看，一·二八事变之前，支出主要用于卫生防疫，这是红十字会一项传统业务。抗战爆发后，战时救护成为开支的主要方面，同时兼顾到疫病防治。各项开支，均有"说明"，细微而明晰，就拿1932年开支来说，如"支出项"中"支治疗所洋二千〇六十四元一角九分"，说明"计支药品项七百二十四元二角七分，薪工项一百八十三元，员工伙食一百十二元五角，伤病兵士伙食六百九十一元三角六分，用品项二百二十四元八角九分，杂支项一百二十八元一角七分，合上数"（以上款项由事务主任王涌森经手）。再如，"支收容所洋七百九十三元八角七分"，说明"计用文具项洋一百三十五元九角三分，稻柴项一百四十三元七分，伙食项三百八十六元五角八分，工资项六十七元，杂支项六十一元二角九分，合上数"（以上款项由顾寿南、许维之经手）。又如，"支时疫医院洋二千二百二十六元七角四分"，说明"计支药品项八百二十三元〇一分，物件一百三十元三角八分，煤炭七十五元八角五分，印刷品六十八元三角四分，医务人员津贴（事务员完全义务）、工役工资共五百四十五元二角五分，伙食项三百〇一元，修理费（水木作及搭凉棚）七十元七角三分，其他杂支（电灯费在内）二百十二元一角八分（以上款项由蔡裕昆经手），合如上数"。这样的"说明"，一目了然，款项的去向一清二楚。对于"指捐"，即定向捐款，常熟分会充分尊重捐赠人意愿，按"指捐"事项将款用于治疗所、收容所、时疫医院的支出。

除捐款外，社会各界亦有物品捐赠，《中国红十字会常熟分会二十一年度经收捐款、件（物）细数一览》（第49—60页），为《中国红十字会常熟分会二十一年度收支报告》的附件，即详细记录了捐款捐物的详细清单，也是一份"征信录"，内除捐款细目外，捐物及物品的流向都有翔实的"报表"，其中部分物品可列表如下：

表2　1932年中国红十字会常熟分会经收物品及支用情况表

品名	收入数	付出数	现存数
白米	五十三石八斗	分发各收容所四十九石五斗，时疫医院二石	余米二石三斗，售现二十三元交会计处
炒米	四十七袋	全数分发各收容所应用	无
香片萝卜苋菜等	五百四十四斤	同上	无
黑枣	二十斤	分送各收容所婴孩	无
云片糕	十条	同上	无
烘片糕	十斤	同上	无
饭碗洋瓷碗	一百四十七只	分送及打破三十九只	一百〇八只

中篇

187

品名	收入数	付出数	现存数
竹筷	三百五十双	各收容所散失六十双	二百九十双
钵头	三十个	各收容所打破十二个	十八个
棉被	三十八条	分送各收容所难民十五条、治疗所二条	二十一条
衣服	一百六十六件	分发各收容所难民一百三十四件	三十二件
鞋子	四十八双	分发各收容所难民	无
竹布	六尺	做收容所牌用	无
帆布	二丈	付救护队制抬床用	抬床八付
花旗布	七丈五尺	同上	无
抬床毛竹	十根	同上	无
便桶	四个	第二收容所领去一个送难民	三个
草纸	一捆	第二收容所领去	无
西药	十三瓶八支	治疗所领去十一瓶、时疫医院领八支	二瓶
纱布、药棉	八十包	治疗所领去药棉三十二包、纱布二十二包；时疫医院领去药棉九包，纱布八包	药棉九包
棺木	二十八具	掩埋队领去三十具、第一分驻所领一具	购办五具，除付存二具
各种痧药水	三盒七十瓶	全数施送	无

从上表部分物品的支用情况不难看出，常熟分会力求做到"细致入微"，这是难能可贵的。财务运作的良窳，攸关红十字会的声誉。红十字会之所以在民众中享有极高的美誉度，其中一个很重要的原因，就是财务运作的公开透明。常熟分会的典型性也是一个有力的诠释，这对红十字会公信力建设至关重要，颇具借鉴和启发意义。

九、文化传播的路径探索

传播人道理念，是红十字会一项经常性的工作。"传播"，可以不断提高民众对红十字会的知晓率，以便更好地动员人力、物力、财力投入博爱事业中来，推动红十字事业的发展。从《纪念册》来看，常熟分会显然注意到了"传播"的重要性，即如《创始红十字会南丁女士传》《红十字会十大利益说》《红十字会白话浅说》《中国红十字会分会通则》《万国红十字会取缔违用红十字旗帜袖章条例》等，都是与"传播"直接相关的文献。读了这些文字，人们对红十字会的源流、运作、会员的权利与义务等，会有比较深刻的理解。

"传播"的目的之一，在于动员更多的人加入红十字会，而要达此目的，探索传播的路径是必要的。为了使一般民众了解红十字会，常熟分会用"白话浅说"的方式向民众灌输红十字的人道博爱理念，这在当时有一定的创新意义，即使在今天也有借鉴价值，不妨录之如下：

红十字会是英国女子鼐鼎盖儿（即南丁格尔——引者）创起的，是前清光绪甲辰年间传来的，尊重的人道主义，包含的慈善性质，办理的救灾恤兵大事，能替国家分忧，能为人民造福，全球万国互相欢迎，凡是文明之国，开通之人，都以不在会为耻，争着缔约联盟，助捐入会，求万国红十字会公认为会员，永享利益。这会不是党派，不是宗教，更不是欺世盗名的异端左道，实在是福国利民的慈善法团。在会的人可避劫数，修福寿，保身家，博名誉，自君主、总统，至平民、工役，无不尊崇；自陆海军、内务部，至营县官、各机关，无不保护。会务虽由国家主持，会款却赖人民担任，只是范围甚大，费用太多，如立医院，救伤兵，办理赈济，防备天灾，都是非钱不可，这钱全仗仁人善士、财主富家们的捐，可多（万贯千元），可少（一文一角），可行（愿捐就捐），可止（不愿就罢），随心量力，并不拘情，虽是出闲钱却能积大福。今日我去救人，将来天必报我，自然循环，决无差错。倘若视财如命，为富不仁，则会务不能成，灾来没人救，尔时不能保身家，还能护财产吗？孟子说："推恩足以保四海，不推恩无以保妻子。"这两句话谁要下个注解，就请看下列的六条：

一恤兵。两敌争战，必有伤亡，红十字会一到，就教停战，将被围的救出，受伤的抬治，死亡的埋好，人人都教得所。

二救灾。水旱偏荒，人难自救，红十字会不辞艰难去赈济；瘟疫传染，人难自活，红十字会不分轻重去医治，个个都保无事。

三防患。大兵之后，必有凶年，红十字会先期预备，以防未然。临时还将苦情电告总会及各分会，一齐来帮忙。甚者请国家拨款，大众助赞。又可由陆军、海军两部，支给车船、马匹、房屋、粮食、电报，无红十字会，就无人管。

四免劫。至善获福，自然之理，眼前如刀兵、水火、瘟疫、蝗虫等劫，在会的平安无事，人多不信，然出门将佩章、金表挂胸前，居家将证书、招牌挂门上，能避兵劫，又是人所共见。

五实际。世人为子嗣、功名、愈病、免灾所许的愿，无非媚神、祀孤、饭僧、放生、吃斋、惜字、念经、舍身等事，自己虽有菩（善）行，于人却无功德，所以不能尽德报应。红十字会救苦救难，功德在人，自然有求必应。至于亡人殉殓，用证书、佩章能修福；恶人悔罪，能舍财助捐得善终，又是善愿之报。

六随便入会。欲捐名誉、特别会员，固不容易，然捐正会员，不过二十五圆，总会亦给证书、佩章，政府亦为注册、通告，至于欢迎优待、登报扬名尤属小事，且是无拘男女、老少、贫富、贵贱，都可出名，不拘衣物、粮食、书画、玩器，都可折价。下此普通慈航宝塔、百岁常年、零星刻苦等捐，虽小而得红十字会收据亦算入会。总而言之，此事不在有钱没钱，只在好善不好（善）。

"白话浅说"，娓娓道来，通俗易懂，容易为一般民众所接受，如此可以收到更好的"传播"效果。这是值得肯定的，也是富有启发意义的。从这个意义上说，它是有"史料"价值的。至于善恶之报，"用证书、佩章能修福"云云，显然有一定的迷信色彩，是不足取的。但积德行善，行善积德，毕竟是当时普遍的社会心理，从"传播"技巧层面上说，这样的"迎合"更能在民众心理深处产生共鸣，所以不必责之过苛。

如上所述，"传播"的目的之一，在于动员更多的人加入红十字会，那么加入红十字会究竟有什么"好处"呢？"白话浅说"中已有所阐述，但不够系统。为此，常熟分会归纳《红十字会十大利益说》，即：

——本会会员由总会造册，呈报政府及内务部备案，认为中国红十字会终身会员；

——入会之后即为本会会员，当尽其待遇保护之责任；

——入本会会员能得总会发给红十字银质佩章；

——本会会员能得总会发给凭照，每年春间新题名录印刷后，分寄泰东西红十字万国同盟会，公认为万国红十字会会员；

——本会会员能得总会各种书籍、印刷品、纪念品等，函索即寄，不取分文；

——本会会员可得军政各界保护，免除一切危险；

——本会会员名为慈善，而最有荣誉，为他会所不及；

——本会会员能享本会各种权利及名誉职；

——本会会员不惟名传乡里，而一县一省，并直达中华全国，以及五洲万国莫不有会员之名；

——凡属国庆大典、重大宴会以及喜庆等，见佩有红十字徽章者，莫不起敬，平时军警界人员遇红十字会人员，亦必举手称敬，其荣誉为何如。

有此"十大利益"，红十字会不能不对人们产生"诱惑"而使其心向往之了。常熟分会强调："诸公不欲求真正之幸福而享此最高尚之名誉则已，否则请速到会报名，切勿梭巡错过。丁斯厄运，住此危区，独有本会为救苦救难不二法门，利己利人唯一捷径。吾愿绅富诸公、慈善长者，悉入斯会，为本会之主人翁，不禁馨香以祷祝也。"常熟分会以"十大利益"相号召，无非希望人们"或捐输以策其进行，或仗臂以增其成绩"，以"巩固我至尊无上之慈善法团而实行博爱以救济人民之生命为唯一之宗旨"。（第3页）这才是其目的之所在。

无论"白话浅说"，抑或"十大利益"，都是常熟分会为传播人道博爱精神之路径而做的探索。事实证明，这些举措也取得了相当的成效，这从上述"收入"结构的变化中可以得到确认，在《纪念册》所载《中国红十字会常熟分会会员录》中（第10—19页），更能直接地反映出这种绩效。在这份《会员录》中，有5名特别会员、110名正会员、458名普通会员、22名参加会员，总计各类会员595名。会员人数大增，毫无疑问，与常熟分会的宣传鼓动是分不开的。

下　篇

"绵延光大" 红十字事业

——《纪念册》的理想与常熟红十字事业的现实

一、继起：全面抗战前后

如上所述，常熟分会编印《纪念册》，不仅仅是为了不能忘却的纪念，更在于"继起"传承"尽力于社会"的红十字精神，并使之"绵延光大"。这是"纪念"的真正意蕴。

行动是最好的"纪念"。

淞沪抗战救护行动完美收官之后，常熟分会并没有停下人道行动的脚步，而是"继起"尽力服务于社会。

1934 年 8 月，时疫流行，常熟分会立即在城内西弄开办时疫医院，聘请徐生章、徐叔诚等负责医疗工作①。

1936 年秋，常熟东乡恶性疟疾流行，且"死亡相继，农民识浅，往往遍重于迷信之敬拜鬼神，不事根本治疗，因之蔓延极速"②，据报道，"各乡镇所报死亡者，总额竟达一千余人，其中虽尚有年老及其他病症者，但为疟疾而死者，统计实在百分之九十以上，以一月内，有此死亡率，殊属可惊"③。有鉴于此，常熟分会会同西医公会组织"扑疟队"，由常熟分会负责经费、药品筹集，医药公会医师负责治疗。其中，第一扑疟队"推定医生周天赍、俞季禔、邵预凡、黄承熹、朱炳文五人担任诊视，红会亦派职员时寿芝、黄彤伟、陈肖梅三人随往协助"，于 10 月 24 日出发支塘、西家市、老吴市"扑疟"。三天后续派第二队出发扑疟。但因"恶性疟疾，蔓延极广，死亡相继"，其"势焰仍甚猛烈，较

---

① 江苏省红十字会编著：《江苏红十字运动八十八年》，东南大学出版社 2001 年版，第 34 页。
② 《常熟红会扑疟队出发》，《申报》1936 年 10 月 25 日。
③ 《常熟东乡疟病死千人》，《申报》1936 年 11 月 3 日。

夏令发现之虎列拉，实有过之"①，11 月 3 日，常熟分会乃"作第三次出发"②，派出医务人员奔赴疫区。至 11 月 11 日，常熟分会已"四次出发赴乡工作"，然因"兹查形势仍甚猛烈，刻并蔓延至西北乡一带，死亡亦众，现红会决全力以救，又重增医生，分赴北乡之谢家桥，西乡之大河一带，实施扑疟"③，直到疫情得到有效控制。

　　战争阴霾笼罩。淞沪抗战后，中日之间的军事对抗日趋紧张，全面战争一触即发。为此，常熟分会未雨绸缪，做好应对准备。其中举办救护训练班就是重要举措。在理事长俞承枚看来："将来战地救护及平时地方灾患之救济、伤病之疗养，均应有事前之预备，以其应付万一，惟救护人员非受相当训练不足以应临时需要。"④ 因此，常熟分会依据《中华民国红十字会设立亿元储备救护材料及造就救护人才详细计划书》，制定了《中国红十字会常熟分会救护训练班简章》，"所有训练经费均由分会自行筹募，各科教官亦由分会聘定本邑医学专家及县政府驻军当局所属专门人员担任"⑤。《简章》共 15 条，规定如下。

第一条　本会以训练救护人才，以期适合红十字会之需要，能担任
　　　　救护医队工作为宗旨。

第二条　本班直隶常熟红十字会，教育经费由本会负担。

第三条　训练期限定两个月为一期，每期一班，其学额为三十人。

第四条　本班职员如下：

　　　　（一）设教育主任一人，由本分会理事长兼任，总理全班
　　　　　　　教务事宜。

　　　　（二）设教员二人，掌理各项教务事宜。

　　　　（三）事务员二人，掌理文书、会计、庶务事宜。

第五条　本班教务员、事务员均名誉职，由本分会函聘之。

第六条　本班各科教员，由本分会聘请专家充任之。

① 《常熟东乡疟病死千人》，《申报》1936 年 11 月 3 日。
② 《常熟东乡疟病死千人》，《申报》1936 年 11 月 3 日。
③ 《常熟流行疟病遍全邑》，《申报》1936 年 11 月 11 日。
④ 《常熟分会来呈：关于征集会员，训练救护队事宜》，中国第二历史档案馆馆藏档案，全宗号 476，卷号 1973。
⑤ 《常熟分会来呈：关于征集会员，训练救护队事宜》，中国第二历史档案馆馆藏档案，全宗号 476，卷号 1973。

第七条　本班学员不分县籍，凡属男性，年龄在二十岁以上、四十岁以下，身体健全，无不良嗜好，具有下列资格均得请求加入训练：

（甲）曾在初中以上学校毕业或有同等学力者。

（乙）曾办地方慈善公益事务，具有经验者。

（丙）本会会员。

（丁）有本会正会员五人以上之保送者。

第八条　本班教程暂定如下：

（一）军事训练。

（二）急救法，包括救护常识、普通治疗、中毒治疗。

（三）护士常识。

（四）防空常识。

（五）防毒常识。

第九条　每周授课十二小时，每日下午四时至五时为军事训练，五时至六时讲习其他各学科。

第十条　训练期满，由本分会发给证书，呈由总会及常熟县政府盖印备案。

第十一条　本班不收学费，讲义费、杂费等由各会员交纳，数目另行酌定。

第十二条　期满发给证书后，由本分会正式编队，如本会需要服务救护工作时，得随时召集，听候调遣。

第十三条　如违函召服务，故意规避不到者，由本会收回证书，取消救护队员名义及资格。但有正当理由，经本会理监事会议核准者，不在此限。

第十四条　训练期满后之编队及服务办法，应适用中国红十字会总会救护队规则办理。

第十五条　本简章呈中国红十字会总会核准施行，并由总会分行常熟县政府暨江苏省政府备案①。

---

① 《常熟分会来呈：关于征集会员，训练救护队事宜》，中国第二历史档案馆馆藏档案，全宗号476，卷号1973。

有章可循，常熟分会救护培训顺利开展。据《申报》报道说，1936年10月，"本邑红十字分会理事长俞九思，鉴于近来会中救获工作人员，极感需要，以便将来应付。兹特选征会员三十人，作救护训练，闻其科目，计有救护常识、初步治疗、防毒法、抬架术及人工呼吸法等科，刻已于今日（二十七日）上午，假县政府礼堂举行开学礼，午后即开课，其期间为两个月，并已假定石梅小学为讲堂，体育场为操场。闻该会会员，请求训练者颇多，第二班即将续办"①。按照《简章》规定，每班学额为 30 人，两期训练班受训人员当为 60 人。

1937 年八一三事变时，常熟分会一方面"借学前小学举办为期一个月的救护培训班，受训会员 50 人，由八十七师军医官暨分会医师朱炳文等任教"②，并与常熟妇女会合办一期看护训练班；另一方面，常熟县政府组织救护委员会，常熟分会为其成员③，这样可以更好地整合救护力量。

救护训练班培训出了一批救护骨干，为全面抗战救护奠定了坚实的基础。

1937 年 7 月 7 日，日军在北平西郊的卢沟桥附近进行军事演习时，公然向中国驻军挑衅，炮击宛平城，挑起全面侵华战争的战火，史称"卢沟桥事变"（或"七七事变"）。宋哲元所部第二十九军奋起自卫，由此拉开了全面抗战的序幕。

七七事变不久，日军大举进攻上海，8 月 13 日，沪战爆发，中日双方在淞沪地区展开激烈鏖战。中国红十字会从容应对，有条不紊地展开救护工作，成效可观。据史书记载："综计自二十六年（1937 年）八月十四日至二十七年（1938 年）四月三十日完全结束止，由上海市各医院收容兵民一万九千五百三十九名，由伤兵分发站运送后方各地者计七千一百二十八名，由前线直接运送后方各地者一万七千七百二十二名，

① 《常熟红会训练救护队》，《申报》1936 年 10 月 28 日。

② 江苏省红十字会编著：《江苏红十字运动八十八年》，东南大学出版社 2001 年版，第 22 页。

③ 据报道，常熟"县府组织救护委员会，二十六日已聘定商会庞旬材、军部张杰孙、县立医院魏祖宪、红十字会俞九思、区公所沈昌俊、西医公会顾见等为委员，拟先着手调查卫生人员，着手充实救护力量"。（《常熟组织救护委员会》，《申报》1937 年 7 月 28 日）

合计先后救运受伤兵民凡四万四千三百八十九名。"①

八一三事变后，常熟分会也立即动员起来，8月15日，发出"紧急征募"启事，号召各界捐助被褥、衣裤、毛巾、食粮、茶叶等物品，慰问抗战将士和支持后方医院工作，得到社会各界响应②。同时，在西门逍遥游设伤兵医院，收治受伤兵士；在城内百忍堂设总救护处，旋因遭日机轰炸，迁西门外黄家祠堂办公；在东市河俞宅和庞宅设救护分站两处；在大东门总官庙设一难民收容所，配备轮船两艘专事接送前线伤员和救护难民。据统计，在沪战爆发后的两个月中，常熟分会"每日从前线转移到常熟的伤兵病员和难民数以千计，均由该会救护、安置并及时转移"③。10月13日，日舰连续向常熟长江边的高浦口、野猫口一带炮击，救护队冒着生命危险实施战地救护。由于日军强行登陆，常熟沦陷。难能可贵的是，常熟分会并未因与总会失去联系而销声匿迹，而于1938年策略性地转入"地下"，进行"潜伏工作"，以"集成善团"的名义"办理施诊给药及冬令救济等事，均由私人集资，并未间断"④。

① 胡兰生：《中华民国红十字会历史与工作概述》，中国红十字会总会编：《中国红十字会历史资料选编，1904—1949》，南京大学出版社1993年版，第505页。
② 常熟市红十字会：《常熟市红十字会纪念册》，1996年编印，第4页。
③ 《中国红十字会常熟分会》，《常熟市卫生志》1990年版，第180页。
④ 《常熟分会整顿会务的报告》，中国第二历史档案馆馆藏档案，全宗号476，卷号2872。

二、传承：组织恢复与建设

抗战胜利后，1946 年常熟拟重建红十字会，但没有如愿，直到新中国建立以后。1958 年 7 月 4 日，重建的红十字会组织，称常熟县红十字会。会址设于卫生科内，会长康德，副会长林基贤。下设乡（镇）红十字会 46 个，机关、居委基层红十字会 17 个，红十字卫生站 65 个。但好景不长，"文革"期间被迫停止活动。

1984 年 5 月 19 日，市政府批准恢复红十字会组织，命名为常熟市红十字会。6 月，选举产生了 22 人组成的市红十字会第二届理事会。会长李椿，副会长陶仁新（兼秘书长）、顾永榆；副秘书长杨正东；常务理事除会长、副会长外，有李震、沈福官、陆曜源、季锡琴、余保根、曹宝龙、钱润言、郭勇；理事有王伟琦等 10 人；聘请毛柏生、李如宝、李钟贵、颜承文为顾问。

1987 年 9 月 22 日，市红十字会举行二届二次理事会议，对部分理事作调整。名誉会长李如宝，会长范国华，副会长陶仁新（兼秘书长）、顾永榆；副秘书长杨正东；常务理事蒋开发、陆曜源、钟志成、丁洪昌、陶福兴、赵华明、季锡琴、洪懋铨、郭勇、余保根、顾耀榆、姜剑雄；理事有钱炯祥等 13 人；顾问李钟贵、金军宽。

1988 年 5 月 24 日，市红十字会召开第三次会员代表大会，选举产生 40 人组成的第三届理事会。名誉会长李如宝，会长范国华，常务副会长钟志成，副会长陶仁新（兼秘书长）、顾永榆；副秘书长杨正东；常务理事丁洪昌、陆曜源、严根生、余保根、金军宽、杨正东、赵华明、洪懋铨、姜剑雄、顾耀渝、郭勇、陶福兴、蒋开发、蔡华；理事有朱亮等 20 人。

1990 年 9 月 24 日，市红十字会三届理事会作人员调整。名誉会长李震，会长孙坤保，常务副会长钟志成，副会长陶仁新（兼秘书长）、顾永榆、洪懋铨；副秘书长杨正东；常务理事丁洪昌、陆曜源、陆家箴、严根生、杨崇华、杨正东、金军宽、季锡琴、赵华明、陶福兴、钱润言、郭勇、蒋开发；理事有归衡才等 26 人。

1990 年 11 月 30 日，市编委同意建立常熟市红十字会办公室（简称"市红会办"），核定全民事业编制两名。

1991 年 4 月 23 日，市红十字会青少年工作委员会成立。主任委员洪懋铨（兼），副主任委员杨正东、陈培、程剑鸣；委员有王心正、陆建华、陆文荣、吴稷生、陈红、郑济安、周立锋、金钧、董燕。下设办公室，主任王心正，副主任陆文荣、陆建华。委员会制定并遵照《市红十字会青少年工作委员会工作条例》开展工作。此后，根据工作需要和人员工作变化多次及时调整。

1993 年 2 月 19 日，市红十字会本着"兴办实业、服务社会、增强活力、发展事业"的指导思想，申办市红宇物资公司。公司地址是金沙江路闸口桥 66 号，注册资金 50 万元。

1993 年 7 月 12 日，调整市红十字会第三届理事会组成成员。名誉会长范国华，会长黄治中，常务副会长钟志成，副会长姜剑雄（兼秘书长）、顾永榆、洪懋铨；副秘书长张伟怡；常务理事张伟怡、钟志成、姜剑雄、洪懋铨、顾永榆、黄治中；理事有王心正等 39 人。有基层会员组织 181 个，个人会员 18000 余名。

1993 年 12 月 13 日，市红十字会召开第四次会员代表大会，选举产生 51 人组成的第四届理事会。名誉会长范国华，会长黄治中，常务副会长钟志成，副会长姜剑雄（兼秘书长）、顾永榆、洪懋铨；副秘书长张伟怡；常务理事张伟怡、钟志成、姜剑雄、洪懋铨、顾永榆、黄治中；理事有王心正等 44 人。

1996 年 5 月 28 日，调整市红十字会四届理事会常务副会长和部分理事等组成人员。李英龙任常务副会长，赵国良等 5 人接替相应条线人员任理事；聘钟志成为市红十字会四届理事会名誉理事；聘请市委书记江浩为名誉会长。

1997 年末，市红十字会有基层红十字会组织 205 个，红十字会员 22934 人，其中红十字青少年 14329 人。

1998 年 4 月 8 日，市红十字会召开四届六次理事扩大会议，聘请市委书记徐国强为市红十字会名誉会长，选举副市长霍慰铭为会长、常务理事；增补钱永康、刘华民为副会长、常务理事，陆建华为副秘书长、理事。

1999 年 3 月 17 日，再次调整市红十字会四届理事会组成人员，张树新、杜伟中等 7 人接替相应条线人员任理事。

2004 年 6 月 18 日，市红十字会召开第五次会员代表大会，聘请市委书记杨升华为名誉会长，选举产生第五届理事会。会长钱向宏，常务副会长殷恭，副会长王柏兴、刘华民、冯恩同、朱兴元、沈晓东、吴德元、唐春潮、董萍；秘书长唐键，副秘书长张伟怡、张小弟；理事有王福元等 53 人。

2007 年 10 月 23 日，市编委调整市红十字会管理体制。市红十字会机关由市卫生局代管改由市政府领导联系，为副局（科）级建制，列市群团组织序列。性质为地方事业编制，人员核定 4 人。2010 年末，全市有基层（街道、居委）组织 161 家，团体会员单位 43 个，红十字会员 26000 余名。

2012 年 8 月，经市编委第二次全体成员会议研究，明确市红十字会机构单独设置，列市群团机关管理，机构升格为正科级。2012 年 8 月 31 日，市委任命顾丽华为市红十字会副会长，主持工作。

2012 年 12 月 14 日上午，市红十字会第五届理事会第九次会议召开，市红十字会五届理事会 44 名理事参加会议。会议完成了更换、增补会长、副会长、常务理事、理事人选和聘请名誉会长的议程，副市长陶理任市红十字会会长，顾丽华任专职副会长，范立军、朱兴元、冯晋、周一凡、丁晓原、陆培新、董萍、王春华、高美真、李月琴等 10 人兼任副会长，张伟怡、薛刚、吴文进、梁盾、杨俊达、沈耀文等 6 人任常务理事，张小弟等 30 人任理事，顾丽华兼任秘书长。聘请市委书记惠建林担任名誉会长。

2013 年 7 月 2 日，第六次会员代表大会召开，聘请市委书记惠建林担任名誉会长，选举产生第六届理事会，会长陶理，常务副会长顾丽华，副会长范立军、朱兴元、唐键、冯晋、黄熙枚、朱林生、陆培新、董萍、王春华（兼），常务理事王宏、邢晓春、吕廷钧、朱永涛、杨俊达、李月琴、李晓明、吴文进、沈耀文、陆正忠、陈建良、周丽芳、金国锋、顾维明、高美真、薛刚等16人，理事有马侠等30人，秘书长顾丽华（兼）。

2013年，新建古里等乡镇（区）级、经济板块红十字会9个，虞山镇等4个乡镇红十字会进行了换届；2014年，常熟高新园中等专业学校等15所学校成立红十字会；2015年，梅李高级中学等15所学校成立红十字会。至此，常熟市乡镇（区）级、经济板块和学校红十字会组织实现全覆盖。

1994—2015年，累计下发红十字会员证28000多份。2015年末，全市有基层（乡镇、企业、街道、居委）组织200个，其中团体会员单位40个、学校红十字会99个。获江苏省红十字示范学校称号的有常熟理工学院、福山中学、特殊教育学校、实验小学、元和小学、星城小学；获苏州市红十字示范学校称号的有常熟理工学院、福山中学、白茆中学、实验中学、特殊教育学校、实验小学、商城小学、元和小学、大义中学、星城小学、张青莲小学、尚湖中心小学。

三、"绵延光大"：常熟红十字事业的发展

保护人的生命和健康，发扬人道主义精神，促进和平进步事业，是红十字会的宗旨。红十字会奉行人道、博爱、奉献精神，救死扶伤、扶危济困、敬老助残、助人为乐，开展救灾救助、赈济募捐、无偿献血、群众性救护培训、捐献造血干细胞、捐献器官遗体等活动，当政府人道领域助手，为民办实事。常熟红会，以实实在在的行动，"绵延光大"《纪念册》的精神。

（一）赈灾济困

民国时期，中国红十字会常熟分会致力于减轻自然灾害、战争疫病给民众造成的折磨和苦难。

1988年11月19日，市红十字会向云南西南部地震灾区捐赠人民币2000元，以帮助灾区孤老伤病者医疗。

1990年，本市何市、支塘一带发生5.1级地震，市属基层红十字会开展募捐，支援灾区。

1991年，华东地区洪涝灾害发生后，各基层红十字会送交募捐款1.49万元，粮票面值4702公斤；国际红十字会和港台同胞捐赠的总额达18万元的药品、食品、净水器及现金，均及时分发到灾民手中。

1996年3月1日，设立常熟市红十字救助基金，基金主要来源为社会企业、各界人士的捐赠。当年共收到首批红十字救助基金捐款52万元，用于社会救助1.6万元。

1997年始，市红十字会每年向困难群众、学生发放红十字救助金。1998年，基层红十字会组织专项募捐，资助贫困学生医疗、求学，共募

集 17.38 万元；市红十字会组织开展"抗洪赈灾"募捐活动，共筹得 86405.54 元人民币、100 美元、新羊毛衫 796 件、衣被 7677 件、一次性输液器 20 箱。

2000 年，市红十字会接受中国药科大学制药有限公司捐赠价值 29.9 万元的"英太青"药品 60 箱，分别转赠西藏及响水县困难地区。组织梅李中心卫生院、海虞中学、孝友中学、凤兰小学 4 个基层红十字会，与响水县 5 个贫困学生结对助学，周期 3 年；资助响水县红十字会 2.5 万元的药品，并捐助校服 1832 套；年内，市红十字会在市第一百货、华联商厦、虞城大酒店等人流量较大的商场、宾馆等场所，设置红十字募捐箱 14 只，至 2010 年末，累计募集市民捐款 42688.49 元。

2001 年，为遭遇疾病及处在贫困之中的群众提供 41 万余元救助。2002 年，市红十字会与四川省内江市东兴区红十字会开展第一周期结对助学活动，扶持 100 名贫困学生完成学业，首期捐资助学期限 3 年，每年向结对区红十字会资助 4 万元。后分别于 2005 年、2008 年开展第二周期、第三周期结对助学活动，各期资助学生均为 100 人。

2003 年，面对"非典"疫情，市红十字会迅速行动，宣传发动社会各界抗击"非典"奉献爱心。"非典"时期共接受捐款捐物计 3.85 万元，其中，消毒用品、医疗器械价值 1.58 万元；日本凌部市捐赠的体温计、血压计价值 6.5 万日元，川内市捐赠现金 10 万日元。年内，组织为家住元和的一名烧伤女子进行专项捐助，共募集资金 8.4 万元。全年募集善款 19.57 万元、接受捐物价值 3.26 万元；发放红十字救助金 1.59 万元，受益群众 32 人。

2004 年，市红十字会接受市建筑安装工程有限公司四分公司、市标准件厂两家企业捐赠救护车购置款 48.1 万元。是年 12 月，市红十字会会同市服装协会（商会）开展第一届"博爱送千家"服装募捐活动，至 2010 年，共举行 7 届，共有 60 多家服装厂捐出价值近 1260 万元的棉衣、羽绒服、羊毛衫等，使 7 万余名困难群众及学生感受到爱心和温暖。

2005 年，印度洋地震和海啸发生后，市红十字会接受社会捐赠 49 万余元，这是常熟市历年来最大的一笔民间援外捐款。

2007 年，市红十字会和常熟开关厂联合实施博爱复明工程。扶助内容为五保户、低保户及贫困边缘家庭的白内障手术患者减免医疗费用，以及为贫困家庭的近视学生提供视力矫正机会和免费配置眼镜服务。

2008 年，汶川地震震惊全国。市红十字会迅速行动，组织开展街头募捐，进单位、社区宣传，并与市电视台联合举行赈灾募捐晚会，共募集现金 745.82 万元，收到捐赠物资价值 6948.24 万元。5 月 13 日开始，陆续向四川灾区发送药品、食品、棉衣等物资，共计 22 个车次。5 月 28 日，组织 11 名琴川义工团志愿者从常熟出发，护送价值 280 万元的救灾物资到绵竹市。是年，市红十字会和虞城爱心俱乐部共同出资 1.5 万元，为 15 名在常就读的四川地震灾区民工子弟提供帮助；为 1 名四川地震灾区来常打工的胰腺炎患者提供 6300 元的资助。市红十字会通过媒体，呼吁全市人民"大手牵小手"，共同参与结对助学，市实验小学和王维等市民签订协议，助学"5·12"四川地震灾区 15 名学生，助学款每年 10000 元。在与四川省内江市东兴区红十字会开展结对助学活动基础上，接收安排四川省内江市东兴区来常进修医务人员 8 名；在原有资助 100 名学生的基础上，新增社会个人自愿结对助学学生 27 名；捐赠市职教中心校青海班 58 名学生棉被、棉毛衫价值 2 万元；市红十字会、京辉置业有限公司为省中、理工学院贫困学生 50 人提供助学金 5 万元。全年，参加各类募捐、献爱心活动的志愿者 700 余人次。

2009 年，市红十字会与波司登男装联合建立"博爱助学"基金，每年波司登男装提供助学金 10 万元。首批助学金用于资助常熟理工学院贫困生 20 名。是年 8 月，为遭受"莫拉克"台风侵袭的台湾同胞，捐助募集资金 81.6 万元。全年，发放各类救助款 3 批 72140 元，有 24 人次受益。

2010 年，云南旱灾、青海玉树地震、甘肃舟曲泥石流等灾情发生后，市红十字会动员社会各界为灾区人民献爱心、解急难，共收到捐款 170 多万元，物资价值 78 万元，均及时发往灾区。是年 10 月 30 日，在方塔东街举办"生命的接替·爱心的集结——拯救尿毒症司机邹裕平募捐慈善义演"，当天有约 30 家企业和团体参与活动，共募集善款近 10 万元，为邹裕平做换肾手术提供部分费用。12 月 30 日，市红十字会与市电视台《今日传播》栏目联合组织"救助鲍林、虞城在行动"慈善公益活动，募得 7.7 万元人民币，用于救助心脏病患儿鲍林。"博爱助学"

基金出资 4 万元资助常熟理工学院的 20 名贫困学生，出资 6 万元资助省中、市中的贫困家庭学生。全年受惠困难群众、学生数千名。

2011 年共接受社会捐赠款物 327.7 万元，其中现金 60.5 万元。参与了为日本福岛特大地震和云南盈江地震灾区的募捐。会同市电台《午间风》栏目为古里镇强直性脊柱炎患者陆子江专项募捐 6 万元，帮助其在上海完成手术。"博爱复明"工程资助 16 所大、中学校的 131 名贫困家庭学生免费配制近视眼镜。"博爱送千家"服装募捐共筹集冬衣 4899件，价值 72 万元，发放至有关乡镇、街道社区和常熟理工学院的困难家庭群众及学生手中，该项目获苏州市政府 2009—2011 年"苏州慈善奖"标杆项目表彰。

2012 年共接受社会各界捐款 507993.6 元，物资价值 204 万元。其中市民向云南地震灾区、南方水灾地区捐款 9300 元。开展春节、"5·8"、国庆送温暖活动 3 次，发放救助款 227026 元，受益城乡困难群众、学生 150 多人次。"博爱复明"工程免费为理工学院、省中等 12所学校困难家庭学生配制眼镜 104 副，价值 3 万多元。发放第四期波司登"博爱助学"基金 10 万元。会同菱花馆艺文社举办书画捐赠义卖，筹得善款 12 万元，资助本市 6 名重病患者。为两名白血病患儿申办了中国红十字基金会小天使基金救助申请。结对助学四川省内江市东兴区和绵竹市土门镇 68 名贫困家庭学生，年助学款发放 43200 元。3 月 9 日上午，位于虞山镇环城东路 64 号的常熟市红十字博爱超市正式开张，来自虞山镇方塔管理区 13 个社区的 120 多位困难群众每人领取了价值1000 多元的冬衣、毛巾、牙膏以及香皂等生活用品。会同市服装协会商会联合举办的"博爱送千家"冬衣募捐活动已连续举办 8 届，共募集各类冬衣 6 万多件、价值 1000 多万元。2012 年的服装募捐募集各类冬衣价值 100 万元。

2013 年初，通过汇集社会公益资源，筹措爱心资金 7.72 万元，对分布全市的 57 名困难群众进行走访和慰问。举行了第九届"博爱送千家"服装募捐活动，募集到 115 万元爱心冬衣发放给全市的困难群众。四川省雅安市芦山县发生地震后，共收到本市社会各界捐款 102 笔，计483575 元；募捐物资价值 17 万元。牵手爱心企业设立了"常熟市小天使关爱基金"，5 月 24 日举行了启动仪式，向我市首批 7 名白血病儿童家庭发放救助金5.6万元，给他们送上了"六一"的礼物。全年我市市民与四川省内江市、绵竹市及本市结对助学共有86名中小学生，助学款额达7.23万元。其中本市8名，助学款发放1.85万元。做好了市建发医药有限公司通过我会向市一院捐赠的一台价值112万元全自动片剂摆药机的接收工作。

2014年元旦，与常熟电视台等单位联手举行为期一周的"拯救天霞、情动常熟"温暖募捐行动结束，共为"α-地中海"贫血症患者杨天霞募集医疗款125530.17元。云南鲁甸发生地震后，通过媒体、网站等多种渠道发出募捐呼吁，共募集爱心款53376.7元，并在本会网站和《常熟日报》对爱心企业和个人的捐款明细进行公示，接受社会监督。全年我市市民与四川省内江市、绵竹市及本市结对助学共有102名中小学生，助学款额达8.03万元。与德康博爱基金联合助学本市高中、大学贫困优秀生50人，助学款达10万元。全年接受社会捐赠资金累计78.91万元，捐赠物品价值26.35万元，用于红十字博爱救助金项目及全市范围内困难群众救助。共发放善款64万余元，发放物品价值26.35万元，4000多名群众受益。

2015年，联合各基层红十字会在全市开展红十字"博爱送温暖"活动，参与常熟市"三下乡"活动，慰问敬老院孤寡老人，组织学生走进颐养山庄开展重阳节慰问演出，捐赠毛毯等物资，会同义工团代表下乡上门给困难群众、学生送上红十字人道救助金和慰问物资等，让他们切身感受到社会大家庭的温暖。全市接受社会各类捐赠资金累计达168万元，捐赠物品价值11.5万元，主要用于红十字博爱救助金项目及全市范围内困难群众救助，共发放人道救助金110.9万元。向本市及四川省内江市东兴区、绵竹市土门镇学校发放助学款11.4万元，资助学生112人；依托省级博爱助学金和我市爱心企业捐款，向省中、市中和常熟理工学院100名贫困学生发放博爱助学金20万元。会同七彩虹公益社为理工学院重病学子陈兴强开展专项募捐，募集爱心款45420元，全部用于其治疗费用。

1994年，市红十字会为患白血病的市第五中学学生李晶捐助治疗费5万余元；2000年，组织为苏州大学常熟籍大学生白血病患者唐某捐款，共捐得12.58万元用于治疗；2001年，为一名在古里镇打工的四川土家族民工的儿子，捐助 1 万元治疗白血病；2004 年，市红十字会为接受骨髓移植的上海华东师范大学常熟籍学生、白血病患者黄乃慧等 3 名重病患者开展救助募捐活动，共计募集善款 9.73 万元；2008 年，为患白血病的外国语学校初二年级学生顾梦娇和常熟理工学院大学生王兴进行了定向流动募捐，共募集市民捐款 1.4 万余元；2010 年 7 月 31 日，举办"用爱心托起明天的太阳——拯救白血病患者金诗明小朋友慈善晚会"，当天共募集善款 18 万余元，其中义卖筹款 1.6 万元，现场拍卖筹款 1.4 万元，此次活动是市红十字会迄今为个人举办的规模最大的一次慈善募捐活动。2013 年 12 月 28 日，携手常熟电视台城市生活频道《8 点电视吧》栏目，在虞山公园镇海台开展"拯救天霞、情动常熟"的温暖行动，为 8 岁云南籍"α-地中海"贫血患儿杨天霞募集医疗款 12.55 万元。2015 年，携手流水琴川义工团及爱心企业，在本市方塔街街心花园举办"大手牵小手、爱心圆梦想"大型慈善义演义卖活动，现场共募集爱心款 32005 元，用于资助本市渐冻症患儿徐林林和白血病儿童高龚怡的治疗。

1994—2015 年，市红十字会筹集各类善款 1835 万余元，接受捐赠物资价值 9834 万余元，其中先后设于华联商厦、海虞北路常客隆购物广场、市法院等 21 只红十字募捐箱累计捐款收入 57498.79 元；红十字街头流动募捐共筹集市民爱心捐款 60.19 万元。

（二）救护培训

常熟市红十字会恢复活动后，一直把加强应急救护培训作为重要工作，积极开展提高公民救护知识知晓率宣传、现场救护知识培训，以普及救护技能，增强群众自救互救能力。

20 世纪 80 年代以前，救护知识的普及和技能培训，一般由市红十字会和市级医疗单位共同完成。每年组织培训次数较少，且接受知识、技能培训的大多为医务人员。

1989 年 9 月始，各乡、镇陆续举办现场心肺复苏培训班，市红十字会、医学会、卫生防疫站联合进行现场救护技能辅导。至 1990 年末，共有 1193 名卫技人员接受培训，732 人考试合格。

1991—1995 年，各基层红十字会组织开展止血、包扎、固定、搬运

4 项救护技术，以及心肺复苏和溺水、触电、煤气中毒、中暑等卫生救护知识培训，累计培训 10 万余人次。其中，1994—1995 年有 1.4 万余名汽车、摩托车驾驶员接受卫生救护培训。其间，市红十字会购置价值两万多元的医疗救护器械，用于装备公路沿线红十字救护点。

1997 年，市红十字会制定《常熟市灾难事故医疗救护预案》，并对 200 名机动车驾驶员进行卫生救护培训。1998 年，在国道沿线的 6 个镇，培训 70 多名红十字救护人员，并将突发事件红十字救护点整合为 6 个。1999 年，市红十字会组织 6 个救护点的 30 多名医护人员进行现场救护演习比赛，大义卫生院获得一等奖，练塘、支塘中心卫生院获得二等奖；为 4 家外资企业的 500 多名员工进行卫生救护培训。

2002 年 10 月 14 日，常熟市人民政府办公室转发市红十字会《关于广泛开展群众性卫生救护工作的意见》的通知，对开展群众性卫生救护工作提出要求。2002—2010 年，市红十字会为中小学生、理工学院学生、企业员工、机动车驾驶员、消防人员等举办卫生救护培训班近 40 期，共有 11192 人次参加培训。

2006 年，市实验小学、商城小学红十字会等将卫生救护培训列为学生兴趣小组学习内容。2008 年 1 月 12 日，市红十字会、市卫生局、市教育局等 5 部门联合组织常熟市学校红十字青少年卫生救护知识和技术比赛，29 所大、中、小学的 150 多名红十字青少年参加，大义中学、浒浦中学和市特殊教育学校、石梅小学分获中、小学校一等奖。2009 年 2 月 28 日，市红十字会、市志愿者协会、市文明办、市卫生局和市医疗急救站多家单位发起组建市卫生救护志愿者服务队，先期在琴枫苑、明日星城、衡山、烟雨等社区招募志愿者，报名参加卫生救护志愿者服务队的有 1112 人。

2011 年，联合市医疗急救中心对 60 多家企事业单位进行了卫生救护培训，发放合格证 947 份；对市中高一新生、社区志愿者、组织部后备干部培训班学员等开展了多期卫生救护培训。在"世界急救日"期间，以虞山镇社区卫生救护志愿者为主，举办了一期大型卫生救护演练。

2012 年，组织实施省政府"公益性百万应急救护培训项目"，全市各乡镇和系统、板块共培训初级救护员 3446 名，普及性培训群众 15343

名，其中高一新生接受培训达到 6600 多人，有效地提高了全市社会群众救护知识和技术的普及率，圆满完成培训任务。召开总结表彰会议，对培训工作成绩突出的 26 个单位、部门进行了表彰，并部署了今后的工作任务。18 名基层红十字会员、医务人员通过省救护师资培训，参加苏州市红十字会举办的应急救护培训 PPT 比赛，获集体优胜奖和个人 CPR 授课第三名。11 月份在《常熟日报》刊登"红十字应急救护知识竞赛"专版，市民踊跃参赛。订阅总会 2000 份防灾减灾知识竞赛试卷，下发苏州市红十字会少儿救护手册 5000 份至有关学校。

2013 年年初，选送 20 名红十字志愿者参加省救护师资培训，成为完成培训工作的骨干力量。对 16592 人进行了普及性救护培训，培训初级救护员 1989 人，按时超额完成了 2013 年度公益性应急救护培训任务。组织虞山镇各社区的 40 多名卫生救护志愿者现场演练了外伤救护四项技术和心肺复苏，现场还开设了医疗保健咨询服务台，有上千名农民群众在家门口学到了应急救护知识。联合市教育局在全市 10 所高中、职校组织开展了高一新生应急救护演练。

2014 年，拟定了翔实的《常熟市 2014 年公益性应急救护培训方案》，选送 10 名红十字志愿者参加省救护师资培训，为全面完成培训工作提供了人力资源保障。全年对 16384 人进行了普及性救护培训，培训初级救护员 1874 人，按时超额完成了 2014 年度公益性应急救护培训任务。组织开展了 2014 年度高一新生应急救护演练，检验学生应急救护知识学习成效。组织全市红十字应急救护培训师进行授课技能比赛，展示师资水平。

2015 年，根据市政府办公室《2015 年常熟市公益性应急救护培训方案》的要求，通过红十字救护培训进机关、进学校、进社区、进企业、进重点行业等多种途径，按计划有步骤地开展应急救护培训。全年完成初级救护员培训 2517 人、普及性救护培训 16137 人。组织开展了救护培训师资教学技能比赛，加强师资的交流，不断提升教学技能水平。继续组织开展了高一新生应急救护演练。在市老年大学开辟了红十字应急救护培训基地，在虞山镇锦荷社区打造救护培训宣传阵地。以"三下乡"活动、广场宣传咨询活动、"世界急救日"活动等为契机，组织红十字志愿者现场进行心肺复苏和止血、包扎、固定、搬运等基本急救技术演示，发放应急救护知识读本，不断拓展应急救护知识的普及面，打造红十字"救"在身边品牌。

（三）无偿献血与造血干细胞、遗体（器官、角膜）捐献

1. 无偿献血

市红十字会恢复活动后，大力倡导并组织无偿献血活动。1989年5月8日，市红十字会向自愿无偿献血的市电扇厂女职工潘绿娟颁发了全市首张"无偿志愿献血证"。1991年5月14日，回乡探亲的台胞陆自强在白茆卫生院血站无偿献血200毫升，白茆卫生院受市红十字会委托，向陆自强颁发无偿志愿献血证和纪念章。1994年，市电扇厂职工潘绿娟被卫生部、中国红十字会总会授予无偿献血金质奖章，潘绿娟1988—1994年共无偿献血2400毫升。1993—1995年，市红十字会共组织3次无偿献血活动，有60余人次参加，献血量达1.2万毫升。

1997年，市红十字会与市精神文明建设委员会等5个部门联合组织无偿献血活动，全年有262人次无偿献血5.24万毫升。市红十字会与《常熟日报》、白茆单采血浆站等联合举办"神灵杯"献血知识竞赛，回收答卷4000份，有40人获奖。1998年10月1日，《中华人民共和国献血法》颁布实施。常熟从4月份起，对辖区献血员进行规范化管理，严格一人一卡制，为实现血液管理的"三统一（统一管理血源、统一采血和统一供血）"打下基础。全年采集全血13921人次，其中无偿献血1579人次，采血量556.84万毫升。1999年5月9日，在街心花园设立流动采血点。全年实现无偿献血共8292人次，比上年增加5.26倍，献血量达165.84万毫升，占临床用血的52%。

2002年，常熟的无偿献血取得突破性进展，献血量在全省名列前茅。是年，无偿献血合格13256人次，合格血液297.08万毫升，占临床用血的94.68%。11月7日，市红十字会和市血站联合在方塔街家福药店2楼，设立常熟首家无偿献血屋。2003年开始，全市临床用血全部来自无偿献血。年内，参加无偿献血者17126人次，其中检验合格15286人次，献血总量343.88万毫升，无偿献血占临床用血的比例为100%，临床成分输血率96.47%。其中，街头自愿无偿献血者5924人次，占无偿献血总人次的34.59%。2004年6月26日，市红十字会、市献血办、

市血站共同发起，成立由无偿献血 2000 毫升以上志愿者组成的无偿志愿献血者俱乐部。全年无偿献血者 19345 人次，献血总量近 400 万毫升，其中市民群众街头自愿无偿献血 7642 人次。2005 年，市红十字会和市血站联合推出的"流动的爱心血库"入选常熟市首届社会主义精神文明建设十大新事。

2006 年 9 月 30 日，卫生部要求采血部门限期停止有偿机采血小板业务。从 2006 年 10 月 1 日开始，全市临床用的血小板全面实现无偿采集。全年，无偿献血者 18043 人次，献血总量 442.97 万毫升，其中一次无偿献血达到 300 毫升、400 毫升者有 5890 人次，全市连续 4 年实现临床医疗用血 100% 来自无偿献血；无偿捐献机采血小板 319 人份，比上年增加 5 倍。2007 年 11 月 14 日，市红十字会、市文明办、市献血办等 6 部门联合组织首届无偿献血爱心使者评选活动，评出市五院周金元等 6 名"爱心使者"。2008 年，市红十字会、市血站等单位联合组建无偿献血志愿宣传服务队，服务队主要由流水琴川义工社、090（零距离）义工社等 4 个义工团体成员组成。从 10 月份开始，每周六、日在老县场街头献血车上为市民提供献血接待、知识宣传、政策解释等志愿服务，累计服务时间 200 小时，服务 44 人次。年内，在常熟零距离网站上建立无偿献血宣传栏。

2009 年，在"6·14"世界献血者日，举办无偿献血爱心使者事迹报告会和座谈会。年内，虞山、梅李、辛庄镇红十字会因组织无偿献血成绩显著，受到市献血办表彰；常熟理工学院大学生捐献机采血小板 316 人份，无偿献血 1481 人次；市五院周金元无偿献血、捐献机采血小板累计 3.48 万毫升，被评为"最可爱的苏州人"。全年，志愿者在献血车上服务 700 余小时；无偿献血者 19952 人次，献血 500 余万毫升。

2010 年，无偿献血志愿宣传服务队服务 205 人次，服务 904 小时；无偿献血量为 573.58 万毫升，机采无偿捐献血小板 1254 个治疗量，临床使用血小板 1259 个治疗量。

苏州市献血领导小组、精神文明建设委员会、红十字会、卫生局自 2000 年开始，每两年 1 次（首次表彰的时间段为 1998—1999 年度），对无偿献血个人和组织无偿献血工作显著的单位进行评比表彰。至 2010 年，市卫生局、市红十字会、市血站、市二院总计 7 次获得无偿献血促进奖、无偿献血先进集体荣誉；张文、徐锁香、周金元、刘继江、唐键等近千人获得各级各类无偿献血金、银、铜以及个人促进奖。

2011年，会同市文明办、市献血领导小组办公室对2010年度在全市无偿献血活动中做出突出成绩的海虞镇人民政府等23家单位予以通报表彰。6月10日，在市图书馆报告厅联合举行第二届无偿献血"爱心使者"命名表彰暨事迹报告会。评选出刘渝、仲旅疆、李伟青、汤丽萍、陶凤祥、曹健6名爱心使者，另有12名志愿者获提名奖。分别在市图书馆、市中、市职教中心校举办了无偿献血爱心使者事迹报告会。常熟理工学院红十字会组织"阳光验血型进社区"活动，全年大学生无偿献血982人次，捐献全血20多万毫升，92人次捐献机采血小板。

2012年2月21日，会同市文明办、市献血办、市卫生局表彰海虞镇等2011年度22个无偿献血先进集体。会同市血站举办了迎春和世界献血者日无偿献血志愿者座谈会。全市无偿献血22323人次，计28000单位，其中镇场、系统献血量同比分别上升20%和5%，流水琴川、七彩虹义工团义工捐献血小板140个治疗量，保证了临床医疗用血需求。

2013年，我市无偿献血人数达21811人次，其中采集血小板人数为900人次，无偿献血量为523.4万毫升，机采血小板数量为1252个治疗量。志愿者刘渝坚持无偿献血30多年，截至5月24日累计献血量已达到100400毫升，成为本市第一位累计献血量超过10万毫升的无偿献血者，市红十字会成功策划了系列活动，及时采访报道，扩大宣传效果。

2. 造血干细胞（骨髓）捐献

20世纪末，董浜镇农民张文经市红十字会介绍，在上海市中心血站采集了捐献造血干细胞血样。2001年，常熟有20人首次报名，志愿加入中华骨髓库。翌年，经过筛选有11人符合采集血样条件，至苏州市红十字中心血站接受人类白细胞抗原（HLA）分型检测，成为苏州5县市首批血样检测结果录入中华骨髓库成员。

2003年1月30日，常熟首批加入中华骨髓库志愿者，市新安服务公司曹建国与北京某白血病患儿的HLA相合，其为中国造血干细胞捐献者资料库江苏分库建成以来的首例HLA初配型成功者（高配未成功）。11月8日，市红十字会、市血站在虞城大酒店开展首届"关爱生命、捐献骨髓——我们相约在虞城志愿者行动"，当天共采集捐献造血干细胞志愿者血样 90 份。至 2003 年末，全市累计采集血样 268 份。

2004 年 6 月 2 日，新港镇青年闻波向福建厦门 1 名患白血病的武警捐献造血干细胞；是年 10 月 22 日，虞山镇西泾岸社区居委会副主任王凤莲向 1 名入住河南郑州肿瘤医院的白血病患者捐献造血干细胞，使患者康复；2006 年 6 月 6 日，沙家浜卫生院医师袁雪峰捐献的造血干细胞，成功挽救一位新疆汉族白血病少女生命。

2008 年，捐献造血干细胞志愿者袁雪峰当选"和谐常熟"首届道德模范十佳新人。2011 年 1 月 9 日，7 年前接受我市志愿者王凤莲捐献的造血干细胞、被挽救生命的河南省洛阳市白血病患者王少辉来常，与捐献者相见欢。大义卫生院护士冯卫华在进入造血干细胞捐献程序后，因患者病情突然恶化，捐献被中止。袁雪峰当选为常熟市第二届道德模范。

2012 年，市民街头报名捐献造血干细胞（骨髓）志愿者 533 名，举办第十三届、第十四届捐献造血干细胞志愿者采样活动，共有 169 名志愿者采样；有 21 名志愿者初配成功，8 人进入高分辨检测。大义卫生院潘志芳、市一院顾侃先后完成造血干细胞捐献。

2013 年 1 月 21 日和 22 日，市路灯养护所金志铭在南京捐献 400 毫升造血干细胞悬液，成功救助苏州 1 名白血病患者，他是全省住建系统首位造血干细胞捐献者。6 月 3 日，市永丰建设集团程洁在苏州顺利完成 204 毫升造血干细胞悬液捐献采集，给 1 名浙江白血病患者送去生的希望。全年初配成功 13 人次，高配成功 2 人，实现捐献 2 人。

2014 年 10 月 12 日，闻波、袁雪峰、潘志芳、顾侃、金志铭、程洁等 6 位造血干细胞成功捐献志愿者亮相中央文明办主办的全国道德模范与身边好人交流活动现场。开展了第 17 届、18 届"关爱生命、捐献造血干细胞"血液采样入库活动。全年共有 171 位市民志愿加入了中华骨髓库。

2015 年 3 月 16 日，金狮物流员工杨利刚、3 月 30 日琴湖派出所民警任浩、7 月 28 日古里镇机关干部吴惠丰先后成功捐献造血干细胞。在虞城大酒店组织集中采样两次，累计采集志愿者血样 258 份。全市初配成功 28 人、高配成功 7 人、体检 6 人。

至 2015 年末，市红十字会会同虞城大酒店举办"捐献骨髓、关爱生命——我们相约在虞城志愿者行动"共计 20 届，全市有 2258 名捐献造血干细胞志愿者的血样信息录入中华骨髓库；先后有闻波、王凤莲、袁雪峰、潘志芳、顾侃、金志铭、程洁、杨利刚、任浩、吴惠丰等 10 人成功捐献造血干细胞。

3. 遗体（器官、角膜）捐献

志愿捐献遗体（器官、角膜），是倡导移风易俗、促进社会文明进步的标志。

2001 年，17 名市民首次报名登记志愿捐献遗体，其中 4 名进行了司法公证。2004 年，全年办理市民志愿捐献遗体公证 7 份。大义镇西毛桥村农民查琴华于 5 月去世后，其家人遵照死者遗愿向苏州大学医学院捐出遗体，是为常熟境内身后"捐献遗体第一人"。2006 年，报名登记捐献遗体 15 人，1 人报名捐献角膜，1 人办理公证手续。2007 年，12 名市民办理志愿捐献遗体公证。

2008 年，常熟 1 名志愿者向苏州大学医学院捐献遗体。全年办理市民遗体捐献公证 4 份，接受市民捐献遗体报名登记 15 人。

2009 年，应苏州市红十字会的委托，常熟市红十字会开始在常熟筹建眼角膜库。6 月 6 日，苏州市"明善"眼库落户市二院，该眼库是全国第 18 个明善眼库，是首设于县级市的眼库。2009 年 12 月 23 日，九旬志愿者庞炳震离世后，成功捐献眼角膜，他是苏州地区首例眼角膜捐献者。

2010 年 4 月 5 日，1 名上海籍青年在常熟猝死，其眼角膜捐献后，成功移植给常熟海虞镇和浙江湖州的两名眼疾患者。2010 年，全年接受市民报名登记捐献遗体 22 名，办理公证 4 名，实现捐献遗体 1 例；接受市民志愿报名捐献角膜并发证 30 份。

2011 年，有 19 名市民报名捐献遗体，公证 6 名，21 名市民报名捐献角膜。支塘镇敬老院孤老周公威去世后捐献角膜；夫妻双双报名捐献遗体的退休老师李忠国、邓蔚华入选为常熟市第二届道德模范候选人。

2012 年，有 8 名市民报名捐献角膜、器官，29 名市民报名捐献遗体，5 名办理公证手续；3 名志愿者身后捐献遗体。4 月 9 日上午，组织 30 多名市民及志愿者至苏州市上方山红十字会捐献纪念园，参加苏州市第六届遗体、器官、角膜捐献志愿者集体悼念活动。

2013 年年初，副市长、市红十字会会长陶理慰问了本市 4 名捐遗志愿者。在清明节期间，组织 29 名志愿者及其家属代表去苏州红十字会捐献纪念园参加了集体悼念活动。全年报名登记遗体捐献人数 19 人，办理公证 7 人，实现遗体捐献 4 人，累计身后捐献遗体者 14 人。6 月 2 日，1 名江西籍来常务工人员因车祸脑死亡，捐献出 1 个肝脏、1 对肾脏和 1 对眼角膜，她是我市首例人体器官成功捐献者。

2014 年，报名登记遗体捐献人数为 21 人，办理公证 4 人，实现遗体捐献 2 人。虞山镇女青年程思思因脑血管畸形破裂致脑死亡，家人将其 1 个肝脏、1 对肾脏和 1 对角膜捐献，这是我市第二例人体器官捐献者。

2015 年，报名捐献遗体市民 23 人，办理公证手续 1 人，登记备案 4 人，捐献角膜 2 人。4 月 24 日，家住虞山镇报慈南村的金振范因病去世，家人遵其遗愿捐献遗体；12 月 23 日，原市装卸运输公司退休职工，本市首位办理捐献遗体公证手续的孤老孙龙治在市怡康护理院去世，其遗体捐献给苏州大学医学院。关心、尊重遗体器官捐献志愿者及其家属，清明节前组织遗体器官捐献志愿者及其家属去苏州捐献纪念园进行集体祭扫活动。

2001—2015 年末，市民累计报名登记捐献角膜 103 人，实现身后捐献 5 人；报名登记捐献遗体 283 人，办理捐献遗体公证 68 人，登记备案 9 人，累计实现遗体捐献 18 人；报名器官捐献 2 人，实现捐献 2 人。

（四）志愿服务

1984 年复会后，组织发动广大志愿者参加了街头咨询、益寿体检、生活料理、公益劳动、慰问演出等社会服务活动，建立了"定人、定点、定时、定内容"的"四定"社会服务队，为社会上的孤老病残、老弱孤幼、烈军属和其他需要帮助的人提供各种义务服务，给他们送上精神慰藉和人道温暖。数年如一日关怀残疾儿童常欢的市社会福利院聘用退休教师黄润华 1989 年被评为总会先进会员；退休后义务为居民提供保健服务的虞山镇学前居委蒋愈 1989 年被评为省红十字会先进会员。

2007 年，会同市血站组建无偿献血志愿者俱乐部活动，尝试无偿献血志愿者在街头献血车开展志愿宣传服务，将志愿服务推向规范化、阵地化和项目化。

2008年，以汶川地震为契机，会同琴川义工团、090、虞城爱心俱乐部等义工团体，开展了街头募捐和义演、义卖、义拍及足球义赛等活动。常熟零距离的20多名志愿者通过市红十字会牵线，奔赴四川灾区都江堰参加救援活动。11名琴川义工团志愿者于5月28日护送市红十字会价值280万元救灾物资到绵竹市，慰问当地救灾解放军和受灾群众。9月份，会同琴川义工团义工、常熟理工学院大学生等，每周日上午9：00—11：00分组在老县场和步行街试行红十字街头流动募捐，并组织了业务培训。截至12月底，共出动志愿者700多人次，募集市民爱心款21766元，部分捐款资助了两名困难学生、两名白血病少年患者。从10月份开始，会同市献血办、市血站组建无偿献血志愿宣传服务队，制定章程。

2009年，会同市血站举办无偿献血志愿宣传服务业务培训班，规范街头流动献血车日常宣传服务，"090、096、流水琴川义工社、琴川义工团"4个义工组织全年派出志愿者200多人次，献血车宣传服务时间700多小时。会同流水琴川义工社在市二院门诊大厅、步行街设立捐献眼组织（角膜）、捐献造血干细胞宣传登记点，共开展宣传活动16次，出动志愿者100人次，服务计200个小时。红十字街头流动募捐当年在老县场开展劝募45次，参加志愿者1331人次，总服务时间3457小时，志愿者绿袖、兵哥义工服务时间累计达到175小时和257小时。

参与组建市卫生救护志愿者服务大队，市五院在职医务人员踊跃报名，150名志愿者接受卫生救护培训。琴川义工团红十字会被市文明委评为市志愿服务先进集体，两名志愿者被评为志愿服务先进个人，红十字志愿者潘绿娟被评为百名文明市民标兵。

2010年，无偿献血志愿宣传服务队参加服务人数205人次，服务时间904小时。步行街造血干细胞劝捐宣传共有687人次志愿者参加，服务时间1300小时。红十字街头流动募捐全年共开展44次，有1260人次志愿者参加，服务时间达到2580小时。

2011年，全年红十字街头流动募捐开展36次，募集市民爱心款30547元。造血干细胞、角膜街头劝捐宣传38次，市民志愿报名捐献造血干细胞 446 名，报名捐献角膜 21 名。下半年与流水琴川义工社、090 合作，开展红十字志愿者进医院服务新项目，在市一院、市二院、市中医院和市五院全年导医服务 107 天次，出动义工 284 人次，服务时间 840 小时。

2012 年，红十字街头流动募捐开展 37 次，出动志愿者 925 多人次，服务时间 2050 多小时，募集善款 125582.4 元；街头角膜、造血干细胞宣传劝捐开展 36 次，参加志愿者 540 人次，服务 1080 小时。无偿献血志愿宣传服务队参加献血屋和进学校、社区等宣传服务 312 人次，服务时间 1126 小时。七彩虹义工团（原"琴川义工团"）红十字会下半年被评为全国优秀红十字志愿者服务队。红十字街头流动募捐 3 年多共募集善款 41 万多元，用于社会救助的支出 37.8 万多元。3 月 16 日，在市第五人民医院召开红十字志愿者进医院座谈会，6 月中下旬，红十字志愿者进春晖护理院、惠民医院分别启动，11 月 11 日，会同市一院表彰在医院门急诊参与导医服务的 20 名红十字志愿者。七彩虹义工团荣国强等 5 名义工参加红十字志愿服务超过 600 小时，被中国红十字会总会评为五星级红十字志愿者。

2013 年，流水琴川义工社因常年坚持街头劝捐造血干细胞、志愿者进医院等公益项目，荣获 2012—2013 年市委、市政府的"常熟慈善奖"表彰。红十字志愿者丁益民被江苏省红十字会评为 2009—2013 年度优秀志愿者。

2015 年，来自流水琴川义工协会（原流水琴川义工社）、常熟零距离义工社等义工团体的红十字志愿者利用休息日，在市第一人民医院、市第二人民医院、市中医院和市五院等开展了门诊导医、导诊、陪检、护送、咨询、维护秩序、满意度调查、医患联谊、老年人体检和护理院老人生活料理、精神慰藉等志愿服务，从以往的双休日延伸到全日制，参加红十字志愿者 325 多人次，服务时间 10499 小时。红十字志愿者在无偿献血屋、献血车和乡镇、部门无偿献血现场开展宣传和服务，全年参加志愿服务 512 人次，服务时间 2375 小时。7 名志愿者获得全国无偿献血服务奖，流水琴川义工协会的红十字志愿者刘渝获得四星奖。由流水琴川义工协会红十字志愿者负责的造血干细胞宣传劝捐开展 101 场次，服务时间 1636 小时；宣传劝捐从以往的街头走向献血屋和乡镇、部门，吸引了一大批市民群众志愿报名。红十字街头流动募捐全年共募集爱心款 81262.88 元。

（五）台湾事务

市红十字会在为台湾同胞和大陆台属查找失散的亲人等方面，发挥重要作用。

自 1987 年台湾当局开放民众回大陆探亲至 2015 年末，市红十字会先后接待台胞、台属来访百余人次，为台胞台属办理查人寻亲信件 104 封，结案率 70%、查到率 60%，使几十家分离数十年的台胞台属亲人团聚一堂，共享天伦。

至 2015 年末，协助台胞、台属完成因定居、婚姻、接受遗产等公证 17 件。

附录一

常熟市红十字会 1911—2015 年大事记

1911 年

11 月，常熟分会成立，是为辛亥革命期间经中国红十字会认可的第一批分会之一。

1912 年

10 月 30 日，中国红十字会统一大会在上海黄浦滩汇中旅馆五楼大会堂拉开帷幕。常熟分会孙志英参加大会。

1924 年

9 月 26 日，常熟分会在石梅图书馆重建，张鸿任会长，张玉、宗舜年为副会长，张建铭为理事长，会员有 590 余人，以"救济民众之困苦颠连，尽力为社会服务"为宗旨。

9 月 30 日，组派救护队赴太仓县陆渡桥等战区，开展战地救护，并于孝友小学等处设伤兵医院，收运"江浙战争"中的难民 100 多人到常熟，给予治疗和救济。

1925 年

1 月，设伤兵医院于银楼公会，收治张宗昌、齐燮元军阀战争中受伤兵士数名。

8 月，拨款 500 元，设时疫医院于老城隍庙后宫，聘顾见山、邵预凡等主持医务。

1926 年

8 月，常熟再次发生时疫，常熟分会开设临时时疫医院。

1927 年

7 月 23 日，县署会议决议，红十字会办理时疫医院。

1930 年

8 月，与医师协会联合举办时疫医院开展防治工作，收专项募捐洋 430.58 元、痧药水 6000 瓶，委托各乡镇长及客运航船代为发送给染病的贫困乡民及在途旅客。

1931 年

县境内发生水灾，常熟分会拨水灾急赈费 1341.05 元，同年募集衣被等 1727 件，移助江苏水灾义赈会。

1932 年

2 月，日本侵略军在沪挑起一·二八战争后，中国红十字会常熟分会于 2 月至 5 月期间，派出救护队两个计 23 人，至太仓、昆山等附近战区救运灾民来常安置。设难民收容所 6 所，收容太仓浏河、嘉定、昆山方面来常难民 534 人。

3 月 9 日，中国红十字会常熟分会于李王宫设伤兵医院，先后收治抗日伤兵 262 人、平民 7 人，门诊 1641 人。

5 月 11 日，派船送难民 500 多人返乡。

7 月 12 日，中国红十字会常熟分会设于西弄孝友小学的时疫医院开诊，先后诊治门诊病人 349 人，住院病人 204 人。同时组派医务人员分赴东始庄、妙桥、福山、谢桥等地免费注射霍乱预防针 6106 人次，施送时疫药水 28175 瓶。疫情平息后，有蔡闻樵、时寿芝等 35 人被中国红十字会总会嘉奖。

是年，有会员 595 名，其中特别会员 5 名、正会员 110 名、普通会员 425 名、学生会员 33 名、参加会员 22 名。

1933 年

3 月，编印《中国红十字会常熟分会民国二十一年纪念册》。

1934 年

8 月，举办时疫医院于城内西弄，聘请徐生章等负责医疗工作。

1936 年

10 月 27 日，常熟分会在县政府礼堂举行救护训练班开学礼。

1937 年

8 月 9 日，中国红十字会常熟分会会同县妇女会联合举办妇女看护培训班。

8 月，为救济慰问抗日战士和支持后方医院工作，进行"紧急征募"，收中国实业银行捐助法币 50 元及社会各界捐助衣被、食米、手巾、茶叶等。

八一三事变爆发，中国红十字会常熟分会设伤兵医院于西门逍遥游，同时设总救护处 1 个于城内百忍堂周宅，并分设救护站两处于东市河俞宅和庞宅。又设难民收容所 1 所，配备轮船两艘，专门接送前线伤员和救护难民。其间举办"战地救护培训班"一期，受训红十字会员 50 人，时间 1 个月，由八十七师军医官和分会医师朱炳文任教。

10 月 13 日，日舰连续向高浦口、野猫口一带进行炮击，并强行登陆，红十字救护队冒着炮火，奔赴现场进行救护服务。

1946 年

6月，常熟分会始筹备恢复，会长俞承枚。

1958 年

7月4日，重建常熟县红十字会，会长康德，副会长林基贤等。当年于各乡（镇）设分会46个，机关、街道居委会红十字会82个。

1959 年

8月，虞山镇红十字会培训红十字脱产卫生员40名，训练内容为一般卫生救护知识。

是年，全县发展会员11115名。

1963 年

6月，县红十字会对300多名有偿献血员进行体检，建立以搬运工人、清洁工人、三轮车工人为主体的红十字志愿输血队，有队员1000名。

是年，各基层红十字会开展卫生救护训练，培训大队保健员、卫生员共6000多人次。

1964 年

是年，全县有基层红十字会组织100多个，会员20000多名。各基层红十字会复训大队卫生员3000多人次。

1984 年

4 月，根据上级指示，着手常熟市红十字会组织恢复筹备工作。

5 月 19 日，"常政发〔1984〕120 号"文件同意恢复常熟市红十字会组织。

5 月 29 日，举行"纪念中国红十字会成立八十周年暨常熟市恢复红十字会组织"茶话会，市政府办公室主任范国华宣读市政府批文，并举行授旗仪式。会上宣布建立市红十字会二届理事会，会长李椿，副会长陶仁新、顾永榆。

6 月 4 日，正式启用常熟市红十字会印章。

6 月 26 日，通过协商推荐，确定聘请理事和顾问名单，经市政府核准，发聘书正式聘任。

9 月 26 日，召开二届一次理事全体会议，通过协商选举产生了会长、副会长、常务理事和秘书长、副秘书长，审议并通过了理事分工。会长李椿，副会长陶仁新、顾永榆，秘书长陶仁新（兼），副秘书长杨正东。

10 月 18 日，"常红〔1984〕第 6 号"文件批复，同意市人民医院、中医院、妇保院等 11 个医疗卫生机构集体加入红十字会为团体会员单位。

1985 年

1 月 17 日，"常红〔1985〕第 1 号"文件批复，同意市聋哑学校建立红十字会。

3 月 22 日，通过协商推荐和全体理事书面选举，增补李如宝为市红十字会副会长，免去顾问职务。

4 月，会同市民政局、市政协教卫组为虞山镇 40 多名孤寡老人义务体检。

4 月 23 日，经市政府批准，虞山镇卫生院改名为常熟市红十字医院。

六一期间，组织慰问聋哑学校儿童，赠送慰问品。

7 月 19 日，"常红〔1985〕第 6 号"文件批复，同意梅李等 21 个乡卫生院建立红十字会。

8 月 31 日，"常红〔1985〕第 7 号"文件批复，同意浒浦等 10 个乡卫生院建立红十字会。

至年末，全市建立基层红十字会 45 个，其中团体会员单位 43 个，会员 2978 名。

1986 年

5 月 8 日，市社会福利院举行纪念"5·8"世界红十字日报告会，社会各界人士 60 多人参加，陶仁新副会长作了"红十字组织遍天下"的讲话，宣读了同意市社会福利院成立红十字会的批复。

7 月 5 日，召开基层红十字会秘书会议。

7 月，举办首届红十字青少年夏令营，7 个学校的 40 多名师生参加了为期 3 天的活动。

是月，根据总会通知精神对团体会员单位进行全面整顿。

8 月，举办中学生红十字知识竞赛。

9 月 15 日，"常红〔1986〕第 5 号"文件批复，同意市卫生防疫站建立红十字会。

9 月 17 日，由南通、无锡、苏州三市红十字会代表组成的红十字会整顿工作检查组一行 5 人，在苏州市红十字会秘书长周洪奎带领下来我市检查，省红十字会副会长盛天任同时到常。

9 月 25 日，在团体会员整顿工作中，45 个团体会员有 22 个完成了会员登记造册，19 个选举产生了新的理事会，11 个单位完成了年度会费收缴。

10 月 25 日，会同市卫生局在谢桥卫生院召开输血工作座谈会，部署血源队伍调查任务。

12 月上旬，市社会福利院患双臂先天性臂丛神经损伤的残疾女童常欢 8 岁时"我爱生活"足书作品，在 1986 年保加利亚红十字会组办的第七届残疾儿童工艺美术品国际大奖赛中获奖。

12 月 19 日，会同市卫生局对支塘乡有偿献血员情况进行调查，查出该乡现有有偿献血员 1929 名。

12 月末，省红十字会汇来捐赠款 500 元，慰问市社会福利院孤寡老人和残疾儿童。

是月，市聋哑学校王伟君被评为中国红十字会先进个人。

1987 年

2 月 12 日，于市卫生防疫站召开基层红十字工作会议，总结部署工作，讨论和制定有关规程、规定。

4 月 9 日，会同市教育局、市卫生局等 7 个部门联合下发关于广泛开展"为了儿童健康"的活动通知，以纪念"5·8"世界红十字日。

4 月 18 日、21 日，市卫校红十字会组织 115 人次的会员上街设摊，开展量身长、体重等便民服务。

4 月 21 日，市人民医院红十字会组织内儿科、妇产科主任等 11 名会员在市二招前开展儿童保健、计划生育咨询服务。

4 月 24 日，成立于 1959 年 8 月、"文革"中被迫停止活动的虞山镇红十字会恢复，并选出第二届理事会，副镇长顾耀渝当选为会长。

5 月 8 日，会同市总工会及市石梅小学等慰问聋哑学校残疾儿童。

6 月 26 日，中国红十字会总会副秘书长范雨田一行三人，在省、苏州市红十字会领导陪同下来常检查工作。

7 月 11 日至 13 日，会同团市委、市教育局、虞山镇红十字会举办由市卫校等 6 所学校和市社会福利院 38 名师生及残疾儿童参加的红十字青少年夏令营活动。

9 月 22 日，市红十字会举行二届二次理事会议，对部分理事作了调整，推举李如宝为名誉会长，选举范国华为会长，陶仁新、顾永榆为副会长。

11 月 9 日至 12 日，会同市教育局、市卫生局联合举办校医、保健老师培训班一期，省中、吴市中心小学等 21 所中小学校校医参加。

11 月，制定《会员缴纳会费暂行规定》下发各基层红十字会。

11 月 21 日，市红十字会通知各基层红十字会，开展海峡两岸（大陆、台湾）失散亲人的查人转信工作，促进家人团聚，祖国统一。

至年底，全市建立红十字会组织 55 个，镇红十字会 1 个，会员 4600 多人。

1988 年

至 1 月底，市红十字会通过中国红十字会总会，为本市大陆台属发出寻人表格 42 封。

1 月 22 日，市红十字会表彰了 1987 年度红十字先进集体和先进会员，市红十字医院、实验小学、支塘中心卫生院被评为先进集体，陈国强等 128 人被评为先进会员。

3 月 28 日，市职大 1986 级学生徐雪华在市一院血库无偿献血 400 毫升。

4 月 16 日，时年 62 岁的响水籍台胞王濮自台湾到我市虞山镇南泾堂 65 号看望姐姐，因患咳嗽、胸痛入住市一院，诊断为右下肺间质性肺炎，市红十字会派员做好接待和服务工作。

5 月 17 日，经"常计〔1988〕字第 84 号"文件批准，同意建立市红十字会医药物资供销经理部，主营医疗器材、中西药品等。

5 月 18 日，虞山镇红十字会等组织开展为市福利院儿童送温暖活动，社会各界群众、在校学生等捐赠衣服 15000 多件、980 双鞋袜、950 件文具。

5 月 24 日，市红十字会召开第三次会员代表大会，回顾总结复会以来工作，审议通过了二届理事会的工作报告和组织规程等 3 个草案，拟订了今后的工作规划。选举产生第三届理事会及常务理事会，李如宝为名誉会长，范国华为会长，钟志成为常务副会长，陶仁新、顾永榆为副会长，秘书长由陶仁新兼，副秘书长为杨正东。

5 月 27 日，"常政发〔1988〕95 号"文件转发了关于市红十字会第三届理事会组成成员的通知。

8 月 9 日，市电扇厂职教老师潘绿娟在市一院血库无偿献血 400 毫升。

8 月 13 日至 16 日，江苏省红十字会在常熟举办"88 国际体育援助计划"红十字青少年体育夏令营，参加的有南京、无锡、苏州、徐州等12个市的红十字青少年及红十字会干部60余人，本市40余名红十字青少年随省营同时开展活动。省及苏州市红十字会、卫生局领导盛天任、周洪奎、汪雪麟出席开幕式。

10月11日，市编委会批准建立常熟市红十字血站，暂定编制5人，属集体事业单位，隶属市卫生局领导。

11月19日，市红十字会向云南西南部的地震灾区捐赠2000元人民币，以帮助灾区孤老伤病者就医。

1989 年

2月21日，于市卫生系统培训中心召开市红十字会三届二次全体理事会议；22日召开基层工作会议。

2月23日，苏州市红十字会在我市召开县市红十字会秘书长例会，商讨目标管理等会务。

4月4日至6日，市红十字会举办由基层红十字会秘书长参加的会务知识研讨会，市台办严根生主任作了对台工作形势报告，安排与会人员参观了市福利院、阜湖居委会红十字活动。

5月8日，会同虞山镇红十字会，在虞山镇少年之家举办纪念"5·8"世界红十字日座谈会，本会理事、基层红十字会代表和社会各界人士48人参加。

是日，市红十字会向自愿无偿献血的市电扇厂女职工潘绿娟颁发了全市首张"无偿志愿献血证"。该女职工自去年8月以来，3次无偿献血累计1000毫升。

6月10日，"常政办发〔1989〕23号"文件批转市红十字会《关于恢复乡（镇、场）红十字会组织的报告》的通知。

7月14日，市红十字会接待了南通市红十字青少年夏令营的100多名营员。

8月5日至8日，会同虞山镇红十字会举办了红十字青少年卫生救护知识夏令营，市、镇15所小学的28名红十字青少年参加。

8月23日，召开基层红十字会秘书会议，城乡基层红十字会50名秘书参加，会议总结了上半年工作，布置了下半年对乡镇卫生院医务人员进行现场心肺复苏培训的要求。

9月12日至10月27日，会同市医学会、市防疫站完成了33个乡镇（中心）卫生院和两期乡村医生心肺复苏培训，共培训1193人。

11月13日，梅李镇政府在聚沙园文化中心举行了梅李镇红十字会成立大会，苏州市红十字会周洪奎秘书长到会祝贺。

12月，市红十字会副秘书长杨正东、市社会福利院辅导老师黄润华被中国红十字会总会评为全国先进会员。

1990 年

2月10日，我市何市、支塘一带发生5.1级地震，市红十字会在震后迅速派员到震区进行勘察，并向上级红十字会通报了灾情。

4月14日，市红十字会办公室派员对常熟汽车营业处红十字工作进行调研，该处红十字会为适应对台工作和服务旅客需求，1988年7月21日经市红十字会批准，在候车大厅设立红十字卫生站，1989年共接诊6563人次，免费服务1392人次。

4月24日，市红十字会会同市教育局于市实验小学举办了学校红十字青少年活动研讨会，40多名中、小学校红十字会负责人参加，市实验小学、虞阳小学、虞山镇少年之家作了经验交流。

4月27日，回乡探亲台胞、时年65岁的胡钟玠给市中医院送来感谢信，感谢该院红十字会员、针灸科医师霍玉明医术高超，使他伤痛的左腿痊愈，实现了上虞山公墓祭扫的愿望。

4月28日，回乡探亲台胞、67岁的陈治萍告别仪式在市殡仪馆举行，市红十字会副秘书长杨正东到场。在陈治萍病重期间，市红十字会多次派员与市中医院会商治疗、抢救措施，并通过省红十字会与台湾红十字会联系，将陈病故的消息转达其在台儿子。

是日，召开基层秘书会议，总结交流了1989年度工作，部署了1990年的活动计划，对245名先进会员给予了表彰。

5月10日，在虞山镇少年之家举行文艺联欢，市政府、市人大和市有关部门领导及优秀护士、先进红十字会员等100多人到会，副市长孙坤保向市电扇厂职工潘绿娟颁发了我市首枚无偿献血银质奖章。

7月3日至4日，会同市卫生局、市教育局举办校医培训班一期，讲授了传染病防治、健康教育、心理卫生等专业课程，并培训了现场心肺复苏操作技术。

8月25日，市红十字血站正式对外供血。该站将对全市血源和临床用血实行统一管理、统一采血、统一供血的"三统一"政策。

9月24日，市红十字会三届理事会作人员调整，名誉会长李震，会长孙坤保，常务副会长钟志成，副会长陶仁新、顾永榆、洪懋铨，秘书长陶仁新（兼），副秘书长杨正东。

11月30日，经市编委批准建立"常熟市红十字会办公室"，核定全民事业编制两人。

12月8日，会同市教育局举办学校红十字青少年卫生救护与技术比赛。

12月18日，召开市红十字会三届三次理事会议，省、苏州市红十字会秘书长姚士春、周洪奎，副市长、市红十字会会长孙坤宝到会讲话，钟志成常务副会长主持会议并宣读了市政府关于理事调整名单的通知，副会长陶仁新作了工作总结，杨正东副秘书长汇报了1991年工作计划。

1991 年

1月5日，全市中小学红十字青少年工作经验交流会在市聋哑学校举行，市聋哑学校、王市中学红十字会等作了经验交流。

1月8日，市红十字会根据"常编〔90〕63号"批复文件，正式启用常熟市红十字会办公室印章。

3月12日，市红十字会召开工作会议，陶仁新副会长作了1990年度工作总结和1991年度工作要点的报告，会议表彰了1990年度8个红十字先进集体，339名先进会员。

3月16日，据市红十字血站统计，我市临床用血量已达到300万毫升/年，比新中国成立初期增加10倍以上。

4月23日，常熟市红十字会青少年工作委员会宣告成立。

5月11日，邀请市总工会、团市委、市妇联、市民政局、市卫生局、市计生委等15个单位，联合慰问了市培智学校师生，并向该校赠送了收录机、人体磅、玩具、图书等慰问品。

5月14日，回乡探亲台胞陆自强在白茆卫生院血站无偿献血200毫升，白茆卫生院受市红十字会委托，向陆自强颁发了无偿志愿献血证和纪念章。

7月24日，发动基层组织为华东地区遭受水灾的灾民开展募捐和义诊活动。

8月10日，追授因公牺牲的白茆毛漊村乡村医生姚明华"荣誉会员"称号。

8月26日，收到旅台同胞"台北市江苏省常熟县（含划归张家港市的14个乡镇）同乡会"寄来的救灾捐款7500美元，这笔救灾款除按捐赠者意愿拨张家港市部分外，全部用于本市重灾乡卫生院、小学校的危房修建。

8月2日至29日，先后收到苏州市红十字会转给我市的救灾物资3批，其中包括药品27箱、食品95箱、净水器107只。

11月12日，中国红十字会常务副会长、卫生部副部长顾英奇亲笔给虞山镇虞阳小学红十字会写信，赞扬了该校红十字会弘扬人道主义精神，积极开展各项红十字活动，并给予了殷切的希望。

12月20日，于市教育局阶梯教室举办红十字青少年会务知识、卫生保健知识竞赛。

1992 年

2月28日，将省红十字会、省教委下拨的1万元学校红十字工作补助费拨给32所红十字青少年活动开展得比较好的中小学。

4月28日，虞山镇副镇长、镇红十字会会长顾耀渝、王市中学红十字会秘书凌振声分别获中国红十字会总会、省红十字会1991年度"抗洪救灾先进个人"称号，并受到总会和省红十字会表彰。

5月6日至12日，组织展开纪念"5·8"世界红十字日活动，全市1万多名会员参加了各项宣传和服务活动。

5月9日，召开三届四次理事扩大会议，传达了省红十字会五届二次理事扩大会议精神，总结了1991年红十字工作，落实了1992年红十字工作目标，对403名红十字先进会员进行了表彰。

7月13日至15日，会同市教育局、市卫生局联合举办了1992年红十字青少年夏令营活动。

8月4日，省红十字会分配我市常用医疗器材一批，总价值14970.60元，这批器械按规定用于农村红十字卫生站（急救站）建设。

8月28日，苏州市红十字会分配我市救灾备用药品、器材一批，价值5609.84元。

10月27日，苏州市红十字会又一次转拨我市救灾药品（诺静滴液）10箱，价值17700元，这批药品按指定用途陆续分发到10所卫生院红十字会。

1993 年

1月4日，把价值14000余元的医疗救护器械分拨到位于市境重要交通干线的红十字卫生站，用于增强对各类突发事故现场急救能力。

1月15日，会同市公安局交警队、市卫生局和市一院、市二院、市中医院、市红十字医院举办联谊会，总结1992年交通事故抢救工作，同时商谈1993年如何搞好交通事故的抢救。

2月，经市计划委员会批准，市红十字会成立"常熟市红宇物资公司"，公司地址虞山镇金沙江路闸口桥66号，注册资金50万元。

4月6日，虞山镇少年之家吴之棋老师被评为1992年"中国红十字会先进会员"；市一院李婉香、市红十字会办公室杨正东被评为1992年"江苏省红十字会先进会员"；苏州汽车客运总公司常熟市公司红十字会被评为"江苏省1990—1992年红十字会先进集体"。

5月8日，"5·8"世界红十字日期间，各基层红十字会组织开展了各种纪念活动，有2431名红十字会员参加各种宣传咨询、社会服务，受服务群众6454人次。

5月10日，于市防疫站召开红十字工作会议，基层组织71名红十字会负责人或秘书参加，本会会长孙坤保、副市长黄治中到会讲话，会议表彰了 1992 年度 265 名先进会员、10 个先进集体。

5 月 12 日，会同市红十字血站组织我市首次街头无偿献血活动，市一院柴建农，市二院管惠生、包兴龙，市红十字血站管汝福，市电扇厂潘绿娟，市红十字会办公室张伟怡等 6 人现场各无偿献血 200 毫升。市红十字会名誉会长李震等向无偿献血者颁发了无偿志愿献血证和纪念章。

7 月 12 日，调整市红十字会第三届理事会组成成员。名誉会长范国华，会长黄治中，常务副会长钟志成，副会长姜剑雄（兼秘书长）、顾永榆、洪懋铨；副秘书长张伟怡。

10 月 7 日，省红十字会副会长陈萍、副秘书长徐强来常，检查汽车营业处、王市中学红十字会工作。

12 月 13 日，于市卫生防疫站召开第四次会员代表大会，选举产生了市红十字会四届理事会，名誉会长范国华，会长黄治中，常务副会长钟志成，副会长姜剑雄、顾永榆、洪懋铨，秘书长姜剑雄（兼），副秘书长张伟怡。

1994 年

4 月 9 日，召开红十字工作会议，总结 1993 年工作，布置 1994 年各项任务，表彰了 1993 年度红十字先进集体和先进会员。

4 月上旬，苏州市红十字会表彰了 1992—1993 年度红十字会先进集体、先进会员，我市红十字医院等 4 个基层红十字会获先进集体；陈国强等 6 位会员获优秀红十字志愿工作者；王科等 5 名会员获优秀红十字青少年表彰。

5 月 8 日，组织"5·8"世界红十字日纪念活动，各基层红十字会共出动会员 3000 余人次，开展医疗咨询、健康检查、便民利民等活动，受服务群众 7000 多人次，为有困难伤病的学生群众募捐 3000 多元，散发宣传品 10000 多份，发展新会员 837 名、基层红十字会 1 个，市红十字会向聋哑学校捐赠了价值 800 多元的药品。

9 月 30 日，市红十字会常务副会长钟志成、副会长姜剑雄及杨园镇红十字会领导看望了因白血病住院的市五中学生李晶。此前，市红十字会理事单位及各基层红十字会开展了向李晶献爱心募捐活动，共捐得4.8万余元人民币，用于帮助支付李晶高额的医疗费用。

9月，我市第二届评选社会主义精神文明建设先进标兵活动揭晓，由市红十字会推荐的市红十字会荣誉会员、无偿献血志愿者潘绿娟榜上有名。

截至10月18日，我市各镇、场、城区及各专业单位开展了汽车司机卫生救护培训。市红十字会累计下发培训合格证11125份，达到全市汽车司机总数的90%以上。

10月，开展为市五中学生、白血病患者李晶献爱心募捐活动，市红十字会理事单位、基层红十字会纷纷响应，至10月底，收到募捐款50683.68元。

12月9日，会同团市委联合组织了无偿献血活动，全市共有23名市民参加无偿献血，团市委书记张燕、市红十字副会长姜剑雄参加无偿献血。

12月15日，同意浒浦镇问村、白茆镇毛溇村、藕渠镇新庠村成立红十字会，同时建立公路沿线红十字救护点，参与对遭受交通事故和各种意外伤害的伤员进行现场救护救助。

12月20日，虞山镇五星街道办事处成立红十字会，至此，虞山镇6个办事处均成立了红十字会。

1995 年

1月11日，召集城区部分基层组织给社会福利院孤残人士送温暖，共理发15名，健康检查100多名，赠送350件棉毛衫裤。

2月，表彰了1994年度8个红十字先进集体、219名红十字先进会员及3名红十字通讯员。

3月10日，邀请部分学校、医院、街道红十字会负责人召开红十字工作座谈会，围绕校园管理、防病保健、志愿服务、无偿献血等议题展开讨论。

3月24日，召开第四届常务理事扩大会议，总结1994年市红十字工作，讨论、部署1995年主要任务。增补李英龙为市红十字会常务副会长，汪建文等3人为理事。

4月8日，召开全市红十字工作会议，表彰了一批先进集体和个人，市红十字医院、苏州汽车客运常熟公司、辛庄镇、虞山镇城西街道办事处红十字会代表上台交流发言，李英龙常务副会长做了工作总结。

4月11日，会同市教育局召开学校红十字工作会议，全市成立红十字会的42所学校秘书参加，王市中学、工业职中、实验小学、虞阳小学等四所学校做了工作交流。

5月5日至10日，全市各级基层红十字会组织以宣传周形式纪念"5·8"世界红十字日，弘扬人道、博爱、奉献精神，有3000多名会员参加了街头宣传、医疗咨询、便民利民服务等活动，受服务群众1万多人次，散发宣传材料1.5万份，出板报、橱窗、画廊140多期，张贴标语350多条，发展新会员1542名，有6000余名会员交纳了会费。

5月30日，在市红十字血站举行了第三届无偿献血活动，来自本市学校、街道、企业和医疗卫生单位的17名志愿者参加了无偿献血，共计献血3400毫升。

7月21日至28日，与虞山镇红十字会及虞山镇红少委联合组织了一期"红十字夏令营"。

9月5日，市红十字会办公室派员至吴市周家桥村，向因尿毒症而陷于困境的周卫东亲属捐赠3000元。

11月1日，组织"红十字在我心中"征文比赛来稿评审。

11月3日，于工业缝纫机厂召开红十字通讯员会议，市报社办公室主任祝慧江进行了业务培训。

12月29日，组织市属单位红十字会12名秘书参加了在市医药总公司召开的工作座谈会。

1996 年

1月5日，于梅李中心卫生院召开了梅李片卫生院红十字工作座谈会。

1月份，市红十字会办公室受市卫生局委托，调查了1995年全市医疗用血情况，总量达到360万毫升（3.6吨）。

1月25日，苏州市红十字会秘书长郝如一等3人，对我市红十字工作进行了考核，并检查了市红十字医院、虞阳小学、虞山镇枫泾居委会的红十字工作。

2月12日，将国际红十字会捐赠的150条棉被（价值1万元）转送给虞山镇残疾人、市特殊教育学校的聋哑学生等。

2月17日，将市属医疗单位红十字会的1万元捐款电汇给云南丽江地震灾区。

3月11日，"常政办复〔1996〕6号"文件批复，同意建立"常熟市红十字救助基金"。

3月26日，召开红十字工作会议，总结1995年工作，部署1996年工作计划，表彰了10个市红十字先进集体和223名先进会员，副市长、市红十字会会长黄治中率先向"常熟市红十字救助基金"捐款800元。

4月22日，召开四届四次理事会议，讨论修改"常熟市红十字救助基金"章程和实施计划等。

是日，印发社会各界"关于募集常熟市红十字救助基金的公开信"。

5月7日，副市长、市红十字会会长黄治中发表纪念"5·8"世界红十字日电视讲话。

5月20日，聘任市委书记江浩担任市红十字会名誉会长。

5月28日，调整了四届理事会组成人员，聘请钟志成任名誉理事。

6月5日，在苏州市红十字会第四次代表大会上，李英龙被选举担任苏州市红十字会第四届理事。

6月7日，举办"常熟市红十字救助基金"募捐捐赠仪式，首批授予常熟电厂等14个单位捐赠荣誉证书，授予项科生同志常熟市红十字会荣誉会员称号。

8月30日，向社会各界印发"常熟市红十字救助基金"募捐感谢信。

10月15日，苏州六县市区红十字会秘书长例会在常召开，与会人员参观了枫泾居委会红十字社区志愿服务。

11月中下旬，会同市教育局对创建红十字示范学校的凤兰小学、吴市中心小学、王市中学、琴南中心小学、市八中、市聋哑学校进行检查验收。

12月，首届市红十字救助基金募捐活动共收到本市200多个单位和数万名个人捐款52万多元。

1997 年

1月17日，于虞山林场召开市属医疗单位红十字会秘书例会，总结工作，商讨1997年工作计划。

1月20日，《常熟日报》公布了"人道主义在心中"征文活动获奖名单，本次比赛在《常熟日报》共刊登征文近40篇，潘绿娟的《追求人生目标》获一等奖，程芝铨的《一滴热血助他人、一颗爱心见精神》、吴之棋的《红十字辉映红领巾》、孙敏锐的《是谁挽救了他年轻的生命》获二等奖。

3月5日，在市委组织部召开的薄弱村帮扶会议上，市红十字会副秘书长张伟怡挂职福山镇新华村担任党支部副书记，挂职扶贫时间1年。

4月2日，召开四届理事扩大会议。

4月17日，于市教委阶梯教室召开全市红十字工作会议，基层红十字会秘书100多人到会，会议表彰了1996年度12个先进集体，命名了5个市红十字示范学校。

5月26日，于市红十字血站召开无偿献血宣传工作座谈会，市教委、市一院、市防疫站等单位、部门负责宣传的代表参加。

7月11日，召开社区卫生志愿服务座谈会，并成立了由市属医疗单位20多名医务工作者参加的颜港街道社区卫生志愿服务队，在虞山镇颜港街道开展试点服务。

8月18日至20日，与市教委组织城乡中小学校39名红十字青少年在扬州、镇江两地开展了红十字夏令营活动。

8月16日，与市医学会、市医塑厂、白茆单采血浆站、《常熟日报》社联合举办"神灵杯"献血知识竞赛。

11月25日，与市精神文明建设委员会、市总工会、团市委、市妇联联合举办1997年无偿献血活动，城乡有500多名群众报名，志愿献血262人次、献血量5.24万毫升，为历史最高水平。

春节、国庆期间，市红十字会向城乡30名困难群众发放"红十字救助基金"，拨出救助款计2.4万元人民币。

1998 年

1 月 11 日，会同市卫生局、市献血办召开献血工作座谈会，副市长霍慰铭到会并对全市无偿献血工作开展提出了要求。

1 月 22 日，市政协副主席、市红十字会会长黄治中，市红十字会常务副会长李英龙冒雨雪前往藕渠、虞山镇、常熟高专等地，向困难群众、学生送救助款。19 名群众、学生受惠，计发放救助款 1.35 万元。

2 月 13 日，会同虞山镇红十字会召开街道红十字会负责人座谈会，枫泾居委会陆仁华介绍了居委会红十字社区志愿服务工作的经验。

2 月 27 日，于市防疫站对市公安局"110"中心的 70 多名民警进行了一期救护培训。

4 月 8 日，于市中医院召开四届六次理事扩大会议，市红十字会四届理事、红十字救助基金会理事参加，会议通过了聘请徐国强担任名誉会长提案，根据市政府领导工作调整，会议选举霍慰铭副市长担任会长，李英龙常务副会长汇报了 1997 年工作总结和 1998 年工作计划。

4 月 15 日，于市防疫站召开全市红十字工作暨无偿献血先进表彰会议，各基层红十字会负责人、无偿献血先进代表参加会议，参加苏州六县市红十字会秘书长例会的代表列席了会议；市红十字医院、浒浦中学、虞山镇上塘居委会红十字卫生站及石梅小学姜僖作了会议交流发言。

5 月上中旬，组织开展了纪念世界红十字日活动，会同虞山镇红十字会上门慰问了城区 30 名孤老，赠送了价值 3300 元的生活用品；在文化广场开展医疗咨询、无偿献血等宣传，有 250 多名群众接受了测量血压、血型鉴定、医疗咨询等服务；组织常熟高专、石梅小学 50 多名红十字青少年为市社会福利院残疾儿童、孤老表演文艺节目，赠送了水果等慰问品。

5 月 20 日，省中（新校区）举行红十字会成立大会，举行了新会员入会宣誓仪式，市红十字会常务副会长李英龙到会祝贺。

7 月 30 日，组织有关人员对医疗机构和社会办医的诊所、门诊部滥用红十字标志进行检查清理。

8 月 5 日，苏州市卫生局批准市红十字医院增挂"常熟市五官科医院"牌子。

11 月 2 日，为长江流域特大水灾灾区开展募捐。

11 月 20 日，对 10 月 14 日在《常熟日报》刊登的卫生救护知识竞赛答卷进行清点评阅，本次竞赛共收到社会各界参赛答卷 11092 份，其中正确答卷 5965 份。

12 月 26 日，副市长、市红十字会会长霍慰铭带领部分市献血领导小组成员至市红十字血站参加无偿献血。

1999 年

1 月 15 日，省红十字会秘书长张立明来常调研，先后检查了市红十字医院、琴南中心小学红十字工作。

2 月 9 日，邀请市属医疗卫生单位、有关企事业单位红十字会秘书召开工作座谈会，李英龙常务副会长总结了 1998 年工作，提出了 1999 年工作思路，与会人员进行了工作交流。

3 月 12 日，在市二院四楼会议室召开四届七次理事（扩大）会议，李英龙常务副会长做了工作总结，姜剑雄副会长宣读了理事调整名单，张伟怡副秘书长汇报了市红十字救助基金使用情况，钱永康副会长传达了市政府下达的无偿献血工作计划。

4 月 13 日，在市防疫站三楼召开红十字工作会议，来自基层的 110 名红十字干部参加，会议表彰了 1998 年度一批先进集体和先进会员，苏州市红十字会郝如一秘书长到会作了讲话。

4 月 28 日，常熟高等专科学校举行校红十字会成立大会，市红十字会常务副会长李英龙到会祝贺。

5 月 8 日，组织市属单位红十字会开展街头宣传活动，纪念世界红十字日。

5 月 19 日，向省中、实验中学等社会困难群众、学生送交红十字救助款 11000 元。

7 月 21 日至 23 日，会同市教委联合举办红十字青少年夏令营一期。

9 月 23 日，派员到长江兴华码头对 19 名员工进行了初级救护培训。

10 月 7 日，在虞山镇街头首批设置无偿献血公益广告 8 块。

11 月 18 日，首次在华联宾馆、虞城大酒店等 4 家宾馆、商场设立红十字募捐箱。

11 月 20 日，会同市教委联合举办纪念《中华人民共和国红十字会法》颁布 6 周年演讲比赛。

12 月 3 日，在沪宜公路白茆段组织由 6 个公路沿线红十字救护点医务人员进行的卫生救护演习。

2000 年

1 月 4 日，市红十字会更换社团登记证，副市长、市红十字会会长霍慰铭任市红十字会法人代表。

1 月 12 日，向 14 名社会困难群众、学生发放红十字救助款10600 元。

3 月 23 日，会同市卫生局、市献血办等表彰 1999 年度无偿献血先进。

4 月 5 日，会同市献血办围绕世界卫生日"血液安全从我做起"主题，在老县场街心花园开展宣传咨询活动。

4 月 21 日，在中医院召开四届八次理事（扩大）会议。

4 月 25 日，召开工作会议，表彰了一批红十字先进集体、个人。

5 月 8 日，组织开展纪念世界红十字日街头宣传咨询活动。

5 月 12 日，会同市献血办召开无偿献血座谈会。

5 月 13 日，组织市属单位、学校红十字会慰问儿童福利院。

6 月 1 日，开展第二届红十字救助基金募捐活动，并向广大市民发出公开信。

7 月 10 日，副市长、市红十字会会长霍慰铭，常务副会长李英龙等到高专、药机厂、虞山镇东门居委会向困难群众送红十字救助款。

7 月 12 日，将中国药科大学制药有限公司捐赠的价值 24920 元的"英大青"赠给响水县红十字会。

7 月 24 日，组织开展为苏州大学学生、唐市籍白血病患者唐某捐款活动，康博、梦兰等单位捐款 22052 元。

8月10日，在苏州市无偿献血暨第九届白求恩杯竞赛总结表彰大会上，市红十字会获1999年度无偿献血促进奖。

8月10日至12日，会同市教委组织城区30多名红十字青少年到杭州进行了为期3天的夏令营活动。

9月20日，市红十字会、市卫生局等9部门向广大市民发出无偿献血倡议书。

10月1日，为纪念《中华人民共和国献血法》实施两周年，会同市献血办组织开展宣传周活动。

10月27日，会同常熟日报社等对举办的无偿献血口号征集活动进行评奖，共征集口号536条，有263人参加。

11月24日，会同市教委在市卫校阶梯教室举办"学校红十字青少年现场卫生救护演习"，10多所大、中、小学校近百名红十字青少年参加。

2001 年

1月11日，苏州六县（市）及苏州各区红十字会秘书长会议在我市海虞宾馆举行。

2月12日，中共常熟市委办公室回复，同意聘请杨升华书记担任市红十字会名誉会长。

2月23日，在全市农村卫生工作会议上，市红十字会会同市献血办联合表彰了一批全市无偿献血先进集体和个人。

4月6日，于市二院康宾楼召开市红十字会理事会议。

4月20日，会同市献血办发出招募无偿志愿献血预备队的公开信。

4月27日，召开全市红十字工作会议，表彰了一批红十字工作和无偿献血先进集体和先进个人，董浜镇献血办和虞山镇西泾岸居委会、市中分校、吴市中心小学等基层红十字会做了工作交流，苏州市红十字会郝如一秘书长来常传达了总会七届二次理事会议精神。

5月8日，组织市一院、市红十字医院、虞山镇城东街道等9个基层红十字会的28名会员在老县场开展纪念世界红十字日宣传咨询活动，其中接受医疗咨询20多人，测量血压、血型250人，测量体重300多人，无偿献血 24 人，捐血总量 4800 毫升，现场提供修理手表、自行车、修鞋等便民服务。

5 月 9 日，组织琴南中心小学、市石梅小学和常熟高专红十字会，慰问虞山镇敬老院和市特殊教育学校，赠送水果、饼干及文具用品等，并与聋哑学生举行了文艺联欢。

5 月 22 日，为市装卸运输公司退休老人孙龙治在市公证处免费办理了全市首例捐献遗体公证手续。

5 月 25 日，常熟高专无偿志愿献血预备队 36 名队员在紧急状态下无偿献血 7200 毫升。

7 月 29 日至 30 日，会同市教委举办红十字青少年夏令营一期。

9 月 20 日，会同市献血办举办纪念《中华人民共和国献血法》颁布实施三周年无偿献血志愿者座谈会，有 20 名无偿献血 1600 毫升以上者参加。

10 月 18 日，与市献血领导小组、常熟日报社、市广播电视台广播中心举办的"走近无偿献血"征文比赛揭晓，潘绿娟《让我们擎起生命的绿洲》获一等奖。

11 月 15 日，会同市中医院、市二院红十字会代表前往常熟高专，资助结对的昆山籍贫困家庭学生丁建芳。

2002 年

1 月 8 日，组织市电视台徐强、商业系统刘渝等 11 名志愿者赴苏州市红十字中心血站采集捐献造血干细胞血样。

1 月 23 日，由基层红十字会捐赠的各类服装计 4 辆 5 吨超长卡车发往响水县红十字会。

2 月 8 日，副市长、市红十字会会长霍慰铭、常务副会长李英龙等前往虞山镇连灯浜、缪家湾慰问特困职工，送上红十字救助金。

3 月 12 日，市献血办、市文明委、市红十字会联合表彰 2001 年度无偿献血先进，杨园镇等 15 个单位获先进集体、常熟高专等 6 个单位获促进奖、虞山镇等 18 个单位和个人获组织奖、张文等 20 人获先进个人。

3 月 24 日，中国红十字会总会赈济救护部 3 人在省红十字会张立明秘书长、苏州市红十字会郝如一秘书长陪同下，检查虞山镇枫泾居委会

z
z

红十字社区志愿服务。

4月8日，组织召开四届十次理事会议。

4月16日，召开红十字工作暨无偿献血表彰会议，常熟高专、虞山镇防疫站、虞山镇枫泾居委会、琴南中心小学、市石梅小学红十字会相关负责人做了交流发言。

5月2日，会同团市委在石梅广场开展"捐献骨髓、关爱生命——常熟青年志愿者在行动"宣传活动，现场有32名团员青年报名加入中华骨髓库，其中市五院报名19名。

5月17日，会同常熟高专、虞山少年宫、市红十字医院的20多名会员和红十字青少年慰问了市老年公寓100多名老人，开展了文艺演出、健康体检并赠送了慰问品。

6月7日，举办学校红十字会秘书业务培训班，有46人参加。

7月3日，市红十字会副会长、市教委副主任冯恩同随苏州市红十字会赴四川省内江市，签订了结对助学东兴区贫困家庭学生的助学协议，计划每年助学100人，每人每年400元，以3年为一个周期。

7月28日至30日，会同市教委组织红十字青少年夏令营，40名营员接受了牙防知识培训，参观了任阳蒋巷村、上海科技馆和昆山周庄。

8月9日，会同市牙防领导小组、虞山少年宫举办"红十字牙防知识书法比赛"，来自虞山镇的120名小学生参加比赛。

9月11日，苏州市红十字中心血站派员来常，在市防疫站采集我市捐献造血干细胞志愿者血样100多份。

9月28日，对参加"无偿献血知识竞赛"的试卷进行抽奖，本次竞赛共收到社会群众试卷943份，基层红十字会会员试卷7160份。

10月25日至30日，组织基层红十字会及有关学校代表赴四川省内江市东兴区送交助学款4万元，并至受助的白合初级中学、高桥中学进行了发放和走访。

11月7日，副市长、市红十字会会长霍慰铭参加设于方塔街家福药店的无偿献血屋启用仪式。

12月12日，举办全市学校红十字青少年卫生救护知识与技术比赛。

12月30日，在市防疫站举行造血干细胞志愿者采样活动，有96名志愿者采集血样。

2003 年

1 月 3 日，下发由苏州市红十字会下拨的海关罚没的 200 件运动衫、100 件床单，总价值 1.3 万多元，受惠者是常熟高专、梅李中学等 5 所学校贫困生。

1 月 20 日，向常熟高专 10 多名贫困生发送红十字救助金 4000 元及部分衣服。

1 月 22 日，召开捐献遗体志愿者座谈会，7 名已办理捐献遗体公证手续的志愿者参加。

1 月 30 日，苏州市红十字会来电通报，我市首批报名捐献骨髓志愿者、新安服务公司曹建国与北京 1 名白血病患儿 HLA 初配相合。

4 月 11 日，召开红十字工作会议。

4 月 17 日，调整学校工作委员会成员，制定印发《学校红十字工作先进集体评比暂行办法》。

5 月 4 日，市星海制药有限公司向市红十字会捐赠抗击 SARS 消毒液"聚维酮碘液"等价值 1 万多元。

5 月 10 日，会同市献血办、市红十字血站在老县场街心花园开展纪念"5·8"世界红十字日、"5·10"江苏省无偿献血宣传日活动和抗非咨询，出动医护人员 20 多名。

5 月 13 日，与市慈善总会联合发出抗非募捐通知。

7 月 18 日，在市一院举行为烧伤患者范丽娟捐款仪式，市中利光电集团、力宝装璜、开关制造有限公司和市中医院捐赠 76922 元。

7 月 22 日至 29 日，会同市教育局组织红十字青少年夏令营。

8 月 19 日，召开四届十一次理事会议，殷恭任市红十字会四届理事会常务副会长。

9 月 26 日，组织会务知识培训班一期，参加人员为团体会员单位红十字会干部及部分社区居委会红十字卫生站负责人。

10 月 1 日，会同市献血办、市红十字血站在老县场开展无偿献血宣传、咨询活动，纪念《中华人民共和国献血法》颁布实施 5 周年。

10 月 14 日，派员到四川省内江市东兴区红十字会进行访问、交流，并送交 4 万元资助 100 名山区贫困生。

11 月 8 日，会同市血站在虞城大酒店开展首届"捐献骨髓，关爱生命——我们相约在虞城志愿者行动"，共采集捐献造血干细胞志愿者的血样 90 份。

12 月 1 日，会同市卫生局、市计生委和市疾控中心等开展预防艾滋病街头宣传活动。

12 月 31 日，常熟高专 178 名师生报名捐献造血干细胞，并采集了血样。

2004 年

1 月上旬，会同市教育局对城区大、中、小学校红十字会进行工作检查。

1 月 20 日，向城乡 15 名困难群众、学生发放红十字救助基金及棉衣。

2 月 12 日，由省红十字会副秘书长徐强带班的考核组对我市红十字会 2003 年度目标管理工作进行考核，市政协副主席、市红十字会会长霍慰铭会见了检查组一行，常务副会长殷恭汇报了市红十字会工作情况。

3 月 27 日至 29 日，四川省内江市东兴区红十字会一行 3 人来常参观，市红十字会霍慰铭会长、殷恭常务副会长等会见了四川客人。

4 月 8 日，召开四届十二次理事会议，总结工作，明确任务，审议通过了递交第五次会员代表大会所做的四届理事会工作报告。

4 月 12 日，会同市教育局召开学校红十字工作先进表彰会议。

5 月 8 日，虞山镇大义西毛桥村查琴华因病去世，家人遵嘱将其遗体捐献给苏州大学医学院，成为常熟市首位遗体捐献者。

5 月，组织纪念"5·8"系列活动：5 月 9 日，开展老县场宣传咨询和社会服务活动；5 月 22 日，组织常熟高专、虞山镇少年宫慰问颐养山庄老人，市二院医务人员为老人义务体检，市红十字会赠送 100 份毛巾、香皂等夏令用品；下旬，市红十字会向城乡 10 多名困难群众送去红十字救助金 1.6 万元。

6月2日，我市新港镇青年闻波在福建厦门捐献造血干细胞，使该省1名患白血病的武警战士得以进行骨髓移植，成为我市首位捐献造血干细胞志愿者。

6月8日，举行闻波厦门捐献骨髓归来欢迎仪式，市红十字会会长霍慰铭授予由省红十字会颁发的"博爱"勋章，团市委授予"新长征突击手"荣誉称号，副市长钱向宏到会并对闻波的人道主义义举给予高度赞扬。

6月18日，召开第五次会员代表大会，选举产生了五届理事会，通过了常务副会长殷恭所作工作报告，表彰了一批先进集体和个人，审议并通过了《常熟市红十字会评选先进集体、先进会员办法》。副市长钱向宏当选为会长，聘请市委书记杨升华为名誉会长，市人大常委会副主任言穆胜、市政协副主席霍慰铭为名誉副会长。

6月26日，成立无偿献血志愿者俱乐部。

10月1日，会同市献血办、市血站在老县场街心广场举办纪念《中华人民共和国献血法》实施6周年街头宣传活动，有医务人员、红十字会员20多人开展医疗保健咨询、无偿献血、捐献造血干细胞宣传，有103人现场无偿献血，两人报名捐献造血干细胞。

10月21日、22日，我市志愿者王凤莲在苏大附一院成功采集204毫升造血干细胞悬液，22日晚输入在郑州市肿瘤医院治疗的白血病患者王少辉体内，市电视台《零距离》栏目记者全程报道。

11月2日，省红十字会常务副会长周加才来常，听取了市红十字会的工作汇报，并视察了市医疗急救站。

11月18日，组团到四川省内江市东兴区，看望结对助学贫困生，并送交4万元助学款。

11月28日，在虞城大酒店举行第三届"捐献骨髓，关爱生命——我们相约在虞城志愿者行动"，112名志愿者采集了血样。

12月3日，会同常熟理工学院红十字会举办我市两位捐献造血干细胞志愿者闻波、王凤莲事迹报告会，近百名大学生参加并进行交流。

12月31日，会同市服装协会开展首届冬季衣被募捐活动，收到波司登等服装企业价值50多万元的捐赠。

2005 年

1 月 13 日至 17 日，会同市教育局分片召开学校红十字工作总结、评比会议，评选出市石梅小学、常熟理工学院等 10 个先进集体。

1 月 21 日，会同市服装协会共同举办 2005 年"博爱送千家"衣被发放仪式，市政协副主席、市红十字会名誉副会长霍慰铭，市政府办公室副主任朱兴元等参加并向 19 家捐赠企业颁发了荣誉证书。此次活动共收到棉衣、羊毛衫、羽绒服等 1.7 万多件，总价值 140 万元，主要发放对象是本市贫困学生、居民、病员和残疾人等。

本月，接受社会各界向印度洋地区地震及海啸灾民捐赠。

4 月 8 日，市红十字会授予在捐献造血干细胞、无偿献血中取得显著成绩的闻波、王凤莲、周金元、徐建华"常熟市红十字会荣誉会员"称号。

4 月 26 日，召开五届三次理事会议。

是日，召开红十字工作会议，各基层红十字会负责人和先进集体、个人代表等 130 多人到会，殷恭常务副会长作了工作报告，表彰了 2004 年度 20 个红十字先进集体、31 名优秀红十字干部、志愿者，虞山镇方塔街道红十字会等 5 个代表作了交流发言。副市长、市红十字会会长钱向宏作了会议总结。

5 月 1 日，联合市红十字血站、市健康办、市献血办在文化广场举行"纪念世界红十字日和江苏省献血者日"宣传咨询活动。

9 月 9 日，会同虞山镇方塔街道红十字会等开展"世界急救日"社区卫生救护培训，社区干部 40 多人参加。

是日，会同市卫生局、市献血办共同举办"红十字杯"无偿献血、捐献造血干细胞知识竞赛。

10 月 22 日，市红十字会副会长、市教育局副局长高双宝等一行 9 人赴四川省内江市与东兴区红十字会签订了第二周期常熟市红十字会助学东兴区 100 名贫困生协议。

10 月 29 日，会同虞城大酒店、市电视台共同举办"第四届捐献骨髓，关爱生命——我们相约在虞城志愿者行动"，120 名志愿者进行了血液采样。

11月3日，为91岁现居住台湾桃园县的一名老兵王锦琦，找到离散68年，现居住虞山镇敬老院的发妻林露英。

12月1日，会同市卫生局、市计生委等，在老县场街心花园举办纪念第18个"世界艾滋病日"街头咨询活动。

2006 年

1月20日，会同市服务协会（商会），在市图书馆举行2006年"人道公益情、博爱送暖冬"服装捐赠仪式，副市长、市红十字会会长钱向宏等160多人参加。

1月27日，市红十字会常务副会长殷恭前往虞山镇学前社区居委会和古里镇陈塘村，慰问了3名困难群众。

3月，在首届市社会主义精神文明建设十佳新人、十大新事评选中，捐献造血干细胞志愿者王凤莲光荣入选十佳新人，"流动的爱心血库"入选十大新事。

4月28日，召开五届三次理事会议，总结2005年工作，讨论部署2006年工作要点，审议通过了调整部分理事和实施"博爱复明"救助行动计划议案，殷恭常务副会长做了会议总结，市政府副秘书长、市红十字会副会长朱兴元主持了会议。

4月29日，在市疾控中心召开红十字工作会议，全市基层红十字会组织代表140多人出席。会议表彰了2004—2005年度196名红十字先进会员、2005年度22个红十字先进集体。市红十字血站等4个先进集体、王伟君等先进会员做了会议交流发言。苏州市红十字会专职副长会郝如一到会讲话。

5月1日，会同市献血办组织纪念"5·8"世界红十字日街头宣传咨询活动。

5月10日，组织常熟理工学院、虞山少年宫、市五院的30多名红十字会员慰问市特殊教育学校学生，进行了文艺联欢。

6月6日，我市沙家浜卫生院青年医务人员袁雪峰在苏大附一院捐出115毫升造血干细胞悬液，用于挽救1名入住上海市儿童医学中心身患白血病的新疆哈密汉族少儿吕瑶溪的生命。

6 月 15 日，会同市献血办、市红十字血站组织我市无偿献血俱乐部稀有血型志愿者代表座谈，共商我市无偿献血工作大计。

7 月 18 日，董浜镇成立红十字会。

9 月 8 日，会同市医疗急救站、市中医院，派出 10 多名医务人员，为杜邦（常熟）电子气体有限公司、虞山镇方塔街道、兴福街道闽江社区 150 多名员工、社区居民进行卫生救护培训，散发宣传手册、折页 8 种近千份。

9 月 15 日，苏州市红十字会对我市申报江苏省红十字示范学校的常熟理工学院、福山中学等 4 所学校进行检查，有 3 所获得提名推荐。

9 月 26 日，会同市红十字血站向市民发出"捐献血小板倡议书"。

10 月 1 日，会同市献血办向当天参加无偿献血的外来打工者李金江颁发了第 12 万人次无偿献血荣誉证，当天有 81 名市民无偿献血，计 24800 毫升。

10 月 18 日，会同市红十字血站组织市二院 7 名获得苏州市无偿献血表彰的医务人员在常熟理工学院举行"无偿献血报告会"。

10 月 26 日，由市红十字会等主办、市医疗急救站协办的"红十字杯"群众性现场急救知识竞赛圆满结束，收到市民群众、学校学生、红十字会员等竞赛答题卡 7000 多份，产生了一、二、三等奖、鼓励奖和组织奖。

11 月 29 日，会同市献血办、市红十字血站对"牵手生命之河"征文进行了评奖，常熟重型机构制造有限公司封林的《我的一波三折无偿献血记》、中保常熟支公司蔡军的《写在世界无偿献血之日》获一等奖。

12 月 1 日，会同市卫生局组织市疾控中心、市卫生监督所等单位在老县场开展预防艾滋病宣传咨询活动，现场有 100 多名群众接受了咨询，1 人做了艾滋病自愿检测，下发宣传资料 10 种数千份。

12 月 31 日，会同市服装协会（商会）举办"人道公益情，博爱送千家"服装募捐启动仪式，城区 22 所小学接受了七彩城服饰有限公司、港区毛衫织造有限公司捐赠的价值 10 万元的羽绒服、羊毛衫。

2007 年

1 月 16 日，会同市服装协会（商会）于石梅市图书馆报告厅举办 2007 年"人道公益情，博爱送千家"服装捐赠发放仪式。

1 月 17 日，首例"博爱复明"救助行动受惠者，莫城 84 岁市民王金生在市二院城中分院双侧白内障切除后出院，所有医疗费用分别由市红十字会和市残联减免。

2 月 16 日，市红十字会常务副会长殷恭等冒雨慰问了家住虞山镇庙弄、辛家弄的两位困难居民，并送交了慰问金和大米、油、棉被等物品。

3 月 14 日至 16 日，会同市教育局分片召开学校红十字工作总结评比会议。

4 月 23 日，在茂昌眼镜店的支持下，增加"博爱复明"救助行动项目，为省中 10 名贫困学生免费配制了价值 4000 多元的眼镜。

4 月 27 日，在市公卫中心会议中心召开五届四次理事会暨工作会议。市红十字会五届理事、基层红十字会干部 150 多人参加，殷恭常务副会长作了工作报告，副市长、市红十字会会长钱向宏作了总结。

5 月 1 日，组织市一院、市二院、市医疗急救站、市红十字血站及虞山镇方塔街道、市孝友中学红十字会 20 多名红十字会会员，在老县场街心花园开展街头宣传咨询活动，纪念"5·8"世界红十字日。当天，发放健康知识折页 4000 多份，有 100 多名市民接受了医疗保健知识咨询，208 人无偿献血，刷新节日街头无偿献血记录。

5 月 12 日，会同圣莎拉美肤中心在国际饭店会议中心举办"让爱洒满人间"慈善晚会，现场 800 多名观众为尚湖镇和海虞镇两名白血病儿童捐款 7 万多元。

5 月 23 日，与常熟开关制造有限公司签订协议，由常熟开关制造有限公司每年注入市红十字会"博爱复明"救助行动资金 10 万元，用于本市贫困白内障患者手术和贫困家庭学生视力矫正的救助。

7 月 4 日，举行了"博爱复明"救助行动启动仪式，向捐助 40 万元、为期 4 年的常熟开关制造有限公司和捐助眼镜器材价值 13 万元、为期 3 年的茂昌眼镜有限公司颁发了铜牌和证书，省中 36 名贫困家庭学生免费获得近视眼镜配制服务。

7月7日，举办第六届"捐献骨髓、关爱生命——我们相约在虞城志愿者行动"，共为135名志愿者采集了造血干细胞血样，至此，我市采样志愿者达到1014名。

7月11日，夏普办公设备常熟公司向市红十字会捐赠30台价值15万元的空气净化器。

8月1日，四川省内江市东兴区红十字会根据与我市红十字会的协议，派出该区碑未中心卫生院外科医师王泽文，来我市第二人民医院进修手外科，为期10个月。

10月31日，全省首家高校"爱心献血屋"在常熟理工学院启用。

11月2日，向泗洪县红十字会赠送了一批羽绒服、棉夹克等服装，计1600件，价值15万多元。

11月21日，会同市文明办、市献血办等6部门召开首届无偿献血"爱心使者"命名表彰暨事迹报告会。市电台王宏、常熟理工学院陈新、市华联宾馆黄文华、市石梅小学汪明波、市五院周金元、董浜镇张文入选，市文化用品有限公司刘渝等12人获提名奖。

12月6日，我市大义中学、元和小学、实验小学、商城小学4所学校接受了苏州市红十字会、市教育局派员组成的"创建苏州市红十字示范学校"检查组验收。

12月中下旬，市实验中学、市中分校、大义中学、福山小学、常熟理工学院5所学校的120多名贫困家庭学生，获得市红十字会"博爱复明"救助工程免费配制近视眼镜的机会，总价值5万多元。

2008 年

1月12日，举办学校红十字青少年卫生救护知识与技术比赛。

3月28日，捐献造血干细胞志愿者袁雪峰当选常熟市首届道德模范。

4月16日，于市石梅小学召开学校红十字工作会议。

4月25日，于虞山镇方塔管理区召开全市乡镇、街道红十字工作会议。

5月1日，组织市属基层单位开展大型街头宣传纪念活动，向现场群众提供了医疗保健咨询、卫生救护演示以及捐献造血干细胞、无偿献血、捐献遗体、预防艾滋病、计划生育、安全用药知识宣传等服务，散发宣传资料10多种近4000份、计生用品500多份。

5月13日开始，开通热线电话，接受社会各界向"5·12"四川地震灾区捐款捐物，并有序向成都、绵竹等地运送大批救灾物资，缓解灾民急难。

5月16日，会同市电视台在体育馆东大门开展为"5·12"四川地震灾区捐款活动，募捐到市民爱心款13万元。

5月28日，琴川义工团的11名志愿者护送市红十字会价值280万元的救灾物资到绵竹市，慰问救灾部队官兵和受灾群众，并与当地红十字会沟通，就灾后恢复重建进行项目调查，掌握了第一手资料。

6月12日，会同市红十字血站在华联宾馆举办纪念世界献血者日座谈会。

7月1日，琴川义工团成立红十字会。

7月9日，夏普（常熟）有限公司向我会捐赠28台加湿型空气净化器，价值14万元。

7月23日，对市二院重新认定冠名红十字（会）医疗机构并签订协议书。

7月29日，在中国红十字会总会召开的抗震救灾先进集体（个人）表彰大会上，我市红十字志愿者、琴川义工团理事长张宇朴（大地）被评为抗震救灾优秀志愿者。

8月2日，112名志愿者在虞城大酒店参加了捐献造血干细胞采样。

8月13日，"常委组干"发文，任命殷恭、唐键为市红十字会副会长（兼），张伟怡为副会长。

9月4日，省红十字会秘书长单加海来常调研工作。

9月18日，根据"常委组〔2008〕62号"文件，钱向宏同志担任市红十字会会长。

9月20日，在常熟波司登服饰有限公司举行捐赠仪式，接受波司登捐赠9万多件、价值5058万元防寒服，用于帮助四川绵竹地震灾区灾民过秋冬。

附录一

10 月 1 日，为纪念《中华人民共和国献血法》颁布实施 10 周年，市红十字会、市献血办、市红十字血站联合在老县场街心花园组织开展大型街头宣传活动。

10 月 16 日，琴川义工团红十字会副会长王阵获苏州市委、市政府支援 "5·12" 抗震救灾先进个人表彰。

11 月 25 日，将常熟兴达利、王牌纺织有限公司等捐赠的价值 105 万元的 9000 条绒被毯、1 万余件冬衣裤运往我市对口支援的四川地震灾区绵竹市土门镇。

12 月 7 日，市一中魏建新校长被中国红十字会总会评为 "全国红十字会员之星"。

12 月 12 日，将金宏针纺织有限公司捐赠的毛毯 740 条和市实验小学、市实验中学、福山中学捐赠的生活用品 2099 件、书 11329 本发往结对的四川省绵竹市土门中学。

2009 年

1 月 1 日，联合琴川义工团、虞城爱心俱乐部举办 "虞城街头流动募捐" 启动仪式暨爱心义演、义卖活动。

3 月 12 日，召开捐献遗体志愿者座谈会，我市 10 名已办理捐遗公证手续的志愿者参加。

4 月 11 日，省红十字会会长吴瑞林、副会长单加海来常调研红十字会工作。

5 月 7 日，会同市红十字血站在市职教中心校举办 "无偿献血爱心使者事迹报告会"。

5 月 8 日，将 "5·12" 四川地震捐款余款共计 3837273.91 元汇往市财政局，统一用于对口援建的土门镇灾后重建。

5 月 9 日，会同市卫生局、市消防大队、市民政局等在虞山镇琴枫苑居委会举办消防、卫生救护志愿者大型应急演练活动。

5 月 9 日，牵手华地百货、天益拍卖行、亲密爱人婚纱摄影，在步行街举办了 "汇聚点滴爱心，共助震区渡难关——纪念汶川地震一周年大型爱心义拍活动"，当晚共募得捐款和义拍款 28300 多元。

5月10日，在老县场街心花园开展红十字博爱周宣传纪念活动。

6月6日，苏州市红十字会"明善"眼库在我市第二人民医院建成揭牌，省红十字会常务副会长张立明，苏州市副市长、红十字会会长谭颖共同为眼库成立揭牌。

6月20日至21日，联合市红十字血站首次组织了主题为"友谊进步、与爱同行"红十字志愿者夏令营活动，参加活动的有本市090、096、琴川义工团、流水琴川义工团和无偿献血志愿者俱乐部的32名义工、志愿者代表。

7月9日，会同琴川义工团义工向江苏省常熟中学高子宁同学等8名家庭困难人员送上流动募捐救助款15000元。

9月14日，向苏州市红十字会汇出了我市社会各界对遭受台风"莫拉克"侵害的台湾地区捐赠的750043元人民币。

9月19日，在市体育中心东大门，来自虞山镇政府机关、各管理区的100多名干部、职工现场报名，加入社区卫生救护志愿者服务队。

9月30日，波司登男装"博爱"助学基金启动，基金以50万元为基数，每年资助常熟理工学院和本市省中、市中来自贫困家庭的高中生和大学生，年助学金额10万元。

10月15日，省红十字会秘书长李玉宁到常熟调研红十字会工作。

截至11月24日，我市向"莫拉克"台风受灾地区捐款共计816779元。

12月2日，会同市疾控中心、常熟理工学院于该校举办"预防艾滋病宣传画设计大赛"。

12月20日，与英派斯健身常熟馆在天铭国际大酒店举行了一场以"炫彩圣诞、传递温暖"为主题的慈善晚会，现场为白血病患者吴影秋募捐24620元。

12月23日，九旬老人庞炳震的眼角膜成功地由苏州市红十字会明善眼库眼科专家摘取，成为苏州地区首例眼角膜捐献者。

12月27日，会同市二院于虞山镇政府举行"情满人间、真爱传递"——援建四川灾区卫生院慈善捐赠会，通过企业认捐、书画作品和爱心物品义卖、个人现场捐款等方式现场筹得善款359303元。这些善款全部用于四川省内江市东兴区顺河镇中心卫生院和中山乡卫生院的灾后重建。

2010 年

1 月 12 日，会同市纺织服装协会（商会）在海虞镇举办"人道公益情、博爱送千家"冬衣捐赠启动仪式，本次共有 16 家服装企业捐赠各类冬衣 5577 件，价值 1610210 元，副市长、市红十字会会长钱向宏向捐赠企业颁发了捐赠荣誉证书。

1 月 24 日，慰问虞山镇方塔管理区 55 名困难家庭居民，发放米、油、棉被等慰问品，价值 13790 元。

3 月 20 日，组织流水琴川、常熟福地 7 名志愿者赴苏州静思书院，听取台湾慈济志愿者培训怎样进行劝捐造血干细胞。

3 月 23 日，常熟开关制造有限公司退休孤老吴铁良告别仪式在市殡仪馆进行，吴铁良生前办理捐献遗体公证，成为本市第 6 位实现身后捐献遗体志愿者。

4 月 5 日，上海青年李定生在常熟猝死，其父母将李定生一对眼角膜捐献给明善眼库。

4 月 15 日，组织我市部分捐献遗体志愿者及家属赴苏州上方山，参加集体悼念祭扫活动。

4 月 16 日至 25 日，为青海玉树灾区组织开展"大旱不憾真情、缺水不缺爱心"街头流动募捐 9 次，共募集爱心款 7.6 万元。

4 月 23 日，在华联宾馆召开全市红十字工作会议，来自各基层红十字会组织、5 个义工团代表及市红十字会五届理事等 170 多人出席。副市长、市红十字会会长钱向宏、苏州市红十字会专职副会长严晓凤到会并讲话。

6 月 5 日，会同市卫生局、市红十字血站、市健康办在石梅广场联合举办纪念"6·14"世界献血者日文艺会演。

6 月 22 日，接受社会各界向青海玉树地震灾区捐款计 1478494.67 元，汇往苏州市红十字会。

6 月 25 日，在苏州市红十字会第六次会员代表大会上，我市医疗急救站等 5 个单位获"人道奉献"先进集体，王宏等 22 名会员、志愿者获"博爱之星"先进个人表彰。

7月31日，会同流水琴川义工团等在方塔街步行街开展"用爱心托起明天的太阳慈善晚会"，为海虞镇周行白血病少儿金诗明捐得善款182516万元。

8月21日，同禾药业捐赠市红十字会厄多司坦片、新雪胶囊价值78.68万元，分别转赠甘肃舟曲和四川绵竹，其中39.8万元的药品用于资助"8·13"四川省绵竹市清平乡特大山洪泥石流灾区。

9月5日，与常熟开关制造有限公司签订协议，中止每年10万元的"博爱复明"工程贫困家庭白内障患者手术费用减免项目，延续贫困家庭大中学生视力矫正免费配制眼镜资助项目，自2010年至2014年，每年资助两万元。

9月上旬，会同市医疗急救中心，完成对虞山镇第二批500名卫生救护志愿者的初级救护培训。

9月12日，会同七彩虹义工团慰问安琪民工子弟学校，拨出红十字街头流动募捐专款17280元，购买960套校服赠予该校学生。

9月26日，夏普（常熟）有限公司捐赠20台加湿型空气净化器，价值9.6万元。

10月14日，苏州市红十字会在我市福山中学召开争创省红十字示范学校现场观摩会，50多位代表听取了福山中学、昆山中学、吴江市实验小学红十字会代表的经验交流发言，并参观了福山中学红十字会的活动室。

10月26日，常熟浙江温州商会捐赠市红十字救助基金134200元。

10月30日，会同流水琴川、零距离、华地百货等在步行街举办了拯救尿毒症患者司机邹裕平爱心义演、义卖、义拍活动，共筹得9.8万多元人民币。

12月1日，会同市计生委、市疾控中心等在老县场开展艾滋病日宣传活动。

12月30日，会同市电视台《今日传播》栏目在黄河路欧尚超市举行"救助鲍林，虞城在行动"捐款活动，当晚为患有先天性心脏病的3岁男孩鲍林募集善款77461.6元。

2011 年

1 月 7 日，会同市教育局举办学校红十字青少年卫生救护知识与技术比赛，来自全市 29 所大中小学校代表队的 150 多名红十字青少年参加了比赛，其中大中学组有 11 个队、小学组有 18 个队。市孝友中学和大义中心小学、虞园小学分获中学组和小学组一等奖。

1 月 9 日，2004 年接受我市志愿者王凤莲捐赠造血干细胞的河南洛阳王少辉来常，答谢王凤莲的救命之恩。

1 月 24 日，会同市献血办、市红十字血站举办无偿献血志愿者迎春座谈会。

2 月 12 日，经市红十字会牵线，四川省绵竹市土门镇孤儿税小丽落户我市梅李镇聚沙村已故捐献眼角膜志愿者陆欢家。

3 月 10 日，会同市精神文明建设指导委员会办公室、市卫生局等 6 部门联合举办的第二届无偿献血"爱心使者"评选活动揭晓，刘渝、仲旅疆、李伟青、汤丽萍、陶凤祥、曹健等 6 人当选。

4 月 29 日，我市社会各界为日本特大地震捐款 52203.8 元汇往苏州市红十字会。

5 月 7 日，在苏州市举办的红十字运动基本知识竞赛中，代表我市参赛的市中红十字青少年获得二等奖。

5 月 8 日，组织市属基层红十字会在老县场开展纪念世界红十字日宣传咨询活动。

5 月 8 日、10 日，市边检站、解放军汽车营和华地百货 200 多名官兵、员工响应市红十字会号召参加应急无偿献血，缓解市红十字血站医疗用血紧缺状况。

5 月 11 日，召开全市红十字工作会议，市红十字会理事、基层红十字会代表 180 多人参加，汤丽萍、钱美英和市五院红十字会做了交流发言。

5 月 24 日，苏州市红十字会派员抽查我市创建苏州市红十字示范学校的市星城小学和冶塘中心小学。

6 月 8 日，省红十字会党组成员、办公室主任冯德专程来到辛庄镇卫家塘村八组看望慰问身患骨癌的 14 岁女孩蒋虹，并送上由省红十字会会长吴瑞林特批的 1 万元救助款。此前，市红十字会会同七彩虹义工团、东南幼儿园、锦荷幼儿园为蒋虹募捐 13892.3 元。

6 月 10 日，社会各界代表 200 多人参加了于市图书馆报告厅举行的第二届无偿献血爱心使者命名表彰暨事迹报告会，市委常委王建国，副市长、市红十字会会长钱向宏等领导到会颁奖。

6 月 14 日，位于方塔东街的爱心献血屋落成启用。

6 月 20 日，我市实验中学、白茆中学和星城小学、治塘中心小学、支塘中心小学（张青莲小学）被评为苏州市红十字示范学校。

7 月 3 日，与常熟电视台《春来茶馆》栏目在方塔东街华地百货附近联合举办了主题为"牵手凝聚力量，爱心点燃希望"拯救白血病患者曹锦香慈善义卖义演募捐晚会，募得爱心款 9.2 万多元。

7 月 5 日，苏州市红十字会副会长严晓凤前来福山中学，听取了该校创建全国红十字模范学校的汇报，并检查了相关红十字工作。

8 月 27 日，在市五院举行"红十字志愿者进医院"启动仪式，本市零距离义工社派出 40 多名志愿者提供导医等服务。

9 月 9 日，会同虞山镇红十字会组织社区卫生救护志愿者于琴湖城市广场举办大型现场卫生救护演练。

9 月 13 日至 14 日，会同市服装协会（商会）将 1830 件价值 36 万元的秋冬衣捐赠给泗洪县红十字会，市红十字会副会长唐键专程到泗洪县贫困家庭发放。

9 月 28 日，慰问城乡贫困群众 11 人，发放红十字救助金 1.92 万元。

11 月 30 日，联合市疾控中心等单位授予常熟理工学院预防艾滋病青年志愿者基地牌匾。

12 月 26 日，市建发医药有限公司通过市红十字会定向捐赠市二院日本三洋全自动药品分包机 1 台，价值 178 万元。

2012 年

1 月 1 日至 2 日，会同七彩虹义工团为梅李镇沈市村 57 组、白血病患者章佳开展流动募捐，共募得爱心款 15052 元。

1月13日，在市文联三楼会议室举行了2012年迎新春书画义卖活动，市红十字会会同市菱花馆艺文社拍卖书画共募集善款12万元，帮助章佳等6名患重病的孩子医疗。

1月14日，我市3名成功捐献造血干细胞志愿者闻波、王凤莲、袁雪峰参加了苏州市第50例成功捐献造血干细胞庆祝活动。

1月17日，会同常熟市纺织服装协会（商会）在市卫生局举行了2012年"博爱送千家"冬衣捐赠暨发放仪式。市红十字会常务副会长殷恭出席仪式。本次冬衣捐赠夹克、棉衣、套衫等总计4899件（套），价值719849元。

2月22日，在苏州市慈善大会上，常熟市红十字会、常熟市纺织服装协会（商会）的"博爱送千家"服装募捐获"苏州慈善标杆项目奖"。

3月9日，位于虞山镇环城东路64号的常熟市红十字博爱超市正式开张，副会长唐键为超市揭牌。来自虞山镇方塔街道各社区的40多名困难群众每人领取了价值1000多元的冬衣、毛巾、牙膏以及香皂等生活用品。

3月9日，市红十字会网站试运行，中国书协会员秦健题写网站名。

4月9日，组织30多名捐献遗体志愿者及家属赴苏州上方山参加苏州市第六届遗体（器官、角膜）捐献集体悼念仪式。

4月9日，省政府实事工程——"应急救护百万培训项目"首期师资培训班在苏州市姑苏锦江饭店开班，市红十字会共派出18名来自学校、医院、企业的红十字会员、医务人员参训。

5月6日，在方塔东街开展了纪念世界红十字日大型宣传咨询活动。

5月7日，市委组织部任命朱兴元为市红十字会副会长（兼），免去殷恭兼任的市红十字会副会长职务。

6月10日，红十字志愿者进春晖护理院举行启动仪式。

6月21日，全市红十字工作会议在虞城大酒店召开，来自基层红十字会组织的代表和市红十字会理事等160多人参加。

7月15日，第十三届"捐献骨髓，关爱生命——我们相约在虞城志愿者行动"在虞城大酒店举行，共有90多名市民参加捐献造血干细胞采样活动，志愿加入中华骨髓库。

7月23日，来自波司登股份有限公司旗下的雪中飞、康欣制衣和常熟制衣厂的90多名员工接受了市红十字会救护师的应急救护培训，这标志着2012年全市公益性应急救护培训项目已正式启动。

8月1日至2日，组织第四届"与爱同行"志愿者夏令营，22名红十字志愿者参加。

8月7日，省红十字会第五督查调研组在组长、省红十字会办公室副主任聂城的带领下来常进行工作督查调研，苏州市红十字会秘书长马红英、办公室主任王云等陪同调研。

8月17日，联合市卫生局、虞山镇政府在大义管理区举行欢送大义卫生院医务人员潘志芳赴苏大附一院捐献造血干细胞仪式，副市长陶理等出席。8月22日上午，潘志芳成功捐献出135毫升造血干细胞悬液，成为我市第4位造血干细胞捐献者。

8月至9月，省中、市中和市职教中心校等11所中学、中等专科学校的高一年级新生，分批接受了市红十字会救护培训师进行的公益性应急救护普及性培训，培训总人数达到6654人。

10月8日，市委组织部在市公卫中心召开市红十字会领导班子成员调整会议，邹燕兰副部长宣读了市委关于调整市红十字会领导班子成员的决定，宣布陶理任会长，顾丽华任专职副会长，朱兴元、唐键任副会长，市红十字会升格为正局级单位。副市长陶理、副会长顾丽华、市卫生局局长朱兴元、副局长唐键等参加。

10月11日，副会长顾丽华到苏州市红十字会汇报工作，受到苏州市红十字会常务副会长严晓凤、副调研员郝如一、秘书长马红英等领导欢迎。

11月1日，联合市卫生局、市总工会在市一院报告厅举行顾侃医生赴苏州大学附一院捐献造血干细胞欢送仪式。副市长、市红十字会会长陶理、市文明办主任李文俊、市卫生局局长朱兴元、市红十字会副会长顾丽华、市总工会副主席程庆红等领导和我市第4位捐献造血干细胞志愿者潘志芳及社会各界人士80多人出席会议。

11月6日、7日，顾侃完成两次造血干细胞采集，成功捐献了360毫升造血干细胞悬液，成为我市第5位造血干细胞捐献者。苏州市红十字会常务副会长严晓凤、秘书长马红英以及市红十字会副会长顾丽华等到现场慰问。

11月8日，夏普办公设备（常熟）有限公司向市红十字会捐赠空气消毒机仪式在市一院举行，共捐赠6台最新款加湿型空气消毒机，价值3.3万元人民币，定向捐赠给市第一人民医院、市第二人民医院。副会长顾丽华参加仪式。

12月4日至6日，在全国红十字志愿服务暨宣传工作会议上，我市七彩虹义工团（原"琴川义工团"）红十字会被评为全国优秀红十字志愿服务队。

12月14日，在虞城大酒店召开第五届理事会第九次会议，44名理事参加会议。会议由副会长范立军主持，副会长顾丽华做工作报告，副市长、市红十字会会长陶理出席并讲话。会议聘请市委书记惠建林担任名誉会长。

12月23日，在虞城大酒店举办第十四届"捐献骨髓，关爱生命——我们相约在虞城志愿者行动"活动，有79名市民参加捐献造血干细胞血样采集行动。

12月24日，常熟市外国语初级中学举行学校红十字会成立暨新会员入会仪式，副会长顾丽华、陆培新等出席。

2013 年

1月10日，会同市卫生局在虞城大酒店举行无偿献血迎春座谈会，60多名志愿者代表参加，副会长顾丽华、唐键出席。

1月11日，市红十字会理顺管理体制后首次参加了全市"三下乡"活动，在辛庄镇星海广场，向社会群众发放800多册卫生救护书籍和少儿救护手册，走访慰问了杨园社区的10户贫困户。

1月12日，民革常熟市总支部红十字会成立，这是我市第一个成立红十字会组织的民主党派。副会长顾丽华等出席。

1月16日，联合市住建局等单位举行欢送金志铭赴南京捐献造血干细胞仪式。副会长顾丽华主持，副市长、市红十字会会长陶理及常熟市社会各界代表60多人参加了欢送仪式。

1月19日，"红十字博爱超市"陆续向老城区100多户低保和低保边缘户发放爱心物资，总计价值超过 12 万元。

1月21日和22日，金志铭先后完成两次造血干细胞采集，省红十字会常务副会长张立明、市红十字会副会长顾丽华到场慰问。

1月30日，副市长、市红十字会会长陶理走访慰问我市 4 名报名捐献遗体志愿者。

是日，2013 年"博爱送千家"冬衣发放仪式在虞山镇琴湖管理区举行。顾丽华副会长等出席。

1月31日，苏州市红十字会常务副会长严晓凤专程来常慰问捐献造血干细胞志愿者金志铭。

2月5日，会同流水琴川、七彩虹义工代表到梅李、碧溪、董浜、支塘、古里等 5 个镇的村和社区，走访、慰问困难群众。

3月15日，召开各乡镇、板块红十字工作负责人会议，明确基层红十字会组织成立（换届）工作任务。

3月21日，经市政府王飏市长批准，市财政每年从福彩公益金中安排 20 万元，成立"三献"专项工作经费，支持市红十字会依法履行开展"三献"工作。主要用于：宣传动员经费，志愿者配对、捐献发生的差旅费、伙食费，捐献前后志愿者的送迎经费、成功捐献后的营养费，组织遗体（器官）捐献志愿者清明祭扫、缅怀纪念经费，对全年无私奉献的义工团志愿者的表彰奖励经费，为捐受双方提供必要的人道救助和关怀经费等。

4月2日，组织我市 29 名志愿者及其家属代表赴苏州上方山，参加了由苏州市红十字会举办的第七届遗体（器官、角膜）捐献集体悼念活动。

4月3日，古里镇举行镇红十字会成立大会。镇党委书记曹国芬受聘担任名誉会长，副镇长吕廷钧任会长。副市长、市红十字会会长陶理到会并讲话。

4月7日，中共常熟市委办公室下发"常办发〔2013〕45 号"文件，明确市红十字会"三定"方案。

4月9日，苏州市红十字会常务副会长严晓凤来常熟调研红十字志愿服务工作，一同前来的有总会报刊社记者等，副会长顾丽华陪同调研。

4月12日，沙家浜镇召开镇红十字会成立大会。聘请镇党委书记张建强担任镇红十字会名誉会长，选举金国锋委员任会长。副会长顾丽华出席。

是日，辛庄镇召开镇红十字会第三次会员代表大会。聘请镇党委书记丁琪担任镇红十字会名誉会长，选举陈建良委员任会长。副会长顾丽华、范立军出席。

是日，尚湖镇召开镇红十字会成立大会。聘请镇党委书记王晓东担任镇红十字会名誉会长，选举王宏委员任会长。副会长顾丽华、范立军出席。

4月16日，虞山镇召开第三次镇红十字会员代表大会。聘请镇党委副书记蔡美月担任镇红十字会名誉会长，选举李惠华委员任会长。副市长、市红十字会会长陶理出席并讲话。

4月17日，海虞镇召开镇红十字会成立大会。选举邢晓春副镇长任会长。副会长顾丽华、范立军出席。

是日，梅李镇召开第三次镇红十字会员代表大会。聘请镇党委书记徐海东担任镇红十字会名誉会长，选举杨俊达副镇长任会长。副会长顾丽华、范立军出席。

4月18日，支塘镇召开镇红十字会成立大会。聘请镇党委书记温献民担任镇红十字会名誉会长，选举政协工委副主任李晓明任会长。副会长顾丽华出席。

4月19日，董浜镇召开第二次镇红十字会员代表大会。聘请镇党委书记陈邵东担任镇红十字会名誉会长，选举朱云涛副镇长任会长。副会长顾丽华、范立军出席。

是日，碧溪新区召开红十字会成立大会。聘请党委书记孙雪良担任镇红十字会名誉会长，选举周丽芳委员任会长。副会长顾丽华出席。

4月20日，四川省雅安市芦山县发生7.0级地震，造成人员重大伤亡和财产损失。市红十字会随即开通接受社会捐款的三个渠道，呼吁社会各界积极行动起来，发扬中华民族"一方有难，八方支援"的传统美德，携手人道，积极捐款，参与灾害紧急救助中来，为灾区群众奉献爱心，帮助灾民渡过难关。

4月21日，与七彩虹义工团走上街头，为芦山县地震灾区开展募捐活动。募捐活动从下午 1 点持续到晚上 8 点，当场募集资金 23596.8 元。

4 月 24 日，虞山尚湖旅游度假区召开红十字会成立大会。聘请党委书记刘洪担任红十字会名誉会长，选举顾维明副场长任会长。副会长顾丽华、范立军出席。

5 月 4 日，在老县场街心广场组织了一场纪念世界红十字日宣传咨询活动。

5 月 10 日，会同虞山镇人民政府组织各社区的 40 多名红十字救护志愿者在该镇谢桥管理区毛桥村广场举办了一场大型现场应急救护演练活动。

5 月 14 日，市建发医药有限公司通过市红十字会向市第一人民医院捐赠价值 112 万元的进口全自动片剂摆药机。副会长顾丽华主持捐赠仪式。

5 月 20 日，举办基层红十字干部业务培训班，50 多名基层红十字会负责人、秘书长参加。副会长顾丽华主持。

5 月 21 日，市红十字会救护培训师对市级机关的 200 名工作人员进行了一场应急救护普及性培训，标志着我市 2013 年公益性应急救护培训项目正式启动。副会长顾丽华出席启动仪式。

5 月 24 日，举行"常熟市小天使关爱基金"启动仪式，向我市首批 7 名白血病儿童家庭发放救助金每人 8000 元。副市长、市红十字会会长陶理出席启动仪式。

5 月 29 日，联合董浜镇等单位在永丰建设集团举行程洁捐献造血干细胞欢送仪式，副会长顾丽华主持。

5 月 31 日，组织 6 家爱心单位、义工团慰问市特殊教育学校学生。

6 月 2 日，江西籍外来务工人员高莹（化名）因车祸致脑死亡，在市中医院捐献了一个肝脏、两个肾脏、一对眼角膜，是我市首例器官捐献者。

6 月 3 日，我市第 7 位造血干细胞捐献志愿者程洁，在苏州大学附属第一人民医院捐献 204 毫升造血干细胞悬液，为一名浙江籍白血病患者带来新生。苏州市红十字会秘书长马红英、市红十字会副会长顾丽华到现场慰问。

6 月 14 日，向两名四川雅安籍在常熟务工困难人员和 14 名城乡困难群众发放救灾救助款，共计34672元。

6月26日，召开五届常务理事会议，与会的14名常务理事听取了副会长顾丽华关于市红十字会第六次会员代表大会筹备情况汇报、审议了由市红十字会办公室起草的代表大会工作报告。副市长、市红十字会会长陶理出席会议。

7月2日，市红十字会第六次会员代表大会在常熟会议中心方塔厅召开。市领导惠建林、王建国、黄锡明、钱向宏、陶理、殷丽萍出席会议；苏州市红十字会常务副会长严晓凤到会祝贺，市妇联主席李芳红代表群众团体致贺词。会议听取了顾丽华代表市红十字会五届理事会所做的工作报告，表彰了一批红十字工作先进集体和优秀红十字干部、志愿者，选举产生了六届理事会理事和会长、副会长、常务理事，聘请市委书记惠建林担任名誉会长。副市长陶理当选为六届理事会会长，顾丽华任常务副会长，朱兴元、范立军、黄熙枚、陆培新、董萍、唐键、冯晋、朱林生、王春华任兼职副会长。

7月25日，将四川雅安芦山地震发生后市红十字会接受的社会捐款合计483575元全部上缴上级红十字会。

8月4日，第15届"相约在虞城"常熟市志愿捐献造血干细胞血液采样活动在虞城大酒店举行，75名志愿者加入中华骨髓库。

8月14日至15日，组织第五届"与爱同行"志愿者夏令营，30名红十字志愿者参加。

8月19日，派出救护培训师为省熟中进行了一次急救知识培训，揭开了我市2013年高一新生普及性救护知识培训序幕。

8月30日，市委发文，明确顾丽华同志为正局职干部。

9月4日，常熟高新区（东南街道）召开红十字会成立大会。常熟市委常委、高新区党工委副书记沈晓东受聘担任名誉会长，高新区主任助理阚国良任会长，高新区公共服务工作办公室副主任顾雪峰任副会长。常务副会长顾丽华出席并讲话。

9月28日，福山中学红十字会召开第四次会员代表大会。常务副会长顾丽华、副会长陆培新参加大会。

10月29日，在全省红十字会宣传筹资会议上，市红十字会获2013年度省红十字宣传报道工作县（市、区）级一等奖表彰。

11 月 25 日，省红十字会常务副会长潘宗白一行 3 人在苏州市红十字会常务副会长严晓凤陪同下，来常熟调研工作，市委副书记王建国会见了潘宗白一行，常务副会长顾丽华和副会长范立军、陆培新等陪同调研。

11 月 27 日，联合市疾控中心、常熟理工学院团委在常熟理工学院共同举办了"反歧视"艾滋病宣传暨防治知识专题讲座。

12 月 18 日，2014 年苏州市暨常熟市文化、科技、卫生"三下乡"活动在常熟支塘镇启动，苏州市红十字会常务副会长严晓凤、秘书长马红英出席仪式，随后，在常务副会长顾丽华陪同下到支塘敬老院进行慰问。

12 月 22 日，第十六届"相约在虞城"常熟市志愿捐献造血干细胞血液采样活动在虞城大酒店举行，58 名志愿者加入中华骨髓库。

12 月 23 日，召开市红十字会内设机构中层职位设置会议。常务副会长顾丽华和副会长朱兴元、唐键、陆培新、董萍参加。

12 月 26 日，常熟服装城召开红十字会成立暨第一次会员代表大会，管委会副主任沈瑞良任会长。常务副会长顾丽华出席。

12 月 27 日，农工民主党常熟市委召开红十字会成立暨第一次会员代表大会。市委副主委兼秘书长范家林任会长，钱向前任副会长。副市长、市红十字会会长陶理到会讲话，副会长范立军出席。

是日，联合市教育局在市青少年活动中心报告厅举行全市高一新生红十字应急救护知识与技能演练比赛，全市 11 所高中和职业技术学校的 22 支代表队、110 名高一新生参加了比赛。常熟市中学 2 组和 1 组代表队获得了团体第一名。

2014 年

1 月 1 日，为期一周的"拯救天霞、情动常熟"温暖募捐行动结束，共为"α-地中海"贫血症患者杨天霞募集医疗款 125530.17 元。

1 月 13 日，家住虞山镇枫泾新村的甘春荣老人实现身后捐献遗体，其与妻子沈秀英是我市首对百年后捐献遗体的夫妇。

1 月 17 日至 22 日，常务副会长顾丽华与多名红十字志愿者驱车前往虞山、尚湖、辛庄、支塘、碧溪、梅李、海虞等乡镇（区），对64名病残特困患者进行慰问，送上慰问金和冬被等慰问品。

2月22日，常务副会长顾丽华走进市电台"政风行风热线"直播室，向市民朋友介绍红十字工作情况。

3月1日起，联合市文明办、市民政局和常熟日报社等单位在全市范围内举办主题为"为公益点赞，让慈善增彩"的微摄影赛。活动从3月份到6月份，为期4个月。

3月12日下午，召开红十字会六届二次理事（扩大）会议。会议听取并审议了常务副会长顾丽华所做的工作报告，审议并通过了更换理事、常务理事人选的议案，副市长、市红十字会会长陶理到会讲话。副会长范立军主持会议。

3月20日，与市教育局面向全市红十字学校中小学生联合开展"我心中的红十字"主题征文比赛。

3月30日至31日，江苏省红十字会第九次会员代表大会在南京召开。常务副会长顾丽华和我市造血干细胞捐献第5人顾侃参加大会。福山中学红十字会被授予2009—2013年度全省红十字会系统先进集体，流水琴川义工丁益民被评为优秀志愿者。

4月2日，组织本市40名志愿者和家属及市民代表参加了由苏州市红十字会在上方山捐献纪念园举行的第八届遗体（器官、角膜）捐献志愿者集体悼念仪式。

4月11日，夏普办公设备（常熟）有限公司向市红十字会捐赠10台夏普空气消毒机仪式在市第二人民医院行政三楼会议室举行。常务副会长顾丽华、夏普常熟公司总经理川村浩一等出席了捐赠仪式。

4月28日，我市26岁女孩程思思因脑血管畸形破裂大出血致脑死亡，家人将她的1个肝脏、2个肾脏、2个眼角膜无偿捐献。这是我市公民器官捐献第2例，苏州市公民器官捐献第14例。

4月30日，在应急救护培训基地召开2014年应急救护培训工作推进会，各镇、经济板块秘书长、救护培训师共34人参加了会议。常务副会长顾丽华主持会议。

5月3日，在虞山镇老县场福地广场与七彩虹义工团携手有关爱心企业联合举行了一场"助力小欣怡七彩人生"的爱心公益义演义卖活动，共募得爱心款 31991.5 元。

5 月 17 日，组织石梅广场宣传咨询活动，红十字志愿者现场开展应急救护演练、造血干细胞宣传劝捐、发放宣传资料、爱心义卖等活动。市委副书记王建国到场视察。

5 月 19 日，由市红十字会与市教育局联合举办的"我心中的红十字"征文比赛结果揭晓，珍门中心小学杨逸群同学的《六年后，我会拥有你》、省熟中季崟斐同学的《雨生百谷》征文，分获小学组、中学组一等奖。

5 月 24 日，与欧尚超市珠江路店、流水琴川义工团联合举行"守望相助、倾情'天益'——拯救市一中白血病男孩荣天益慈善义卖义拍募捐活动"，现场募集爱心款 33841 元。

5 月 28 日，召开 2014 年常熟市学校红十字工作会议。全市 97 所学校分管红十字工作的领导及校红十字会秘书长等参加会议。副市长、市红十字会会长陶理、副会长陆培新等出席会议。会议由常务副会长顾丽华主持，莫城中心小学等 15 所学校被批准成立学校红十字会。

6 月 6 日，江苏省红十字会党组书记、常务副会长盛放一行在苏州市红十字会常务副会长严晓凤陪同下来到常熟指导工作。副市长、市红十字会会长陶理、常务副会长顾丽华陪同考察。

6 月 17 日，海虞镇大成（常熟）机械有限公司 19 名员工集体参加造血干细胞血样采集加入中华骨髓库，成为我市首家组织员工集体报名加入中华骨髓库的企业。

6 月 29 日，第 17 届"关爱生命、捐献造血干细胞"血液采样活动在虞城大酒店举行，72 名市民志愿加入中华骨髓库。

7 月 10 日，由市文明办、市民政局、市红十字会和常熟日报社主办、常熟市摄影家协会协办的"为公益点赞，让慈善增彩"微摄影赛活动获奖结果公布。活动收到 1198 幅参赛作品，共产生一等奖 1 名、二等奖 3 名、三等奖 6 名、优秀奖 10 名和特别点赞奖 6 名。

7 月 19 日至 20 日，举办第六届"与爱同行"红十字志愿者夏令营，30 名红十字志愿者参加活动。

8 月 9 日，会同七彩虹义工团开展街头流动募捐，为云南鲁甸灾区抗震救灾加油献爱心，当场募得爱心款 7564.7 元。

8月20日，联合市民防局和市教育局主办"生存、拓展"2014年常熟市青少年夏令营活动，常务副会长顾丽华出席活动。

8月21日，苏州市红十字会秘书长马红英一行5人来常进行红十字工作调研。

8月22日，省红十字会圆梦公益助学金在常熟市中学发放。有10名困难家庭的新生得到每人4000元的资助。

9月7日，我市流水琴川义工团红十字志愿者、市第二届无偿献血爱心使者刘渝在步行街献血屋，完成了第100次机采血小板的捐献。

9月13日，第十五个"世界急救日"，市红十字会在市图书馆报告厅组织应急救护知识普及讲座，近百名社区居民自发参加。

9月19日，将筹募到的"8·3"云南鲁甸地震社会各界捐款53376.7元全额上缴上级红十字会。

9月20日，在方塔街街心花园开展了一场应急救护知识宣传咨询活动，红十字志愿者现场进行了救护技术操作演示，向过路群众分发急救书籍，宣传普及急救常识。

9月23日，中国红十字会会长华建敏、党组书记徐科在苏州召开红十字工作座谈会，常务副会长顾丽华作为县（市）级红十字基层组织代表参加了座谈会。

10月12日，由中央文明办主办的中国好人榜9月入选名单发布仪式暨全国道德模范与身边好人现场交流活动在常熟大剧院举行，常熟闻波、袁雪峰、潘志芳、顾侃、金志铭、程洁6名造血干细胞成功捐献志愿者亮相活动现场。

10月20日，中华骨髓库刘维新副主任来苏州调研造血干细胞捐献工作，常务副会长顾丽华参加座谈会。

10月22日，市委副书记王建国到市红十字会进行工作调研。

11月5日，联合德康博爱基金会在常熟理工学院举行了助学金发放仪式，20名品学兼优的贫困家庭大学生得到了4万元资助。

11月7日，在辛庄镇召开2014年乡镇（经济板块）红十字会秘书长工作会议，对2014年度公益性应急救护培训工作进行了交流、总结。

11月19日，虞山镇古稀老人张立走完了人生的最后一程，根据老人生前遗愿，家人将她的遗体捐献给了苏州大学医学院，张立也成为我市实现身后捐献遗体的第 16 名市民。

11 月 26 日，由市红十字会、市疾控中心和常熟理工学院联合主办的以"行动起来，向'零'艾滋迈进"为主题的防艾宣传月活动在常熟理工学院圆满落幕。

12 月 9 日，由市红十字会、市教育局和市民防局联合组织的 2014 年常熟市高一新生红十字民防应急救护知识与技能演练比赛在常熟高新园中等专业学校举行。常熟市中学、常熟高新园中等专业学校等 10 所高中和职业技术学校的 20 支代表队、100 名高一新生参加了比赛。常熟市中学一队、二队摘得桂冠。

12 月 10 日，四川省绵竹市红十字会常务副会长崔显荣、秘书长杨廷安在苏州市红十字会常务副会长严晓凤陪同下来常进行了工作交流。

12 月 14 日，举办了常熟市第十八届"情暖虞城"志愿者造血干细胞捐献采样入库活动，60 名志愿者加入中华骨髓库。

12 月 18 日，"常熟市小天使关爱基金"接受了市金申医化制品有限责任公司、百诚物资贸易有限公司第 2 年定向捐赠的 20 万元救助款。

12 月 23 日，会同市民防局联合举办了应急救护培训师资教学技能比赛，来自市、镇医疗单位和学校的 13 名救护培训师参加，朱晶、钱俊获得一等奖。

2015 年

1 月 16 日，市红十字会到尚湖镇练塘社区慰问了 20 户贫困户，共发放慰问金 1 万元和价值 3000 元的梦兰棉被，拉开了 2015 年春节博爱送温暖序幕。

是日，会同市卫生局召开了 2015 年常熟市无偿献血志愿者迎春座谈会。

2 月 2 日，2015 年学校红十字工作会议在常熟世茂实小召开。

2 月 10 日至 12 日，常务副会长顾丽华带领红十字志愿者前往虞山、支塘、古里、尚湖、辛庄等乡镇和碧溪新区，看望慰问当地的困难群众。此次"博爱送千家"活动共发放红十字救助金 182126 元；筹集和发放梦兰棉被 143 条、珊瑚绒毯 1950 条及一批毛巾、保暖内衣等，价值

113200 元；上门慰问困难群众、学生 217 名。

3 月 16 日，我市志愿者杨利刚在苏州大学附属第一医院捐献造血干细胞，成为我市第 8 例、苏州市第 94 例造血干细胞成功捐献者。

3 月 30 日，我市志愿者任浩在苏州大学附属第一医院捐献造血干细胞，成为我市第 9 例、苏州市第 95 例造血干细胞成功捐献者。

4 月 2 日，组织本市遗体（器官）捐献者家属和志愿者一行 30 多人到位于苏州市上方山的苏州市捐献者纪念园祭扫。

4 月 3 日，召开市红十字会六届三次理事会议，会议总结了 2014 年全市红十字工作，提出了 2015 年工作要点，审议并通过更换部分理事、副会长人选，市红十字会六届理事会理事及各镇、开发区红十字会秘书长 70 多人参加会议，副市长、市红十字会会长陶理到会讲话，常务副会长顾丽华做工作报告，副会长范立军主持会议。

4 月 12 日，携手流水琴川义工团及爱心企业，在本市方塔街街心花园举办了"大手牵小手、爱心圆梦想"大型慈善义演义卖活动，现场共募集爱心款 32005 元，资助本市渐冻症患儿徐林林和白血病儿童高龚怡进行治疗。

4 月 17 日，召开应急救护培训工作推进会，各乡镇、经济板块红十字会秘书长及市红十字会相关培训师共 30 多人参加了会议。

4 月 24 日，原电讯厂退休党员金振范因病去世，家人遵其遗嘱，捐献遗体，成为本市第 17 名身后捐献遗体志愿者。

5 月 5 日，市粮食局离休老干部蒋曼美向市红十字会捐款 1 万元，帮助西藏地震灾区抗震救灾，重建家园。

5 月 4 日至 7 日，常务副会长顾丽华作为苏州市唯一基层代表赴京，参加中国红十字会第十次全国会员代表大会，受到了中共中央总书记、国家主席、中央军委主席习近平，中共中央政治局常委、国务院总理李克强，中共中央政治局常委、中央书记处书记刘云山，以及刘延东、李源潮、栗战书、杨晶、陈竺、王勇、韩启德等党和国家领导人的亲切接见，并聆听了习总书记的重要讲话，合影留念。

5 月 8 日，常务副会长顾丽华带领红十字志愿者先后来到古里、梅李、海虞、虞山等乡镇，为困难群众送上慰问金和生活物品，此次慰问共发放爱心款 41500 多元，受益 11 人。

5月12日，举行任浩捐献造血干细胞事迹报告会，来自市文明办、市公安系统、市红十字会、市总工会、市流水琴川义工团等单位、部门的70多名代表参加。市总工会授予任浩常熟市五一劳动奖章。常务副会长顾丽华主持报告会。

5月14日，市老年大学红十字应急救护培训基地正式成立，副市长、市红十字会会长陶理，副会长陆培新、董萍出席了揭牌仪式，常务副会长顾丽华主持仪式。当天有50名市民听取了红十字救护培训师的应急救护知识和技能讲座。

5月21日，由市红十字会主办的常熟理工学院首届大学生应急救护大赛圆满落幕。600多名大学生报名参加，经过历时1个月的初赛和培训考核的激烈竞争，有6组选手30人进入决赛，来自经济与管理学院和化学材料工程学院组成的"超级陆战队"摘得冠军。

6月5日，由市教育局、市民防局和市红十字会联合举办的2015年常熟市青少年红十字民防知识竞赛决赛在常熟市绿地实验小学举行。来自本市中小学的18个参赛队通过5月15日初赛选拔进入本次决赛。福山中心小学、辛庄中心小学和外国语初中参赛队分别获得小学组和初中组一等奖，绿地实验小学荣获最佳组织奖。

6月28日，举行第十九届"生命相髓、大爱无疆"捐献造血干细胞血液采样入库活动，90名志愿者加入中华骨髓库。

7月10日，由市红十字会、市教育局和市民防局联合组织的以"快乐体验、相伴成长"为主题的"生存、拓展2015年青少年夏令营"在市青少年活动中心举行，城乡18所中小学中进入6月份红十字民防知识竞赛决赛的54名中小学生参加夏令营，常务副会长顾丽华向营员授营旗。

7月15日，常熟理工学院校红十字会举行"骑行琴川路、共颂防艾歌"暑期社会实践启动仪式。

7月28日，我市古里镇纪检监察室主任吴惠丰在苏州大学附属第一医院成功捐献造血干细胞，成为我市第10位、苏州市第101位造血干细胞成功捐献者。

7月29日，召开乡镇（片区）红十字会秘书长工作会议，总结交流上半年工作，明确下半年工作重点。常务副会长顾丽华主持会议。

8月8日、9日，携手七彩虹公益社（七彩虹义工团）在方塔东街为常熟理工学院身患脑瘤学生陈兴强开展"献爱心、护生命"专项募捐，共计募得爱心捐款31486元。

8月15日，组织30多名红十字志愿者开展第七届"与爱同行"红色之旅，参观浙江四明山抗日革命根据地旧址和革命烈士事迹陈列馆。

8月31日，我市10名成功捐献造血干细胞的志愿者在苏州文化艺术中心共同参加了由苏州市红十字会举办的"让髓缘续在苏州——捐献造血干细胞突破百例公益活动"。

9月11日，由市红十字会、虞山镇人民政府主办的"虞山镇红十字应急救护演练活动"在虞山镇胜湖社区举行，红十字志愿者现场进行了救护技术操作演练，发放市民急救手册和宣传折页，开展义诊和义卖。

9月15日，由我市元和小学红十字志愿者组成的代表队在苏州市红十字志愿者救护技能比赛中获得三等奖。

9月19日，组织红十字志愿者在老县场街心花园，开展现场应急救护演示、造血干细胞捐献、无偿献血知识宣传以及义卖等活动。

9月28日，夏普办公设备（常熟）有限公司向市红十字会捐赠8台空气消毒机，常务副会长顾丽华、夏普常熟公司总经理川村浩一以及受赠的市一院、市二院领导出席捐赠仪式。

10月11日，常熟理工学院红十字会的"骑行琴川路，共颂防艾歌"暑期社会实践项目参加了苏州市红十字会举办的2015年苏州市高校红十字会"博爱青春"暑期志愿服务项目展示，并荣获苏州市优秀志愿团队称号。

10月13日，苏州市红十字会常务副会长严晓凤、秘书长马红英等一行4人，赴常熟开展"三严三实"工作调研，查看了市老年大学的红十字应急救护培训基地、虞山镇锦荷社区红十字服务站。副市长、市红十字会会长陶理、常务副会长顾丽华等陪同调研。

10月14日，在常熟理工学院发放省级红十字博爱助学金，20名来自困难家庭的大学生每人收到了2000元的助学金。

10月16日，在常熟市中学举行省级红十字博爱助学金发放仪式，40名困难家庭学生每人获得2000元的助学金。

10月19日，在省熟中举行省级红十字博爱助学金发放仪式，40名困难家庭的学生每人获得2000元的助学金。

10月20日，会同虞山镇红十字会，组织元和小学、五爱小学70多名师生在虞山颐养院举行"爱心牵手，双阳同辉"慰问演出，常务副会长顾丽华代表市红十字会向虞山颐养院赠送了232条珊瑚绒毛毯。

10月23日，与七彩虹公益社等向全市9名城乡贫困家庭学生发放助学款20000元。

10月28日，江苏省红十字会筹资项目部副部长王旭明一行两人，在苏州市红十字会秘书长马红英陪同下，到常熟调研省级博爱系列项目实施进展情况，常务副会长顾丽华作了专题汇报。

10月30日，联合市民防局举办"2015年全市红十字民防应急救护培训师资教学技能比赛"，市、镇15名救护培训师参加比赛。常熟市中学周惠萍和常熟市职教中心校第五秀芳获得一等奖。

11月20日，由市红十字会、市教育局和市民防局联合组织的"2015年常熟市高一新生红十字民防应急救护知识与技能演练比赛"在常熟高新园中等专业学校举行。全市各高中、职业学校共10所学校20支代表队、100名高一新生参加比赛，常熟市中学1队、2队荣获一等奖。

11月25日，与常熟理工学院管理学院联合举行了第四届"金申助学金"发放仪式，20名来自贫困家庭的大学生获得20000元的爱心资助。

12月6日，举行第二十届"生命相髓、大爱无疆"捐献造血干细胞血液采样入库活动，有168名志愿者加入中华骨髓库。

12月10日，常熟开关制造有限公司（原常熟开关厂）捐款50万元，建立常熟开关博爱助学基金。计划每年捐助500名中小学校品学兼优的贫困生每人1000元，5年一个周期。

12月12日至13日，会同七彩虹公益社在方塔东街开展拯救市实验中学初三学生、恶性淋巴瘤患者徐婷的街头募捐，两天共募集爱心款8673.7元。

12月16日，召开年度乡镇（板块）红十字会秘书长工作会议，参观了虞山镇锦荷社区红十字宣传阵地，通报、交流2015年红十字工作情况，部署 2016 年工作安排。

是日，会同志愿者代表到苏州大学附属第一医院慰问正接受治疗的淋巴瘤患者、市实验中学初三学生徐婷，并送上社会各界首批爱心捐献30725 元。

12 月 25 日，梅李高级中学等 15 所学校成立红十字会。

12 月 28 日，2016 年常熟市文化科技卫生"三下乡"活动在辛庄镇星海广场举行，副市长、市红十字会会长陶理，常务副会长顾丽华参加。市红十字会向辛庄镇辛庄社区和双浜村 40 户贫困家庭发放了两万元慰问金和一批珊瑚绒毯。

12 月 30 日，市红十字会工作人员上门看望、慰问了城乡 9 名遗体捐献志愿者，向他们送上新年祝福和 10000 元慰问金及棉衣、珊瑚绒毯。

附录二

常熟市红十字会
部分在册基层组织成立时间一览表

序号	基层组织名称	成立时间
1	市一院	1984.10.18
2	市中医院	1984.10.18
3	市五院	1984.10.18
4	市疾控中心	1984.10.18
5	市三院	1984.11.02
6	特殊教育学校	1985.01.17
7	社会福利院	1985.04.10
8	辛庄卫生院	1985.07.19
9	任阳卫生院	1985.07.19
10	董浜卫生院	1985.07.19
11	藕渠卫生院	1985.07.19
12	王庄医院	1985.07.19
13	冶塘卫生院	1985.07.19
14	杨园卫生院	1985.07.19
15	兴隆卫生院	1985.07.19
16	古里卫生院	1985.07.19
17	梅李中心卫生院	1985.07.19
18	唐市中心卫生院	1985.07.19
19	练塘中心卫生院	1985.07.19
20	支塘中心卫生院	1985.07.19
21	梅李珍门分院	1985.07.19
22	梅李赵市分院	1985.07.19

序号	基层组织名称	成立时间
23	徐市卫生院	1985.07.19
24	吴市卫生院	1985.07.19
25	白茆卫生院	1985.07.19
26	碧溪卫生院	1985.07.19
27	浒浦卫生院	1985.08.31
28	沙家浜卫生院	1985.08.31
29	何市卫生院	1985.08.31
30	大义卫生院	1985.08.31
31	谢桥卫生院	1985.08.31
32	张桥卫生院	1985.08.31
33	莫城卫生院	1985.08.31
34	森泉卫生院	1985.08.31
35	海虞卫生院	1985.08.31
36	东张卫生院	1985.08.31
37	实验小学	1987.03.23
38	虞山镇（恢复）	1987.04.24
39	塔前小学	1987.06.05
40	琴湖小学	1988
41	虞山少年宫	1988
42	石梅小学	1988.03.26
43	五爱小学	1988.04.01
44	颜港小学	1988.04.02
45	义庄小学	1988.04.03
46	苏汽客常熟公司	1988.07.21
47	林场卫生院	1988.09.21
48	元和小学	1988.10.11
49	市二院	1988.10.19
50	兴福中心小学	1989

序号	基层组织名称	成立时间
51	市血站	1989.07.01
52	梅李镇	1989.10.12
53	浒浦中学	1989.12.31
54	王市中学	1990.03.26
55	碧溪中学	1990.03.26
56	张桥中学	1990.03.26
57	浒浦中心小学	1990.03.26
58	王庄中心小学	1990.10.20
59	张桥中学	1990.03.26
60	海虞中学	1990.03.26
61	白茆中学	1990.05
62	梅李中心小学	1990.05.28
63	市帽厂	1990.11.18
64	练塘中学	1991.01.04
65	任阳中学	1991.03.19
66	大义中心小学	1991.05.02
67	报慈小学	1991.05.24
68	孝友中学	1991.06.03
69	辛庄镇	1991.10.09
70	藕渠中学	1991.11
71	徐市中心小学	1991.11.26
72	藕渠中心小学	1991.11.28
73	海虞中心小学	1991.11.28
74	冶塘中心小学	1991.11.28
75	张桥中心小学	1991.11.28
76	市中分校	1991.11.28
77	商城小学	1991.11.28
78	碧溪中心小学	1991.11.30

附录二

序号	基层组织名称	成立时间
79	辛庄中心小学	1991.11.30
80	何市中心小学	1991.11.30
81	辛庄中学	1991.11.30
82	梅李中学	1991.12.28
83	杨园中心小学	1992.03.31
84	练塘中心小学	1992.04
85	吴市中心小学	1992.12.01
86	白茆中心小学	1993.08
87	虞园小学	1994.12.08
88	杨园中学	1996.03
89	杨园凤兰小学	1996.09
90	董浜中心小学	1996.12.26
91	东张中心小学	1997.02.28
92	常熟理工学院	1997.11.20
93	珍门中心小学	1997.12.05
94	江苏省常熟中学	1998.05.12
95	赵市中心小学	1998.11.25
96	大义中学	1999.05.04
97	星城小学	1999.12.10
98	尚湖中学	1999.12.17
99	支塘中心小学	2001.12.10
100	福山中学	2001.12.13
101	市卫生监督所	2002.02.27
102	外国语高中	2002.03.06
103	唐市中学	2002.06.04
104	医疗急救站	2003.11.19
105	莫城中学	2003.12.17
106	谢桥中心小学	2003.12.17

序号	基层组织名称	成立时间
107	市一中	2006.07.03
108	董浜镇	2006.07.18
109	王庄中学	2007.03.28
110	实验中学	2007.05.17
111	冶塘中学	2008.04.25
112	七彩虹义工服务团	2008.06.30
113	市职教中心校	2009.02.10
114	福山中心小学	2009.09.10
115	常熟市中学	2010.03.15
116	安利常熟分公司	2011.05.27
117	外国语初中	2012.10.12
118	民革常熟市总支部	2012.11.12
119	古里镇	2013.04.03
120	尚湖镇	2013.04.10
121	沙家浜镇	2013.04.10
122	虞山尚湖旅游度假区	2013.04.15
123	碧溪新区	2013.04.15
124	海虞镇	2013.04.15
125	支塘镇	2013.04.15
126	高新区（东南街道）	2013.09.04
127	服装城	2013.12.24
128	农工民主党常熟市委	2013.12.24
129	高新园中等专业学校	2014.05.28
130	滨江职业技术学校	2014.05.28
131	周行学校	2014.05.28
132	东张中学	2014.05.28
133	董浜中学	2014.05.28
134	古里中学	2014.05.28

序号	基层组织名称	成立时间
135	昆承中学	2014.05.28
136	沙家浜中学	2014.05.28
137	王淦昌中学	2014.05.28
138	谢桥中学	2014.05.28
139	绿地实验小学	2014.05.28
140	莫城中心小学	2014.05.28
141	沙家浜中心小学	2014.05.28
142	世茂实验小学	2014.05.28
143	新区小学	2014.05.28
144	梅李高级中学	2015.12.25
145	兴隆中学	2015.12.25
146	淼泉中学	2015.12.25
147	何市中学	2015.12.25
148	赵市中学	2015.12.25
149	唐市中心小学	2015.12.25
150	古里中心小学	2015.12.25
151	崇文小学	2015.12.25
152	游文小学	2015.12.25
153	任阳中心小学	2015.12.25
154	红枫小学	2015.12.25
155	虞山园区小学	2015.12.25
156	东南实验小学	2015.12.25
157	花溪小学	2015.12.25
158	淼泉中心小学	2015.12.25

注：本表不包括虞山镇管理区红十字会及社区红十字服务站。

附录三

常熟市红十字会工作剪影

1984年常熟市红十字会恢复活动，举行授会旗仪式

2007年11月21日，常熟首届6名无偿献血爱心使者受表彰

2011 年 1 月 7 日，举办学校红十字青少年卫生救护知识与技术比赛

2013 年 7 月 2 日，召开第六次会员代表大会，聘请市委书记惠建林
担任名誉会长

2015 年 8 月 31 日，我市 10 名捐献造血干细胞志愿者参加苏州纪念活动

开展红十字街头流动募捐